近代日本精神史

福沢諭吉から丸山真男まで

南原一博

大学教育出版

はしがき

過去に希望の火花を掻き立てる能力を持つのは、もし敵が勝てば死者もまた危険にさらされるという認識に浸されている歴史記述者である

ファシズムに少なからぬ機会を与えたのは、ファシズムの対抗者たちが、歴史の規則としての進歩の名において、ファシズムに対抗していることである

（ベンヤミン「歴史哲学について」より）

二〇〇六年は近代日本の生んだ不世出の政治思想家丸山真男の没後十年目に当たっている。彼が生涯にわたって取り組んできた仕事は、その名に値するようなデモクラシーを日本においていかにして実現するか、そのための知的格闘であったと言ってよい。

丸山が逝って十年、日本は再び「歴史認識」の不全によって過去の亡霊に悩まされるようになっている。近代の日本がどのようなものであり、正負どのような遺産を残しているかということを改めて検証すべき時期と言える。それは同時に近代日本の問題にトータルに関わった丸山の仕事を評価するものになるであろう。彼は近代日本歴史のパースペクティヴにおいてのみ解釈され、評価される存在である。

日本の近代が特徴を備えていることは疑いないことである。近代への果敢なチャレンジをなしたこと自体瞠目すべきことであるが、それはまた極東の島国の条件のもとにのみなされたものである。すわちアジアのなかでいち早くい

わゆる「近代化」を成し遂げ、やがては帝国主義競争に参加し、その試みは一敗地にまみれることになったが、再興するとともに、また元の木阿弥に還りつつあるようにも見える。その行程には幾分シジフォスの神話を思い出させるものがある。

近代の日本は封建時代からの脱出の仕方において西洋社会との共通面だけでなく相違面を持っている。西洋の近代はそれと平行する資本主義の展開をバックに、やがて市民革命によって絶対主義体制を打倒し、デモクラシーを生み出すことになった。これに対して後発資本主義国家として西洋列強と対峙しなければならなかった日本においては、近代への変容はまずは支配の上部構造の変革としてなされるほかなく、明治維新は市民革命ではなく、あくまでも体制内変革としての「維新」であった。しかもその近代化は国家の下支えのもとで工業化が進められる一方で、農村では前近代の封建遺制が温存され、むしろそれを金城湯池として利用してなされるものであった。

無論日本においても何らかの市民的な社会とデモクラシーを目指した動きがなかったわけではない。すでに明治維新においても政治的支配は公共性を備えたものでなければならないことがある程度は意識され、自由民権運動も現に登場する。しかし自由民権運動は讒謗率、新聞紙条例、集会条例等による規制、福島事件を始めとする政府による弾圧によって潰えている。民権運動の側にも弱点がなかったわけではないが、市民革命に代わる可能性もあったこの運動が不全に終わったことは、日本における近代社会の展開に決定的な打撃を与えることになる。しかもそれは言論、集会等の自由という近代市民社会の基底となる原理が斥けられてなされたのである。

勿論こうした行路は単に政策の結果であったのではなく、そこには精神の体制が関与している。丸山真男も注目していたように、徳川期の過程にあってある種の近代への胎動もなかったわけではない。そこに所与としてあったのは、社会の掟によって婦女子を切り刻み人情が泣くという歌舞伎の典型的なテーマが示す通りであり、そこから人の権利を基底にして社会の掟を創るという市民的社会の観念は容易には生じがたい。ここからまず生まれたのは体制に追随しつつ個人的自由を確保しようとする町人的欲望自然主義であり、それは西洋近代を特徴づけた自然法的な発想とは対蹠的なものである。このようにして日本の近代化は人権といった観念とは違った精神構造によって、つまり西洋の市民社会の基本原理を欠いたままで推進されることになる。自由とデモクラシーの課題も提出されなかったわけではないが、それは先送りされ、主導してきたのは富国強兵という国家主義路線であった。

近代資本主義国家の形成と、社会および精神の前近代的なあり方という二重構造を表現し推進しようとする政治的かつ精神的な原理が近代の天皇制であった。それを制度的に表現するものが「大日本帝国憲法」であり、それを倫理的、教育的に宣揚するものが「教育勅語」であった。だが歴史的天皇制度とは異なるこの近代天皇制の原理は中世的というよりも古代的な政教一致体制であった。それは日本は神に由来する天皇が万世一系に統治する国であるという「国体」観念を生み出し、それとともに国家神道をもたらすことになる。これは西洋においては市民革命以前の十六、七世紀の王権神授説に該当するものである。日本の「近代化」は政治的、精神的には多分に前近代化の様相を伴ってなされたのである。

確かに明治憲法はアジア最初の憲法であった。しかし天皇が神聖不可侵のものとされる以上、それは必ずしも立憲君主制の趣旨にそうものであったわけではない。立法権は天皇にあり、国会はそれを協賛するにすぎないから、議会は国政を統合する場とはならない。であればこそ議会に対して「超然内閣」が僭称されて怪しまれず、そのような議会が大政翼賛会として終わったことは不思議なことではない。そうして天皇が無答責の最高統治者である以上、実質的統治は責任を持たない臣下に委ねられ、彼らが自由に行動する余地を与えるものであった。明治憲法体制が軍部独走に終わったのも不思議な帰結ではない。こうした神権的な天皇制国家を宣揚し教化しようとするものが「教育勅語」であった。それは近代「市民」ではなく、勤勉かつ忠実さは保有しつつも政治的には卑屈な「臣民」を大量生産するものであった。

明治憲法体制下の国家主義は国際環境の圧力のもとで、対外的には軍国主義を不可欠の要素とするものであった。そうして天皇制国家の国家神道的要因と軍国主義の要因を一体化したものが靖国神社であった。それは御霊信仰という俗信に根ざすものであったが、天皇制国家はこうしたアニミズムに由来する庶民の素朴なメンタリティを動員しなければならなかったのである。靖国神社は前近代と合体した近代日本の精神史的パラドックスを象徴するものであった。確かにこのような時代逆行的な国家主義もある程度において成果を収め、日本は一面では世界の最先端を行く近代国家として台頭し、「一等国」を自称することになる。だがその精神的、政治的な基盤の没近代性はその行路の決定的な脆弱点をなすことになる。

こうした日本の近代化の論理を体現していたのは福沢諭吉であったと言ってよい。確かに彼はリベラルな精神でもって日本の市民社会の近代化に終始寄与したのであるが、福沢には国家的独立という至上目標があった。そうしてこの命題の前に、一方では前近代的な要素との妥協も排せず、他方では体外的侵略もあえて否定せず、そこには啓蒙専制主義の要素も窺える。それを彼は機会にしたがって転進するという状況主義の論理によってなしたのであるが、その卓抜な便宜主義は近代日本国家の性格を規定しただけでなく、独立自尊の精神の形成という彼本来の志業を阻害したことを否めない。西洋的近代を目指しつつ前近代的な要素を温存させながら帝国主義の道を用意した福沢の論理は、日本のリベラルの脆弱さを体現するとともに、容易に国家主義に反転する近代日本の論理そのものであったのである。

しかし近代日本にはこうした天皇制国家主義に対する対抗も常に存在していた。この無理無体の国家体制のもとで社会的な矛盾が増大していくなかで、社会主義の運動もすでに生じていた。だが安部磯雄らの社会民主党は直ちに解散を命じられ、明治国家主義の行き着いたものは大逆事件という冤罪による幸徳秋水等の死刑であった。いわゆる大正デモクラシーの運動は明治の国家主義を修正し、主権の問題を棚上げして、可及的に政治を民意に基けようとするものであり、不発の第二の市民革命の可能性を持つものであった。

だが大正デモクラシー運動はまさしく市民社会の未熟という壁にぶつかることになる。普通選挙と同時に治安維持法が導入され、「国体」と「私有財産」制の変更は取り締まりの対象となった。他方で後進資本主義国日本の社会主義においては、早くから観念的にアナーキズムへの急進化が見られる一方、現実的なものとなろうとすれば社会改良主義に後退するというように左右の分極が避けがたいものになる。そうして日本の社会主義もやがてマルクス主義に席巻されることになるのであるが、この独特に教条化された日本のマルクス主義は必ずしも現実に対する有効性を発揮することはできなかったのである。いずれにせよ無産政党運動は国家権力によって暴力的に弾圧され、共産党は地下にもぐるしかないことになる。その一方でもともと社会的脆弱性に制約されていた日本の自由主義は美的自由主義に後退あるいは縮小するのみならず、まさしく中間層のイデオロギーとして、ファシズムの先導役をすることにもなる。それは小林秀雄や京都学派に典型を見る通りである。市民と市民社会を持たない近代日本の政治的な貧しさはプレ・モダンとポスト・モダンを合体させたファシズムに帰着することになるのである。

こうして帝国主義諸国との軋轢と内政不安に当面することになった近代日本国家は国家体制の革新に迫られ、対内的には強権的弾圧、対外的には武力侵略によって対応しようとし、それは天皇制ファシズムという全体主義体制をもたらすことになる。これは日本の困難な「近代化」の矛盾に満ちた帰結である。よく言われるように、こうした日本の行路はドイツのそれと似ているところがある。二十世紀にもなって統治者を神としてその前に屈従する日本の姿は、ユダヤ人全滅を期そうとしたナチズムの狂信とのみ比較しうるものである。だがホロコーストは公式的な政策として宣言することができないものであったのに対して、統治者の神聖化を日本は法的に規定していたのである。

第二次大戦後の日本は日本国憲法のもとで再出発することになる。この昭和憲法体制は文字通りのデモクラシーを標榜するものであったが、しかしこの国民主権体制も天皇という制度を温存するとともに敗戦の結果、外から導入されたものであって、国民が自ら獲得したものではないというハンディを抱えるものであった。だから新体制を定着させるためには事後の革命、不断の民主化への努力が不可欠であった。これは未完の第三の市民革命の意味を内包するものであった。この戦後の日本においてデモクラシー化に最大の知的奮闘をなしたのは丸山真男である。彼はデモクラシーが永久革命的なパラドックスを帯びていることを自覚するとともに、市民社会が弱体な日本においては、そのプロジェクトは在来の精神の革命的転換を要することを意識していた。だが在来の精神の革命を要するということは言うまでもなく困難な課題でもあり、丸山の前には近代の日本の全体さらには日本の歴史そのものがのしかかっていた。彼の思想史的研究ことに近代の日本の思想史的研究は、間接的にそうした課題への対応であったと言える。

丸山のデモクラシー論は他面で、彼が体験した戦争への悔恨と結ばれており、したがって平和の問題と不可分なものであった。顧みるならば、もともと日本のデモクラシーの問題は対外関係と表裏一体をなすものであった。デモクラシーの抑制は対外的な強硬政策と相関しており、民権と国権の相反関係は福沢以来の問題であった。ラディカルなデモクラシー化を追及しようとした丸山が、他面において主権国家体制を超える先駆的な洞察を持っていたことは不思議なことではない。

そうしたなかで逆説的に見える一つのことは、日本的近代の革新を志向する丸山が福沢に盲目的とも言える傾倒振りを示したことである。日本の近代化という困難な課題の前にそれに資するように見えた福沢を一面的に評価せざるをえないことになったのである。福沢的な近代化の不全のために丸山の課題も生まれたのであるから、これはまことにアイロニカルなことである。

もとより丸山のデモクラシーのプロジェクトはすでにある程度の成果を収めている。だがあたかも福沢につながるそのデモクラシー論のネックを突くかのように、そのプロジェクトにも反動が避けられないものとなる。もともと前近代の要素を払拭することなく、丸山の言い方では近代を真に獲得したこともなかった日本においては、折からのポスト・モダンの風潮も加わり、丸山の死とともに近代の遺産そのものを流し去るかのような現象が生まれる。明治の啓蒙的自由主義が天皇制国家主義に反転し、大正デモクラシーがファシズムに回収されたように、それは昭和憲法体制の動揺に収斂していくことになる。

かつてヘーゲルは「宗教改革」のない「革命」は無意味であるとし、「良心」の解放を待たずに「権利」と「自由」を獲得しようとすることの不毛性を指摘していた（『歴史哲学』）。そこには一理あり、丸山が口を酸っぱくして言っていたことも、それ以外のことではない。近年の反動は、宗教改革あるいは精神改革なくして政治改革もまたありえないことを示唆するものであろう。そうした精神（ガイスト）の更新がない限り、したがってまた「歴史認識」が定まらない限り、靖国の黒々とした鳥居から過去の亡霊（ガイスト）はあてどなく彷徨い出すのみであろう。

本書はこうした視点のもとに、おそらくはポジティヴおよびネガティヴな両義性を持つであろう近代日本という「過ぎ去らない過去」を検証しようとするものである。実を言えば著者はこうした試みにどれだけの意味があるか、若干の疑念を持つ者である。それは根本的には世界がポスト国民国家（ハーバーマス）の時代になってきていることにある。自己完結的な日本像のようなものはありえないだけでなく、そうした問題意識にはかえって弊害もないわけではないからである。著者は必ずしもヘーゲルに従うわけではないが、日本精神史のようなものは将来的には世界精神の中に発展的に解消されるべきなのである。その意味では小著は来るべき世界において日本をグローバルに捉えるための前提作業にとどまることを運命づけられている。

近代日本精神史
—福沢諭吉から丸山真男まで—

目次

第一章　明治国家主義の過程

第一節　近代への三類型

およそ政治思想を含めて思想というものが時代状況に対する自覚的対応であるとすると、幕末維新期ほど対内的、対外的に根本的な対応が求められていた時代は少ない。先進資本主義国による開国の要求に対して自国の独立を確保することが求められていたが、それは衰弱した徳川幕藩体制の更新を不可避的なものとするものであった。国家体制の強化は単に封建体制を脱して絶対主義を実現することにとどまれず、国家を民意に基づける近代化、何らかの程度におけるデモクラシー化が不可避であった。近代日本の政治思想はこうした国家体制の整備と民主化という二重の課題を抱えることになる。この事態は近代日本においては内政と外政が密接な関係を持つことになる根本的な背景であり、近代の日本に複雑な陰影を落としていくことになる。

だが近代の国民国家を創出しようとする課題は、日本においては固有の困難を伴っていた。それはある意味では国民国家がすでに存在しているかのような観を与える日本の地理的、人類学的な特性の反面である。国民国家が自明で自生的なものと受けとめられている限り、前近代の共同体を分解させず、そこから析出するはずの近代の市民の参与がないままに、強力な国家体制をもたらすことにもなる。そうして近代日本は外政には極度に過敏になる極東の島国という状況もあって、国内体制の更新の企図はありながらも、国家体制の維持が優位に立ち、民主化の方向は先送りされることになるのである。

日本の近代化のこうした性格はその精神と思想にも当然現れる。江戸時代後半にはすでに近代への胎動が生まれており、例えば荻生徂徠は封建的な儒学的モラルを解体していった。しかしそこから生まれたのは道徳に拘束されない統治者の自由な支配であって、それは自然的な権利を持つ市民という発想とは無縁であった。町人的な精神を残したままで支配権を強化することは、まずは絶対主義的な体制をもたらすことになる。明治維新がこうした精神の延長上に来るものであったことは否定できない。

だが幕末随一の開明的政論家であった横井小楠は万延元年（一八六〇年）福井藩に提出した『国是三論』において対外的なチャレンジに対応すべく、富国強兵を策定すると同時に国家体制の革新の要を説いて、すでに問題の所在を示している。彼によると、旧来の政治は人民を見ること草・芥《あくた》のようなものであり、これでは国は治まりがたい。その際彼はあえて洋風を尊ぶのではないとしつつ、イギリスにおいては政治は一に民情に基づき、国事はすべて必ず人民に相談していることに注目している。小楠の議論は近代日本の政治の基本命題と、それが多分に西洋思想との対応によって規定されることを示唆している。

近代の政治の原理上の課題に対応しようとする際、しかし小楠は中国古代の「三代」を目当てとすべきであるとして、なお儒学思想を拠り所にして考えていた。同じ年に咸臨丸に乗ってアメリカに出かけた福沢諭吉になると、すでに儒学から洋学に乗り換えていただけに、小楠の苦心は楽々と乗り越えられている。福沢の旺盛な好奇心は三度の外国視察を経て、西洋の文物の摂取と紹介を介して、彼を幕末維新期の最大の啓蒙家に仕立て上げることになった。だがその身軽さはまた彼の啓蒙思想にある特性を与えることになる。

啓蒙専制主義

福沢は慶応二年（一八六六年）に『長州再征に関する建白書』を幕府当局者に提出している。それは将軍を君主化し、幕府の権力を強化しようとするものであるが、要するに国家権力を集中することによって危機に対応しようとするものであった。その反面で注目されることは、同じ年に出された『西洋事情』においてアメリカの独立宣言やアメリカ憲法の翻訳をしておりながら、単に制度の叙述にとどまり、アメリカの市民的な政治原理への関心が見られないことである。また前年に出された『御時務の儀に付申上候書付』においては「尊皇攘夷」などは論外であると一蹴しており、王政復古のようなものへの関心を全く示していない。これは革新、反動を問わず、福沢のイデオロギーへの無関心を示すものであり、彼の本性を暗示するものである。

幕府への集権化という福沢の願望は王政復古の成立によって裏切られることになる。ところで明治維新はエリート層による上からの国家体制の変革であり、その意味で革命というよりはまさしく維新であった。しかし維新体制は絶対主義的であったとはいえ、すでに五箇条の誓文において広く会議を起こし、万機公論に決すべしとあるように、そこには前進的な要素もないわけではなかった。したがって明治維新は市民革命とは言えないとしても、啓蒙的絶対主義という相貌を少なくとも当初は持つものであった。だが近代市民の未成熟もあって、この体制はやがて国家主義的な方向を取っていくようになる。そうして福沢はこうした方向を鼓舞する最大の論客になっていく。

福沢が明治の変革を一応は文明史的な革新であると捉えていたことは、代表的には『文明論之概略』に見ることができる。それは従来の日本のあり方を西洋文明をモデルにして根本的に改めようとするものであり、その前提としてこれまでの日本の政治のありかたが鋭く抉り出される。彼は従来の政治の特徴を「権力の偏重」と名づけているが、それは「治者」と「被治者」が画然と分断されている支配体制である。そこには上位者からの抑圧をより下のものへ転嫁していく「強圧抑制の循環」が指摘される。後に顕揚される武士道などは福沢にとっては「独一個人の気象」（インディヴィデュアリティ）の欠如を示すものであるにすぎない。総じてこれまでの日本には自立した個人が存在しなかったから、政府はあっても「国民」は存在しないに等しかったのである。

福沢はその変革を「国民」的な政府の形成に求めるのであるが、それは根本的には自由主義的な反権威主義によって貫かれている。そうして人事を忙しくさせ、需要を繁多にするとされた西洋の文明を目標とすべきであるとしていた。だが彼はこの本の後段において、「天下の大勢」は俄かに抵抗しがたいところがあるとし、その後の変容を予期させるような言い方をなしている。明治の代表的な啓蒙家福沢の近代化の射程は必ずしも政治社会の構造にまで及ぶものではなかったのである。

確かに福沢は近代日本における公共空間の創出という点で画期をなした明六社の同人であり、その啓蒙精神は言うまでもなく『学問のすゝめ』に現れている。ここにおいて福沢は「独立自尊」の精神を強調するとともに、学問はそうした自由独立を回復するためのものであると意味づけられた。しかし明治初期の啓蒙思想は西洋十七世紀の啓蒙的思想家ロックや十八世紀のルソーが自然権を高調していたのとは多少異なった性格を持っている。そもそも人口に膾炙している「天は人の上に人を造らず人の下に人を造らず」という言葉は「と云へり」という語で結ばれている。これはルソーの『社会契約論』冒頭の「人は自由に生まれた」という言葉が直説法によって述べられているのとは異なる特性を示すものである。

もともと万人同等説は福沢においては人間の類的同等性を意味するにすぎない。それを彼は「権理」上のことであるという言い方をするのであるが、それは自然法的な発想とは異なり、天賦人権説的な意味あいを持っていない。「権理」は形式的であって、「独立自尊」とされる万人の現実的な差別を否定するものではない。その際特徴的であるのは、現実的な差別をもたらすものは「智」であるとされていることである。賢人と愚人の差は「智」があるかどうかであり、そこに学問の意味もある。

万人平等性がいわゆる自然権的なものでなく、したがって「智」を決定因として重視する特殊に主知的な福沢的な啓蒙観は政治のあり方を規定する。現に「馬鹿者」を取り扱うには「道理」をもってすることはできず、不本意ながら「力」をもって威すほかなく、これが「暴政府」であるとされる（二編）。無知の人民には暴政もやむをえないとすることは、人は自由な権利を持つが故に暴政は不当であるとするルソーとは違うところである。福沢は維新後に至っても政府は依然たる「専制」の政府であり、人民は依然たる無気無力の「愚民」のみであると慨嘆するものの、彼にあっては「愚民」には「専制」もやむをえない。政治における権利性が原理性を持たないために、後の文脈において福沢は「専制」もまた愉快であるといった言い方をするようになる。要するに権利よりは知性に原理性を置き、効果的な統治を目指す福沢の発想は、ルソー的啓蒙主義ではなく、自由を愛好しつつ、「もし選択しなければならないとすれば、私は多数者の圧政ほど唯一者のそれを憎まないであろう」と言っていたヴォルテール（「哲学辞典」圧政）の啓蒙専制主義と同型なのである。

無論十九世紀人の福沢の視座は直接的にはすでに自然法的な思想を斥けていた西洋十九世紀の功利主義とつながっている。功利主義は自然法思想のドグマ性を批判し、科学的実証主義の観点に立とうとする。福沢の功利主義は文明とは「人の身を安楽にして心を高尚にする」ことであるという『文明論之概略』の言葉に代表され、彼もまた儒学の偏狭な道学を「虚学」とするとともに、学問とはまずは手じかの日用に役立つ「実学」的なものでなければならないとする。そうして虚学は宗教に代表されるから、福沢の実学化は彼が宗教に無関心であったことに深く関わっている。その宗教観は例えば彼がキリスト教と仏教の正邪などには関心を持たず、善をなせば極楽に往生し、悪をなせば地獄に墜落するのは双方ともに同様であると言う場合に示されるであろう。

だがこうした宗教観は思想的、政治的な制約ともなる。つまりこの程度の宗教観、あるいは一般に形而上学的なものを空虚なものとして処理することからは、普遍的な人権のような原理は生まれるはずはないのである。西洋の自然権思想や人権がキリスト教信仰の自由を基盤にして生じたことからも知られるように、普遍的な信仰とその克服を通過しないところにおいては、人権は援用されても便宜的なものとならざるをえない。当然にこのような宗教観と人権のあり方は、本来そこに立脚するはずの政治のあり方を規定し、近代日本の展開の特性だけでなく、またその決定的な制約となっていく。のみならずそうした精神的態勢においては、かつての原始的な宗教意識が容易に国家神道のような擬似宗教に誘導されることにもなる。そうして福沢自身こうした近代日本の精神史的問題点を典型的に示すことになるのである。小楠と違い福沢が儒学を虚学として簡単に超克したことには反面が伴わなければならなかったのである。

かくして福沢においては人間の自由平等は高調されても、それと政治との関係は必ずしも明瞭とはならない。政府は人民の便宜のための「使用人」のようなものであるとされるが、それは社会契約説におけるような政治の原理としての意味合いを持っていない。したがってまた政府をして専制たらしめないための機構、憲法や議会への関心は強くない。これは立憲主義、とりもなおさず政治それ自体の問題であるが、それは福沢における手薄な点なのである。だがすでに明治元年に加藤弘之は『立憲政体略』を出している。また明治六年に大久保利通は『立憲政体に関する意見書』を、木戸孝允も『憲法制定に関する意見書』を出している。明治七年一月の板垣退助等による『民撰議院設立建白書』は政治的にも思想的にも画期をなすものであって、福沢のこの面での立ち遅れは否定しがたい。専制を防御しようとするものとしての自由民権論が福沢とは別のところから出てくる所以である。

もっとも自由民権運動は歴史的必然であったとはいえ、そこには藩閥政権としての明治政府に対する権力闘争という意味もなかったわけではない。したがって末広鉄腸は「民権」論は不満な旧士族の「私権」にすぎないとしたわけである。またそこには民権家というものは「実地」に関係なく事物を傍観する者であるという批判も生まれるのであり、思想的な脆弱性を指摘することは容易である。こうした見方は福沢にも無縁ではない。明治九年の『分権論』では民権家というものは志を達すべき地位にないことによる不満の分子であるという言い方をしている。

だが福沢の自由民権論への距離は根本的には彼が天賦人権論的な発想を持っていなかったところからくるものである。このことは福沢における「分権」という用語に見ることができる。福沢の「分権」とは言うまでもなく地方分権のことではなく、政治的社会における権利の分配を意味する。明治十一年にいみじくも同時に出版された『通俗民権論』と『通俗国権論』においては「権」とは「分」であるとされている。「民権」と「国権」は社会の権利を分割したものである。「民権」とは人民の「分」であり、「国権」とは独立国たるものの一「分」である。両方の権利は同一平面で並置されているから、ここからは「民権」が「国権」を構成するという人民主権的な考えは出てこない。言うまでもなくここには天賦人権的な発想はなく、民権とは「分」を心得るべきものなのである。

福沢によれば「民権」の趣旨は人民がその身その家に関係する戸外のことについて不分明のところがあれば不審を起こして詮索することである。つまり「民権」はまずは人民の社会的関心のようなものであり、それは政府の政治的権力、「政権」に対比される。無論福沢は「民権」の第一の仕事が「人民会議」にあることは承知している。だが「民権」と「政権」は本来の政府の権力を分割したものとしてゼロサム的な関係にあるから、「民権」が「政権」を構築するというような契約説的な論理は取られない。明治十一年の『通俗国権論二編』においては、「民権」は政府権力を「分」けたものであるという言い方がなされている。

他方「民権」はまた「人権」と同じではない。明治十五年の『時事大勢論』で福沢は「人権」というのは「財産、生命、栄誉を全うする権利」であるとしている。これはロックが生命、自由、財産を総括として「プロパティー」と称したものに近いが、福沢には「栄誉」がある反面「自由」が欠けているのは特徴的でもあろう。他方こうした「人権」を保護する政治の権利が「政権」である。しかしロックがそうした基本権を保護するために政治権力を創出したのに対するならば、ちょうど「民権」が「政権」と同じレベルで引き合う関係にあったように、そうした「人権」はそれを保障する「政権」の構成要因とはなっていないのである。

ところで福沢によれば、古来日本においては人民に「政権」がないだけでなく「人権」もはなはだしく害されていたのであるが、外国との交際以来人民にも幾分かの権利があるとされ、「民権」の思想が生まれてきた。だが人民は「人権」を得るに忙しく、政治権力の把握としての「政権」を顧みる遑《いとま》がない状態であると判断されている。この場合の「政権」は国権論にあったような政府の権力でなく、政治に参与する「参政」権である。「政権」がこのように政府権力と参政権というように正反対の意味で用いられていること自体、「政権」を構成する論理への福沢の関心の乏しさを示すものであろう。

福沢の政治論が「民権」と「国権」を実践的に媒介する社会契約的な論理を持たないものであることは不当な政府への対応の仕方に現れる。『学問のすゝめ』で彼は「国家」に対する「人民」の「職分」という言い方をし、「客」としては人民は国法に従う存在であり、「主人」としては人民は国家の「家元」であると言っているが、このこと自体は単に形式的なことである。問題は政府が分限を越えて暴政を行う場合であるが、それに対して福沢は三通りのあり方があるとしている。第一は節を屈して政府に従うことであるが、これははなはだよろしくない。第二に政府に敵対することであるが、これは不都合である。こうして福沢は第三として正理を守って身を捨てることが望ましいとするのであるが、これは暴力を使わずに政府に迫ることである（七編）。これはカルヴァン主義のモナルコマキ（暴君放伐）的な革命や抵抗の思想を斥けるものであり、その非暴力的抵抗論はルターの考えに比較的近い。要するに福沢の国家と人民の関係についての見方も契約性というよりは功利性の原理に立っているのである。

やがて福沢においては「民権」が「官権」に対置され、現状では政治的権力あるいは「官権」の方が「民権」よりもすぐれているとされるようになる。彼の「民権」が政府の権力を分けたものにすぎなかった限り、この帰結は不思議なものではない。『通俗民権論』の言い方では、人民が愚であれば政府も愚なのであるが、官民の全体について見れば政府は智であり、人民は愚であると言わざるをえない。ここで「官民」という言葉が使われているように「民権」は人民の権利から民間の権利に移行している。そうして政府は民権を嫌うものではなく、それを重んずるものであり、圧制があるように見えるけれども、圧政を好むものではなく、一時やむをえざるものとして行っているのであると評価される。このように官権のほうが民権よりも優位に置かれるのも、根本的には福沢においては知が権利に優位し、「民権」と政治「権力」が論理的に媒介されていなかったからなのである。

ここには福沢における「民権」概念自体のあいまいさが関わっている。それは人の権利であるようでもあり、民間の権利のようでもあり、人民のわきまえるべき義務のようなものにも転化しうるものであったのである。そうして彼は民権を端的に「家産」「品行」を治め、「身体」を健康にすることをあげ、民権家の財産の貧弱さに驚いたりする。こうした「民権」は総じて市民社会に関するものであったと言えるが、それは政治社会につながる要素を持っていない。「民権」概念の多義性自体福沢における権利概念あるいは内在的価値に対する関心の乏しさを示しており、それはやがて「駄民権論」に帰着する。

「民権」の問題の反面は「国権」の問題である。「国権」は福沢の用語では「ナショナリチ」に対応するとされているが、今日の用語では国家の対外的「主権」（ソヴェレンティ）に近い。主権には対外的な面と対内的な面があるが、福沢は主権の対外的独立性にだけ関心を寄せているのである。

無論主権と人民の間に関係がないわけではなく、『学問のすゝめ』においてすでに「一身独立して一国独立する」と言われていた。しかしそれは対外的な国威の発揚のためには自由な個人がなければならないということであり、人民の主権性が考えられているわけではない。福沢においては市民社会と国家権力が媒介されていなかったことは「民権」と対外的「国権」との関係としても現れる。彼は両権を連関して捉えるのであるが、それを特徴づけているのは外政が内政を規定していることである。このために「民権」に対して「国権」に優位が与えられることになり（『通俗国権論二編』)、内国で「民権」を主張するのは、外国に対して「国権」を張ろうとするがためであるとされたりする(『通俗国権論』)。

周知のように『通俗国権論』では、今は「不文」の世界であり、百巻の万国公法は数門の大砲に若かず、幾冊の和親条約は一筐の弾薬に若かずとされ、各国交際の道は「滅ぼす」と「滅ぼさる丶」だけであるという対外認識が示されている。そうして『通俗国権論二編』では社会の不平者を除去する策として「国権」の伸張が主張される。不平を除去する政略として三策がある。第一に不平を圧制すること、第二に会議を設けて人心の鬱を通じさせること、第三に外国交際の困難を知らせることである。そうして福沢は第三の策を勧め、敵国や外患があることは内の人心を結合させて立国の本を堅くする良薬であるとしている。すなわち「内国」限りの国安を後にして、「外交」に関する国安を先にし、外交の利害を「本位」に立てることである。今の時勢において全国人民の忠義心を養い、その親愛の情を堅くする「方便」は、外交の一事を主張する以外にはないのである。ここに「民権」上の不満を除去する「方便」として「国権」を主張すること、内政問題を転嫁する手段して対外強硬策をとるという以後の日本帝国の政策論の原型が提出されている。それは後に中江兆民が便宜的侵閥主義とした「豪傑」君の考え方である。

明治十五年の『時事新報』の「朝鮮の交際を論ず」という社説で福沢は、かの国が未開であれば、これを導き、かの人民が頑陋であれば、これを諭すという「誘導説諭」を説いている。日本の国力で隣国の文明を助けるのは日本の責任であるとするとともに、すでにアジアの盟主に任じる者は日本であるとされている。同じ年の「圧制も亦愉快なる哉」という社説では、圧制を憎むのは人の性であるけれども、それは人が自分を圧制するのを憎むことであり、自分自らが圧制を行うのは人間最上の愉快であると述べる。そうして自分が昔幕吏を憎んだのは自分が圧制を受けたからであるにすぎないという言い方をする。このように福沢において圧制を斥けるということは普遍性を持たないのであるが、それは彼においては結局人民の権利、人権というものが普遍性を持たなかったことによっている。国内的圧制を否定しえないところでは対外的圧制も否定しえない。

明治十四年には政治的曲折を経て国会開設の詔勅が出されていた。だが他方で集会条例の改正によって集会や結社の取締りが強化されるだけでなく、新聞紙条例の改正によって言論の自由も大きく制約されるようになった。また福島事件を初めとする政府による政党弾圧が生じるようにもなる。このような時代状況にあって、福沢は「官民調和」論を提唱するようになる。明治十五年に出された『時事大勢論』においては「民」という言葉は「人民」という意味でも「民間」という意味でも使用されている。もともと「民」の意味あいが曖昧であり、政権と民権の関係が媒介されていなかった福沢においては、政権は容易に官権の問題になり、民権は容易に民間の問題になり、状況によっては「官民調和」論も容易に出てくることになるのである。

福沢の「官民調和」論の趣旨それ自体は政党が創設されるようになり、政府と人民が互いに猜疑しているのは不幸であるということにある。天下の治乱は政府の責任であるとして政府の自重を求めようとするのであるが、それは政府は国の医であるという考え方からするものであって、人民が国の主人であるという考え方は影を潜めている。いずれにしても民党弾圧という状況のなかで官民の調和を提唱することは決して中立的なものではない。「民情軽躁」であるとされるように、福沢の関心は民権などではなく国権にある。今日の日本は海外の諸強国に対峙して、文武の鋒先を世界中に争おうとする時なのである。であればこそ最も緊要なことは、あたかも全国を一家のように調和させ、その全力を一政府に集め、まず政権を強大にして、国権を伸張させることであったのである。

政治的拡大よりは集中化が強調されるようになることとの連関で注目されるのは、福沢が次第に皇室の政治的効用に注意を向けるようになっていることである。同じ明治十五年には『帝室論』が出されている。ここで福沢の関心にあるのは、政党政府が争う間に、独り皇室は万年の春のように、人民がこれを仰げば悠然として和気を催すべく、政府の法令は水のように冷ややかであっても、帝の恩徳は飴のように甘く、人民がこれを仰げば、怒りも解かれるというところにある。

福沢はバジョットのイギリス憲政論に示唆されているようであるが、皇室の意味は民心軋轢の時代に、それが政治の外にあるためであるとされる。とりわけ日本においては数百年来「君臣情誼」の空気があるので、この情誼に依頼しなければ国の安寧を維持しがたい。帝室は日本人民の精神を収攬する者であり、であればこそ帝室は至尊である。かくして福沢は帝室の独立を祈り、遥かに政治の上に立って下界に降臨し、もってその神聖を無窮に伝えることを願うのである。

政治的効用の観点からする福沢の皇室の援用はさらに明治二十一年の『尊王論』となる。ここで福沢は「我大日本国の帝室は尊厳神聖なり」と書き始めているが、国会開設を前にして党派の軋轢、不和争論が激しい中で、社会の俗熱を緩和調和させるために、皇室の効用が求められている。福沢のこうした対内的な「天皇」の評価は対外的な「国権」の伸張の意図と連関するものであった。民権の不徹底という意味での帝室への接近と、対外的な帝国主義的侵略とは福沢においても通底している。

ここで福沢は帝室の神聖を守り、もって動かすべからざる「国体」としようとする。そうして天皇を至上とすることによって特徴づけられる「国体」の観念にも接近することになるが、これは「血統」には関係なく、自国の政権を維持するという「国体」の定義（『文明論之概略』）とは離れている。無論福沢のメンタリティはいわゆる尊王論者のものとは異なっており、君主を戴くのは根本的には国民の知恵がまだ高くないからである（『福翁百話』）。だが政治外であるとされた皇室の政治的利用は結果的には大日本帝国憲法で表明される天皇の絶対化に近づき、福沢の便宜的現実主義は結果として近代の天皇制国家の構築に支援を与えるものとなるのである。

のみならず福沢は日本では古来「大人」の指示に従うという習慣があり、それは西洋由来の「多数主義」への移行を困難にしているとするが、そこに仲裁としての帝室が考えらている。「多数主義」とは多数決という近代デモクラシーの散文的な意志決定方法のことである。看過しえないのは福沢が「多数主義」を補うものとしての「大人主義」を義侠の「親分」に比喩していることであろう。争いも「親分」の仲裁とあれば「子分」の義理として勘弁せざるをえないであろう。社会調停の論理として福沢はやくざの論理を援用するようになっているのである。こうして彼は統治の安定のためにはムラ社会の論理をも援用することになるのであるが、ここに福沢の現実主義も極まることになる。

ともあれ日本の近代化を生涯の課題とした福沢は、その便宜主義によって前近代の要素を利用し、あるいはそれと妥協もする。その近代化は市民的政治体制の創出というよりも国家主義の容認という方向を取ることになる。そうした考え方を端的に見せているのは福沢の唯一の体系的な本であるがゆえに、彼の思考の体系的あるいは論理的な性格とその問題をも露呈させている『文明論之概略』であろう。彼は日本の抑圧的な政治のあり方から脱すべく、西洋文明を目的とすることに議論の「本位」を定めていたのであるが、最後に至ると国際情勢を考えて、それはひとまず棚上げにして、国民的な国家主権の独立性を「方便」として主張することになる。ここには「本位」が「本位」として機能しなくなる福沢の便宜主義が見事に表現されている。それは要するに自然法的な思考を斥けて功利主義的な原理をとることの結果であるが、それは倫理的状況主義でもある。

したがって福沢において外見的に予想されたデモクラシーの要因が現実のものとならなかったのは、人民の権利が根本的に考えられていなかっただけでなく、つまるところ思想構造の問題である。彼にあっては人民と国家とは曖昧な有益性によって結ばれていたにすぎず、例えば社会契約説のような、思想的にも制度的にも両者を媒介する論理は存在していない。福沢における言説のずれは本質的には「個人」と「国家」との間に原理的な媒介がないところからくるものである。

このため独立自尊の個人主義的な要素と国家至上主義的な要素とが無媒介に並存する福沢の言説は状況の変化によって自由主義的なものともなり、また専制主義的なものともなって、どのようにでも析出する。こうして福沢の課題に内在していた目標と現実との間の緊張関係は、文明論に端的に示されるように、弁証法的というよりは意識的あるいは無意識的な論点のずらしによるほかないものであった。弁証法あるいは思惟を排する実証主義的な思考の論理的特性が現実への追随をもたらせることはよく知られていることである。

こうして見た場合、福沢の国家主義はヘーゲルに無縁であることは言うまでもなく、彼にはむしろカール・シュミット的な機会主義と共通するものがあることになろう。そうして国家的独立を優先させるその便宜主義は市民社会とその精神革命という福沢本来の課題を脱臼させ、意図とは別の独自の近代を生み出していく。開化と専制の両要素を無媒介のままにしていた福沢の啓蒙主義には啓蒙の弁証法が避けがたくなるのである。

福沢は「政治上」のことにはもともと関心が乏しかったのであるが（『福翁自伝』）、それは単に政界に野心がないということではなく、政治に対する原理的な関心を持っていないということである。確かに彼には改進党の理論家小野梓に重なる部分がないわけではない。小野は天賦人権的な自由と人間交際上の政治的自由を分け、前者のみを主張して後者を顧みない自由民権論を「権利之賊」と称した人物であるが、何よりも自由を尊重し、「国教」のような試みには断固反対していた。そうしてロシアの保守とフランスの過激を斥けイギリスの中庸を勧めている。王室の尊栄と人民の幸福の両者を保全しなければならないとするその視座は穏健な改良主義であったと言える。

こうした所説は福沢にも一脈通じるものがあるが、しかし福沢は権威主義的な統治を好まないという程度以上の特定の政治上の定見を示していない。政治の基本原理が欠けているために、「学者職分論」では学者は民間で働くべきであるとしつつ、簡単に政府系の新聞の発行の話に乗ることにもなる。福沢における自由主義から国家主義への転向が言われるが、真相は福沢は政治的定見を持っていないということであり、状況に応じてその見解にブレが生まれるのはその結果にすぎない。要するに福沢は根本的に吉田松陰などとは正反対の経済的人間（homo oeconomicus）であって、政治的人間（homo politicus）ではないのであり、彼の発言は経済人の政治的発言と受け取られるべきものであると言ってよいであろう。これは政治的デモクラシーの原理にはこだわらず、近代化と合理化をはかろうとする今日の財界的合理主義あるいは財界的保守主義の祖型となる。

確かに福沢は家庭論などには革新的な考えを持っていたが、権力の偏重が問題であるのは経済にマイナスになるという言い方をしていたことが示すように、国家の問題には通俗以上の関心を持っていなかったとも言える。彼は市民社会の革新に寄与しつつ、政治をデモクラシー化することはそれに並行させておらず、そこには政治的には専制を甘受するブルジョア・イデオロギーの萌芽がなかったわけではない。そもそも彼にあってはブルジョアとしての市民はあったとしても、それが公共社会を構成する主体としてのシトワイアンとしての性格を持っていたかどうかは疑問である。こうした福沢の特性はすでに同時代の陸羯南が、福沢はもともと政治論者ではなく、主に社交上つまり経済社会上の改革を主張していただけであり、政治上はかの国権論者よりも「保守主義」に傾いていると見抜いていた通りである（『近時政論考』）。その意味でも彼は前近代の要因を温存しつつ近代化を図る日本の近代化の論理を体現していると言える。

したがってここには歴史的な帰結が伴わざるをえない。その現実主義は国家的な独立を維持するとともに、ある程度における近代化をなすことに寄与したのであるが、それは政治的集中つまり天皇制国家主義の方向を取ることによって、政治的拡大つまり市民的な政治の実現を先送りするようになる。しかしこの路線はある程度の成果を持ちつつ、最終的にはその矛盾に耐え切れずに破綻することになる。福沢のプラグマティズムあるいはむしろ現実主義はそうした論理を提供することによって、根本的に両義性を持つ日本の近代化の方向を体現していると言ってよい。

福沢における価値判断の相対性という「思考様式」を高く評価したのは二十世紀最大の政治思想家丸山真男であった。彼は福沢においては「民権」と「国権」、政治的拡大と集中が「見事なバランス」を示していると評価し、また『文明論之概略』を「経典」として扱うほどに傾倒し、福沢には普遍的な人間の権利についての理解がないために啓蒙専制主義が内包されていることを見抜けず、福沢の機会主義を政治的成熟と見なすことになっている。それは丸山においてデモクラシーと密接な関係を持つ「国民」の形成という課題がいかに大きかったことを示すものであるが、デモクラシーを定着させようとする丸山の課題はまさしく福沢の不徹底によって負わされたことを考えた場合、これはまことにアイロニカルなことと言わざるをえない。

急進的自由主義

明治最大の啓蒙主義者福沢諭吉の自由主義は啓蒙専制主義をも潜在させるものであったが、これに対して自由主義を正面から提示したのは自由民権運動の随一の理論家植木枝盛である。彼はまた全国に先駆けた高知の民会の設立に寄与した一人であり、それは不在の日本の市民革命を補うものであったと言える。

思弁を軽侮した福沢とは異なって、思惟の役割を認める枝盛においては政治の原理的提示が出てくる。彼は天は我に「思想」の力を賦し、「自由」を許した、という言い方をしている（「思想論」）。そうした枝盛からするならば、アジア人は自由の点だけでなく、思想の点で「猿」に似ている。今日の人民は政府のために卑屈奴隷の教育をもって育成され、志気がないことはほとんど人間でないごとくである（「極論今政」）。日本人が思想を逞しくしたか、自ら治めたかと問うとすれば、大体が模倣か、深淵の根拠に乏しいとせざるをえない。そこに彼の「民権」についての原理的な考え方が関わってくる。枝盛によれば、大塩平八郎のように単に社会の公益を図る者は社会の「仁人」と称することはできても、「民権家」とは言えないのである（「民権家」）。

枝盛は二十歳前後において最も創造的な展開をなしているのであるが、ラディカルな自由への志向を端的に示しているのは「猿人君主」と題される論説である。世の暴君は往々にして自由を拘束し、人に対するのに猿に対するごとくしているが、これが「猿人君主」と呼ばれる。彼はこの論説で新聞条例に抵触したということで禁獄に処せられている。そうした枝盛からすれば、明治維新は治者の内部における政府の変革であったにすぎず、被治者には何らの関係もないものであった。彼は第二の改革を求めるのであり、それは政府の独裁を廃して「人民」に「政権」を掌どらせることである。こうして枝盛は自由と政府との関係の問題を改めて突きつけることになる。

そうした彼の反伝統主義、反権威主義は、祖先の墓に礼拝するということは理屈に合わないとすることから、警察官が多すぎる弊、政府は「天」ではなく、「正理」を「天」とすべきであるとする弁、「官吏」は奴僕であるのに対して、世間無数の人は「天地の間に立たせ玉ふ所の高く貴き大御役人様」であるという論、妄りに政府に敵するものを「国賊」と言うのは、アジア人の卑屈であるという議論等々に見られる。「独立自尊」の精神を政治的に体現しているのは福沢というよりも枝盛であり、それは彼の場合は福沢とは異なって、政治の原理そのものに向かう議論である。

枝盛によれば、政府というものには本質的に「良政府」というようなものはなく、人民がただこれを「良政府」にするのみのことである。政府と人民とはただ「約束」をもってするものであり、「天然」に結ばれたものではない。君主が人民を治める権に限界を立てるべきであり、この限界の義が「自由ノ理」である。そうである以上、人民はなるべく政府を監督し、視察し、「抵抗」しなければならない（「世ニ良政府ナル者ナキノ説」）。政府は人民の「作為」によるものであるというこの説は自然権的な原理に基づく社会契約説であり、ロック的な自由主義は日本においては枝盛において本格的に出現する。

もっとも枝盛の自由主義には独特な特徴がある。それは人間の目的は「利」にあり、利を達するには智識、健康、富裕がなければならないとする、自然的幸福主義とも言えるような生の肯定である。人の目的は「幸福」にあり、事物の要は「実利」にある、と言われているが、その幸福は物に接し、事に触れ、心に感じ、身に覚えるものであるというように、きわめて感覚的に捉えられている。無論枝盛にも、人間は「欲」と「本分」（正義）と合して初めて至高な「幸福」に達するという要素もないわけではない。だが彼を特徴づけているのは、人の大目的は「生活」を遂げ、「生理」を全うし、「性」を達することであるとされるような、自己愛と自己肯定の原理である（「無天雑録」）。ここから出てくる生理的とも言われうる自由主義は独特の急進的な色彩を持つものとなる。

明治十二年に出された代表作『民権自由論』において枝盛は人は自由の動物であり、自由の権がなくてはその働きがないとし、「なんと自由は得なくっちゃならぬものではありませんか」と語るように、端的に自由を「張」ろうとする。彼はまた「民権田舎歌」を作り「自由なるぞや人間の体／頭も足も備わりて／心の霊妙万物に越え／心と身とが倶わるは／一つの天地というもよし／自分ひとりは一人で立つよ／何も不足はないぞいの／そこらで人間を自由と申す／自由じゃ自由じゃ人間は自由」と自由を鼓吹し、またその運動に従事した人間である。

問題はこうした自然主義的な自由がどのような政治的な形を取るかということである。一つの形は安藤昌益的な無政府主義であり、東洋的アナーキズムである。枝盛をそれを斥けるわけではないが、全面的には採用しない。彼によれば民は自由を伸べ、権利を張らなければならないが、人間は一人で存在するのではなく、公的な自由を考えなければならない。つまり単なる無政府ではなく、政治の組織を考えなければならない。だが国というものは政府によってできたものでもなければ、君によって立てられたものでもなく、人民が「集まった」ものである。ここから枝盛にはロック的自由主義だけでなく、ルソー的デモクラシーの要素が出てくる。

この政治体制のあり方に関わって枝盛は明治十三年に自らが出していた『愛国新誌』に「人民ノ国家ニ対スル精神ヲ論ズ」という論文を発表している。人民の国家に対する精神のあり方には三段階がある。第一段はすべては「君」によるとするものであり、第二段はすべては「国」のためになすというものであり、第三段は治者と被治者の区分を廃して「われわれ人民」という精神に立つものである。第三段は治者と被治者の同一性によって特色づけられる民主主義の原理にほかならず、それが枝盛の目指すものでもある。だが彼は現状の日本は遺憾ながら第二の国家中心主義の段階にあると判断しているのである。

この論文で枝盛は「民権論」と「国権論」を同時に著した某学者を批判している。それは言うまでもなく福沢のことである。枝盛からするならば、「民権」を張るのは「国権」を張るためであるというような議論は全く理を失しており、それはただ自ら官民の中間に立って一種の方便を用いようとするにすぎない。それは「国権」という大いなる一物で「民権」を丸めてしまうようなものである。「民権」は「国権」の奴隷ではないのであり、何で「国権」のために「民権」を張ることがあろうか、と。枝盛にも「民権」を張らなければ「国権」も保つことができないという言葉があるが、重心は福沢とは逆に「民権」の方に置かれている。

枝盛から見るならば、初めに「民権」を張るのは「国権」を張るためであると目安を立てておけば、「国権」がすでに伸張したら「民権」も無用ということにならざるをえないであろう。したがって福沢のような議論は「啓蒙」ではなく、むしろ政府と人民をともに「蒙昧暗愚」に陥らせるものである。開くべき道理を明らかにして開くのでなければ、精神は進むことはないであろう。ここにあるのは相変わらず「国家」というものを精神の第一部におくことであり、それはまさしくアメリカ憲法冒頭の語法である「己レ人民」というデモクラシーの原理をその上に置くことができないということである。人々は今から精神の洗濯をし、まずとりあえずは「治者気取り」という大垢をすり落とすべきなのである。枝盛は福沢の啓蒙専制主義を見抜いている。

人民が先であって、国家は後であるとされる場合（「民権ハ憲法ノ奴隷ニ非ズ」）、問題は両者の関係如何にあることになろう。明治十四年の『無上政法論』では国は民を合して成るものであり、「国権」の理は「民権」の理と同じものであるという認識が生まれている。国権を保全するとしても、民権上の自主と法は必要なのであり、国権と民権には論理的連関があることが明らかにされることになっている。自由と権力の関係は「主権」のあり方に集約されていく。彼は国家の「主権」性を認めているが、「主権」というものは人民の自由権利を保護し、本国の権利を守護するということの範囲を出ないということ（「国家主権論」）を押さえている。しかし枝盛は人民の自主自由は憲法によらなければ守られないとし、憲法を立定するのも民権を保全するためのものであるとして、立憲主義を強調し、自由の法制化に関心を示しているのであるが、民権が国権を構成するという論理構成にはなっていない。

ところでホッブズの『レヴァイアサン』の抄訳を契機として明治十五年には東京日日新聞等で主権論争が展開されたのであるが、枝盛もこれに関与している（「国家主権論」）。彼の基本的な考え方は、国家は生活体であり、そうである限りそれを統制する権利がなければならず、また国家は目的の下にあるものであり、その行為には定限がなければならないということである。主権は国家全体に属し、そうして国家の元素である者は主権の「一分」に与るとされている。

主権が国家全体にあるという国家主権説に不明確さがあるのは当然であるが、やはり枝盛は人民の権利が主権を構成するという論理には達していない。そうして主権とは行うべき範囲内における無制限の最上権、専制権であるとされ、また国家の「好意」の元権であるという言い方もなされている。確かに政府は人民の天ではなく、人民が正理を以って天とすべきであり（「政府ハ天ニ非ズ」）、国家は人民の「器械」である（「無天雑録」）。だがロックが国家は福祉の道具であり、あえて主権という言葉を避け、最上権と言うに留めたことに対すると、枝盛は権力の制限に徹底していないとも言える。

枝盛が人民主権説にまでは徹底していないことには天皇が現に存在していることが影響を与えているでもあろう。だが枝盛の議論を制約している天皇の見方は実質的には柔軟なものであった。彼にあっては人間の目的は最大幸福を得ることであり、幸福は自由にあり、最大幸福は「同権」にあるとされ、「自由同権」と「命令」とは並行するものではない（「命令ノ文字ハ自由同権ト併行スルモノニ非ズ」）。とはいえ「わが国に貴き王室」という言葉に見られるように、「民権」は王室と対立関係にあるものとは考えられていない。彼はさしあたりは君民共治の政治体制と考えていたようであって、排他的に民主制を求めているのではない。だが枝盛の場合、君主制の容認は共和制の否認ではない。

彼自身は必ずしも望んでいたのではないが、人民がこれを好めば「共和政治」に憂れうべきことはない。また君主制の受容は天皇の至上性とは無関係である。妄りに政府に敵する者を国賊と言うのは卑屈ということであり、「君」は「神」でないがゆえに「君」なのであり、天子を完全無欠であるとして、天子に敵対するものを直ちに賊と言うのは卑屈の甚だしいものである（「何ヲカ国賊ト云フ乎」）。神武天皇が日本全区を略奪したのは賊と言えば賊である（「無天雑録」）。天皇は全く神聖化されていない。

しかし枝盛において自由と権力の把握の分節化がやや不十分であることは、根本的には彼の自然的自由観が関わっていたと言ってよい。つまり自然的自由観と権力との媒介は容易ではない問題なのである。彼には国家を解くというアナーキズム的な要素も関わっているが、それは権力の構成が十分でないことの反面でもある。このようにして枝盛の自然的自由主義においては一方でロック的な権力の分節を必ずしも十分ではないとともに、他方ではルソー的な人民主権に必ずしも達しないということになるのである。そうして枝盛における自由主義の抽象的急進化は、結局その基盤である市民社会の希薄さによるものであったと言える。

他方で板垣退助に仮託されて出された『無上政法論』は彼自身が望遠鏡でもって遥かに窺うようなものであると言っている通り、きわめて遠大な次元を持っている。その趣旨は国権は「無上政法」があって安全となるということである。この議論は弱肉強食の福沢的な世界観とは対照的である。枝盛は世界を一大共和国あるいは一大君主国とすべきという議論は一大暴慢を産む可能性があり、非であるとする。また万国公法によろうとする議論があるが、その法は法とは言えないようなものであり、いまだ可でない。一大裁判所を設置しようとすることも同断である。あるいは国勢の平衡に頼ろうとする議論があるが、それは頼りにならないものである。またアジア連合という考えがあるが、それは西洋の横暴に対しては狭すぎる。

かくして彼は世界の平和と安全の保障のために「万国協議政府」を設け、「無上政法」つまり世界的な憲法を定立することを提案する。「万国協議政府」は世界政府のようなものではなく、協議体であり、「万国連合」とも称される。それは人民が国家を立てる理屈を発展させて、諸国家によって立てられる連合である。「国権」を守ろうとするものは必ずそれを立てざるをえないものであり、また人間の性情からしてもそうであり、「民権」を重んじようとするものも必ずこれを立てざるをえないものである。蔵書目録からして枝盛はカントを直接知っていたようではなく、その所説は自力で考案したもののようであるが、枝盛はカントと同じように平和を法的な状態が支配することであると捉え、国家の秩序原理を世界のレベルに拡大する連合を考えようとしているのである。さらに彼は世界的政府を設置する以上は各国の「兵備」は減少することができ、ついにはこれを廃止するに至ることもできるであろうとしていた。ともあれ枝盛はすでに十五歳の時に、戦争は天に対する大罪であるとし、万国統一の会議所を構想していた人物である。ここにはデモクラシーと平和主義の古典的な接合が見られる。

無論そうした所説にはさまざまな疑問があろう。しかし枝盛は、人民と質を同じくする国家がすでに世界の各地にある以上は、世界の各国は各地の人民における と同じく、必ず一個の「連結会社」がないわけにはいかないとする。また強大なものはこれに服従しないであろうという疑問もあろう。これに対して枝盛は、国は強大なるをもって背反すれば、背反しない各国も数個の強大をもって一個の強大に対するであろうとする。またそもそも万国政府というものは国家の上にさらに国家を置くようなものであり、人民の自主独立性を退けさせるようなものではないかという疑問があろう。これに対して枝盛は世界に政治秩序を設立することは各民の自主を長進させようとするものであるとする。万国政府に参加するかどうかは各国の自由であり、そのあり方は各国がその民を見るように各国を見ることにある。つまり万国政府は任意的連合である。このようにすれば世界の暴乱を正して、治平を達することができるであろうとされる。

だが根本的な問題は世界の安全保障を世界議会の設立によってなしうるかどうかということであろう。また世界憲法という考え方が彼の疑問視する万国公法の原理に立つものではないかという問題があるだけでなく、それを担保するものが存在するかという問題もあろう。協議体の設立に関しても、またその機能に関しても何らかの権力の要因はおそらく不可避であり、枝盛の議論の抽象性は当然である。ここには当然理想主義的な要素があり、そこにはまた理想と現実、原因と結果の距離がある。

もっともカントの永久平和論と対比してみるならば、枝盛の構想はカントの次善の策に当たるものである。カントは永遠の平和は世界が一国であるかのように共通の法が支配することであるとして国家的結合との類比で「世界共和国」を想定していたが、現実的にはその代替案として、単に戦争を防止するための、主権的な体制を含まない「国際連合」を提案していた。枝盛の「万国連合」は普遍的法の支配という難問はあるものの、基本的にはカントの「国際連合」に当たるものである。そうした枝盛の万国政府論は実質的には国際連盟を先取りするものであり、今日ではハーバーマスが代表的に論じている国際法の立憲化への展望をも持つものであって、世界的に見ても先端的なものであったと言うことができる。その困難は今日の世界ガヴァナンスとして問題にされていることであり、もともと直ちに解きうるようなものではない。それは多分に実践の問題であり、しかも枝盛の一見「実地」に関係のない傍観者的構想のように見える理想主義は必ずしもユートピアとして提出されたものではなく、カントと同様、政治的実践に必然的な思惟の課題を提示するものであったのである。

カントは断念したかのように見える世界共和国を単に実現不可能な理念であるとしたのではなく、それへの接近に役立ち、それが人間と国家の義務と権利を基礎として成り立つ課題である限り実現可能であるとしていた。注目されるのは枝盛もまた同様な発想を持っていたことである。彼はまず現状は天命のように一定して動かないものではなく、万物は必ず変遷するものであるとし、逆に現に適合しているものは大勢が一変したなら行うことができなくなるものであり、「目今ノ現状ニ照シテ少シク行ヒ難キトノ思ヲ為スコトハ却テ真ニ実地ニ行フベキモノタルヲ証スルニ足ル可キナリ」という言い方をしている（「無上政法ヲ補周ス」）。彼も単に理想と現実を並立させていたのではなく、すぐれて実践的な視点を有していたのである。

ところでここにも国家を「解く」という要素が関わっている。世界議会は国家の解廃を速やかにさせるものであり、それは人民をして自由の真域に至らしめる階梯なのである。世界政府を経てついに国家を解くに至るならば、今日のあくせくした政治法律はその生を終えて人間はよく真正の自由自主を得ることになるであろう。法憲をもって万民の幸福を達しようというのは不可であるだけでなく、政法は罪悪の源泉であり、政府を廃し、法律を無にすることが急務なのである（「無天雑録」）。枝盛には後に兆民から「洋学紳士」と称されるような抽象的急進主義と、道家に通じる東洋的アナーキズムの両方の要素があったことになるであろう。

しかしこの場合の国家を解くという議論には国民国家の枠を越えるという契機があり、そこにはアナーキズムの肯定的要素である自治の原理が貫かれているとも言える。つまり国家を小にすれば今日の代議政体を一変して「直与政体」に改めることも可能であろうと言われるように、世界政府への志向は直接民主制への志向と相関的なのである。したがって例えば日本のように国家に「張力」があるところにおいては、多数者に圧迫されないためには国家を小さくして分立させ、そのうえで連邦にすればよいのである。

枝盛の政治論は明治十四年の「東洋大日本国国憲案」に集成される。この憲法案では連邦制が採用されており、連邦は各州の自由独立を保護すべきものとされている。その最大の特色は人民の自由権を網羅するとともに、義務のようなものは一切規定されていないことである。土地は国有にするという奇抜な規定もあるが、人民は生命を奪われることはないこと、つまり死刑が禁じられていることは特筆すべきことである。そうして無法に対しては抵抗することができ、政府が憲法に違反した場合には人民は服従する必要はなく、政府が憲法に背き人民の自由権利を侵害し、建国の趣旨に反した場合には、国民は政府を「覆滅」することができるとされている。立法権は人民全体にあり、選挙権は租税非納者、罪服者、官吏以外が有するとされていることは注目されることである。なお「皇帝」が設置されているが、それは国民の自由権利の規定の後に置かれている。もっとも行政権を管轄する皇帝が無答責とされていることは契約原理に徹していないことになるであろう。無論こうした憲法案は大日本帝国憲法としては採用されるべくもなかったのであるが、やがて日本国憲法の起草に当たって間接的に参考にされたのであり、彼の構想が今日にも無縁ではないことを示すものである。

もっとも枝盛的な民権自由論には福沢以外にも反対論が存在する。加藤弘之は明治八年の『国体新論』では民権的な考えも示しており、君主も国家第一等の高官にすぎず、「公明正大」な国家は共和政治をとらざるをえないと論じていたのであるが、明治十五年の『人権新説』では進化論を採用し、優勝劣敗が天理であるとするとともに、天賦人権というものには実存する証拠がなく、学者の妄想にすぎないとするようになる。進化論は「実理」に立つものであり、優勝劣敗の作用が起こるのは万物の法則であり、個々人は決して天然に自由、自治、平等の権利を持つ者でない。無論加藤も権利概念そのものを否定するのではないが、権利というものの進歩を図るにあたっては、それぞれに国の開化度や民情、風俗により、その術には異同がなければならないのである。

自然権思想には形而上学的なドグマの要素があることを否定できず、実証科学から早晩批判されるのは避けられないことである。だが天賦人権のような自然法的な原理は実在する証拠に基づくものではなく、加藤の単純な実証主義は法や政治の領域に自然科学的な論理を適用とする素朴さがあることは言うまでもないことである。そうした皮相な加藤の説に多くの批判が出されたのは驚くべきことではない。『朝野新聞』に出た馬場辰猪の論文は、自然法のような天賦の権利は現に人類の生存に資そうとするものであり、加藤の言うような蜃気楼なのではないとするとともに、彼がもし中世にあればそれを打破した今日の言動を批判することでもあろうとして進化論の自己矛盾を指摘していた。

加藤の新説を論駁したもう一つの代表格が植木枝盛の『天賦人権弁』である。植木は加藤は人の「権利」と「勢力」、権利の「本然」と権利の「保安」を混同し、後者つまり天賦の人権でないものを人権と理解し、しかる後天賦人権は妄想であると放言している、という批判をしている。彼の考え方によると、人は天に照らして「幸福」を希望するものであり、これは人の「道理」であり、それが「天然」の「人権」と呼ばれる趣旨である。天とは自然であると言ってよく、「権利」とは人がまさにこれを行うべきことである。そうした「権利」は実体ある品物ではなく、人に従って実存するものである。したがってそうした「権利」は実定されることによって存在したり、存在しなくなるようなものではなく、「権利」それ自体には進歩も退歩もないのである。

こうした植木の「権利」についての考え方は典型的な自然法的な発想である。彼は「権利」ということで自然権のようなものを考えているのであり、それはホッブズがなすことの自由が「権利」であり、いずれかに拘束するものが「法」であるとした際に示されるような、実定法以前の先天的な権利という発想に立つものである。だがこうした十七世紀的な自然法的思考には確かに独断的形而上学の要素があり、十九世紀の実証主義的な考えによって批判されることになるのは避けられないことである。そうして西洋と日本のタイム・ラグは枝盛的自然権には不利に働き、福沢的な実証主義には有利に作用する。だがまた政治の世界は何らかの規範原理を不可欠とするものであって、それは単に法実証主義的な思考によって解消することはできず、加藤のような単純な進化論によって打破しうるものではない。したがって枝盛は権利とは国家が法的に認定したものであるとする実証主義が規範の固有性に盲目であり、結局は実力の追認となることの問題を衝いていると言える。

最後に植木は加藤が「保守」と「漸進」とは社会国家を起こすものであるが、「急進」と「守旧」は社会国家を倒すものであるとして民権論を批判していたことを問題にする。本来保守派である加藤のような者が進化論を援用することの自己矛盾であるが、進化論は規範性を斥ける点で保守主義の論理ともなるのである。ともあれ加藤の皮相な人権批判は横のものを縦にするだけの輸入思想の底の浅さを見せるものであり、枝盛の加藤への駁論は二十歳代の地方の一政治活動家と時の東京大学総理の思考のレベルの差を明らかにするものであった。その加藤はやがては明治憲法と教育勅語に体現される国体論へ教育面から寄与し、しかしまた蕪雑な反キリスト教論を唱えて反動的論者として終わっている。「専制主義の戦士」（ハーバート・ノーマン）であった彼の思考法は「国家思想」を涵養しなければならなかった東京大学の性格を体現するものであったであろう。その後の東京大学は吉野作造や丸山真男といった対抗伝統も生むのであるが、また加藤的政治学に連なる東大総長も出現することになろう。

枝盛は日本における市民的な政治運動の先駆者であり、また官憲の干渉を避けて淀川船上で日本酒屋会議の準備会を開くというような奇抜な行動力を示した人物でもある。晩年は自らの思考力に頼み傲慢な天狗になったところもあり、自然的自由主義とも言える生の肯定にも、晩年には憂いが生じていたようであり（「無天雑録」）、政治家としては政治の論理に翻弄されたところもあった。それは自由と権力が十分に媒介されない急進的自由主義の長所と短所の露出であり、またそこには中江兆民から民主家の進歩主義の欠陥とされるものがなかったわけでもない。だが枝盛の急進的自由主義とその反面でのアナーキズム的な要素という権力観の弱点は単に理論構成の問題ではない。その理論的抽象性は根本的にはそれを担うべき市民と市民社会の未熟さに由来している。その意味では枝盛のプロジェクトは今日もなお課題なのである。

漸進自由主義

福沢諭吉の近代化路線には哲学上の問題があったのに対して、明治思想界において彼と好一対とも言うべき存在であった中江兆民はまさしく「日本に哲学なし」と喝破した人物である。彼によれば日本は西洋におけるような悲惨な宗教戦争のようなものを生まず、明治維新もほとんど血を見ることなく成立させたのであるが、反面でその浮躁軽薄、政治上の無主義は小怜悧で偉業を建立することに不適当である。常識に富む反面、常識以上に出ることができないのも、もとをただせば独自の哲学がないことによるものである（『一年有半』）。こうした見方は同郷の後輩植木枝盛にも観察されたものであるが、兆民の哲学はしかしは枝盛のような「正則」一辺倒ではなく、「変則」を備えた変幻自在なものとなっており、日本の近代化の隘路を直接表したところがある。

彼の哲学は日本最初の哲学概論書である『理学鉤玄』にも窺えるが、それは端的にはフランス官学の観念論哲学を「虚霊説」（スピリテュアリスム）として批判的に扱い、「実質説」（マテリアリスム）を肯定的に紹介するものであった。観念論に対した兆民の唯物論は、道徳も脳髄機関の底から上昇するとするものであるが、それは道徳や自由を否定するものではない。自由は行為の理由を重視するものであり、そこから自由を修練して展開することも可能になる。その道徳説は利害の念を道徳の根本とするものであり、ベンサム的功利主義に共通するところがある。それは私利を基礎とし、公義を頂点とし、教育や習慣や風土の中央にあって、そこに上昇することを求めさせるものである。

もっとも兆民の哲学はそれ以上分節化されることはなかったのであり、したがって正義と利害を連関的に捉えようとするその哲学には動揺が現れる。それは理想主義と功利主義の間だけでなく、急進主義と現実主義等々の間のブレとして現出する。だがそれは単に奇人変人といった個人の性格の問題ではなく、兆民が抱えていた問題圏の現れであり、その屈折は近代日本の歩みそのものである。

兆民は自由民権運動が始まった明治七年に帰国しているが、彼は直ちにはこの運動に加わることはせず、専ら仏学塾での教育に従っている。彼はルソーの社会契約論を部分的に邦訳しており、自由民権運動に無関心ではなかったであろうが、兆民が直ちに自由民権運動に参加しなかったことには本質的な原因があったと言わなければならない。ルソーの著作で彼が出したのは社会契約論以外には『学問芸術論』を『非開化論』というタイトルで翻訳しただけであることはその一端を伝えるものである。これは「学問と芸術の発展は習俗の純化に寄与したか」という懸賞論文にルソーが否定的に応答していたものであるが、近代文明に対する批判を基調とするこの論文に兆民が注目したということは、彼がいわゆる文明開化と、やや皮相なところもあった自由民権論に全面的に参与しえないところがあったことを裏書するものであろう。しかしもともと兆民はいわゆるルソーとは異なるところがあり、それは明治十一年に『奎運鳴盛録』に発表された一連の論考に見ることができる。

『民権論』という論文では、今の論者は皆「民権民権」と騒いでいるが「何ぞそれ思わざるの甚だしきや」とその浅見が批判されている。兆民によれば「民権」は「政教」に出るものであり、「政教」が体であって「民権」は用なのである。「民権」は無論「原権」である。だが「政教」が体であるとすると、それが整わないうちに「民権」を実現するというのは無益なことである。現にフランスにおいても当初から「民権」というものがあったのではなく、フランス革命に及んで始めて大いに行われるようになったのである。「民権」を操るためには治安の術、文武の技を準備すべきであり、一朝一夕になるものではない。したがって日本においても十数年後制度が整い、文芸が進んで初めてそうすることができるであろう。「民権」よりも政治体制のあり方の方が先決問題であるというのは保守的な発想であるが、そこには現実的な洞察がなかったわけではない。

この時期の兆民の政治観を示すものとしては『原政』がある。これは政治の帰するところは「民をして政を用うることなからしめる」にあるというような、中国的な要素を含むものである。そうした発想の基本にあるのは、「欲」は充たせばよいというものではなく、「利」は放縦にすべきではないということである。「技芸」には弊があることを知るべきであり、民は徳義を以って「自治」の域に至らしめるべきなのである。ここからルソーが「教化」を盛んにして「芸術」を抑えようとしたことが評価される。このような儒家的あるいは道家的見方があった以上、兆民が直ちに自由民権論に加担するというようなことはむしろありえないことであったと言わなければならない。

だが国会の開設が公表され、政党が設立されるようになる明治十四年になると兆民は自由主義的政論家として登場することになる。この年には『東洋自由新聞』の主筆格となり、その「祝辞」で彼はルソーに言及して、「自由権」がないのは人でないと言うようになっている。自由の趣旨は不羈独立であり、であるが故にこの言葉は古代ローマにおいては政治的権利を有する士君子について言われたのである。自由の権を伸張させるのには二つの道があり、それは富ますことと教えることである。民を教養するのに肝要なことは、国人が憲法を定めて統治者を放縦にさせないことである。そのように言う兆民は「自主ノ大義」と「君民同治」の制を主張する。

兆民において「君民同治」とは「共和政治」と表現される。「共和政治」は「レスピュブリカー」を訳したものであり、人民の公有物という意味であり、君主の有無は問わないものであるとされている。この兆民の「共和政治」の理解は、共和国（respublica）はすなわち人民の（publica）もの（res）であるという共和主義の原義に近い。つまり「共和政治」は「形態」上は君主制以外のものを意味し、そこには貴族制と民主制があるが、「精神」上は人民を本とする政治ということであり、兆民は「共和政治」を精神上での共和主義と理解しているのである。その場合は共和政治は君主制でもありえ、必ずしも民主制つまり「民政」である必要はなく、現に兆民の「共和政治」は「君民共治」であった。彼は「共和政治」を人民に基づく「立憲政治」であるともしているが、それは立憲君主制であったのである。兆民はバルニーの『民主国ノ道徳』を翻訳していることからも知られるように民主制への並々ならぬ関心を持っていたが、単純な民主主義者でなく、また文字通りのルソー主義者ではなかったのである。

この連関で注目されるのは兆民が『民約訳解』でジュネーヴという「自由な国」を「民主国」とするようにかなり自由な翻訳をし、また「主権者」（Souverain）を「君」と訳していることである。彼は「主権」という言葉を知らなかったのではないから、これは「主権者」をあえて君主的なものとしているということであろう。しかし「主権者」を君主的なものとするとルソーの人民主権の意味は曖昧なものとならざるをえない。ルソーが「主権」は分割できないと言っていることからしても「君民共治」という表現には人民主権説を徹底していないと言わなければならない。

いずれにしても兆民は民主主義を志向しつつ、制度的には立憲君主制を想定していたのであって、単純な理想主義者ではなく、現実感覚の持ち主であったことになる。この兆民の本質的両面性は進歩派の「進取子」と慎重派の「持重子」との「国会問答」としても語られている。「進取子」は日本も西洋諸国のように自由権から発し国会を設立することから始めなければならないとするのであるが、「時重子」は俄かにそのようにすべきではなく、まずもって群臣が協議して憲法を制定して限界を立てなければならないとする。正則の「理」を根本としつつ変則の「利」も無視しない兆民の視座は後年の『三酔人経綸問答』の「洋学紳士」と「豪傑君」の両要素として引き継がれる。

だが『東洋自由新聞』は社長の西園寺公望が勅命で退社を余儀なくされ、二ヶ月足らずで廃刊になる。岩倉具視等が圧力をかけたのであるが、これは自由民権派の有力な機関紙となりつつあったこの新聞に専制支配者が危険性を見たということであろう。これに対して兆民は「天」は大公にして無私なるものであると当てこすっている。こうした韜晦的あるいは斜めに構えた言い方は、同じ土佐人とはいえ単刀直入の植木枝盛とは異なるところである。

明治十五年兆民は板垣退助を社長とする自由党の機関紙『自由新聞』に移ることになる。兆民が書いた発行の趣旨によれば、この新聞は二千年以来の人民の卑屈を抜き去り、活発自由の域に入らせようとするものである。ことに結社、集会、印刷という三大権を削減しようとする「官局」の気習が批判されている。福沢や枝盛にも見られるように、内政と外交のあり方は相関的であったから、当然ながら兆民にはまたそれに対応した外交論がある。富国強兵と言われるが、「富国」は施政者の目的にすべきことであるものの、「強兵」はやむをえざる一策にすぎない。ことに問題なのは道徳も学術もなく、自分の機知を奮い、威力を逞しくし、快を一時にとって人を驚かせるいわゆる「英雄豪傑」の弊である。確かに小国の独立はいかに保たれるかという問題があろう。これに対して兆民は、それは「信義」を守り動かないこと、つまり「外交」であるとする。道義のあるところは大国も畏れず、小国といっても侮らず、隣国の内紛には妄りに兵を挙げず、だが国が焦土となっても戦うことである。これは陳腐すぎるように聞こえるが、スイスのような小国だけでなく大国の北米連邦が実行していることなのである。

だが自由党が解党され、保安条例によって東京から追放された兆民は一時学術的な仕事に従事した後、明治二十一年には大阪の『東雲新聞』に参加することになる。この新聞でも兆民は兵力を後ろ盾とする政府ほど厄介なものはないとするものの、絶対平和主義に与みそうとはしていない。したがって数年後には、「豪傑」政治は「自由」政治の反対であるとする一方、いかなる事勢に迫られても戦わないと国是を定めるのは随分難儀なことであるといった言い方がなされる（『立憲自由新聞』）。同様に政治の世界は「黄金」を必要としない「道徳」の境界であるとされる一方では、十九世紀の今日では実業家は幾分政治家でなければならない、といった言い方もなされている。いずれも兆民における理と利の両面性を示すものである。

まず国会を設立して憲法を制定すべきであるという自由民権派の希望に反して、明治二十二年には天皇によって憲法が定められる。兆民は憲法発布の盛典に人民が喜悦していることを彼一流のアイロニーでもって論評をしている。人民は自分の利己心すなわち希望心から割り出して、「まだ見聞しない憲法」を鎮護府のように想像して、こぞって狂喜しているのである。その間明治二十年には兆民畢生の作『三酔人経綸問答』が公刊されている。一見すると単なるパロディーと受けとられかねないものであるが、明治前半期の政治思想の総括と見られてよいものである。

ここでの中心人物「洋学紳士」は植木枝盛に典型を見る「民主家」である。この場合の「民主」は今は端的に非君主、制度としての「民主」制のことである。それは進歩主義の原理に立つものである。民主家の理解によれば、人類は最初は君主専制であったが、次第に君主を法的に規制する立憲制になった。これは進歩であるが、立憲国の民の福利は自己の自由の権によるものではなく、君主によって得ているものにすぎず、「自由」は保証されているとしても、「平等」の理には反している。自由の制度は民生、衣食、経営だけでなく、人の心術を高尚にしなければならないのである。ここに五等爵位を廃した民主制が必然的進化として要請されるのみならず、「死刑」を廃して法律的残酷を除き、保護関税を廃止して経済的嫉妬を去り、一切の言論、出版、結社に関わる条例を廃棄することが求められる。それはすぐれて「道徳の園」を主張するものである。

ところで近代日本においてはその出発点から、国内的「民主」制は対外的「平和」と必然的な関係があった。したがって民主家はまた無形の「理義」をもって兵備とし、「自由」をもって軍隊とし、「平等」をもって防塁とし、「友愛」をもって鉄砲とすると論じる。そもそも地球の各部位を分割し、その居民の心を相互に疎隔させるのは王制の遺禍であり、世界人類の知恵と愛情を混合して一つの大きい円となすのは民主制である。民主制をなした後は世界を一大連邦にすべきなのである。

総じて言えば民主家の考えは、政治家をもって「進化の神」を崇拝する僧侶のようなものにするものであり、であるが故に心はただ「眼前」に注ぐだけでなく、「将来」に留めている。そうした民主家の説には直ちに一面性が現れる。「理」には合っても「実行」するのは困難であるという陳腐な問題であり、また尊貴に在ることは人の情でもあり、民主の制では官民解体して国が混乱しないとも限らないであろう。「躁進」の風は民主国の通患である。

民主家の反対の位置にある「豪傑君」は福沢にその一端が示されるものであった。彼によれば、勝つことを好み負けることを憎むのは「動物」の至情である。日本が小国であり、近隣にその「名」は忘れたが大邦、つまり中国がある以上は、外征はやむをえない。民主家が対外平和主義者であったのと相関的に、「豪傑君」は「侵伐家」である。また民主家が進歩主義であるのに対して、侵伐家は現実主義であるのみならず、反動「恋旧」と特徴づけられる。進歩主義の徒は理論を尊び腕力を憎み、産業を先にし武備を後にし、道徳法律の説を研鑽し、文人学士をもって自ら任じているのに対し、「恋旧」の徒は自由を豪縦不羈の行とし、平等を破滅の業とし、悲壮慷慨して自ら喜び、法律学の窮屈は喜ばない。

だがこの保守反動主義は当事者自身からもその正当性を与えられていない。「豪傑君」自体進歩主義は「生肉」であり、保守反動は「癌腫」のようなものであり、「癌腫」は取り去られるべきものとしている。進歩主義は「理」に立つものであるが、保守反動は「術」の次元にあるにすぎない。そうしてこの「癌腫」を取り去る術として登場しているのがまさしく大陸侵略なのである。国内的「反動」と対外的「侵略」に密接な関係があることが、ここでも示されている。

鼎談の主人である「南海先生」の対外政策についての考えは民主家の考えに近い。もし外敵が諸国の評を考慮せず、公法を憚らず、議会を顧みず襲ってくるときは、国人皆兵となり、力を尽くして防戦し、不意に進撃するならば、こちらは主であり義がある以上防衛できないことがあろうか。また大抵国と国が怨みを結ぶのは現実形態でなく「虚勢」によるものであり、そういったものを作りがちなものは「新聞」であり、そこから生まれる「神経病」であるとし、外交の良策は世界いずれの国とも和好を篤くすることであると言われる。こうした南海先生の言説は「豪傑」を斥ける『自由新聞』の論説にも示されるように、兆民の説でもある。

だが民主制とその進歩主義に関しては南海先生したがってまたおそらくは兆民は民主家と直ちに同じでない。まず政治の本旨というものは、国民の意向に従い、知識に適当し、安静の楽を保ち、福利を得させることであるとされる。であるとすれば国民の意向に従わないだけでなく、知識に適しない制度を用いることは無益なことであろう。専制から出て一度に民主制にいるのは順序ではない。民権ということを言うとすれば、兆民的な言い方では「恢復」的な民権と「恩賜」的な民権がある。「恢復」的民権とは下からこれを取るものであり、「恩賜」的民権とは上から恵み与えるものである。「恩賜」的民権を得て直ちに「恢復」的民権をなそうというのは事理の順序ではない、と。イデオロギーへの懐疑がある兆民においては創造的民権が考慮されておらず、彼の現実性が示されており、少なくとも彼は革命的ではない。

民主制へのこの慎重な姿勢は進歩主義への懐疑と相関している。現に日本の進歩主義はかつての封建的蛮勇主義が一変したものにすぎず、大声疾呼することを好んでいるにすぎない。こうした「脳髄進化」は真の進化ではない。兆民の見るところによれば、真の「進化神」は時と所を知らずしては作用しない。ここから「思想」と「事業」あるいは思想と実践とは互いに重なり連なって、「迂曲」の線をなさざるをえないという見方が生まれる。思想は過去に因を取るのに対して、実践は果を現在に結ぶものであり、この両者は、前者が後者を生み、後者が前者を生むというように変転きわまりなく、それが「進化」の行路というものである。そうした進化は人の脳髄にあって、人々の思想をあい合せて、一円体をなすものである。しかるにある思想を信奉して衆人をしてこれを信奉させようと欲するならば、これは「思想の専制」ということになろう。

このように歴史における真の進歩というものは思想と実践とがあい重なり連なって紆余曲折をなすというのは政治に対する実践的まさしく弁証法的な見方であると言ってよく、また弁証法的なものとしての政治的な見方であると言ってよい。こうした弁証法的な視座がある以上、兆民が思想だけによって政治の世界を捉えようとするような一面的な進歩主義をそのようなものとして採用できないのは当然のことであった。保守的進歩主義と言われてもよい兆民の曲球的な政治に対する考え方は「理」の要素と「事」の要素を一体化する弁証法的（ディアレクティック）なものであったことは、『三酔人経綸問答』が性理派と術策家を両要素とする問答（ディアレクティック）によって構成されていたことが端的に示すとおりである。

だがそうした複眼的な現実的理想主義の政治論がそれほど容易でないことは「南海先生」の結論によって知られる。その所説はただ立憲制を設け、上は皇上の尊栄を張り、下は万民の福祉を増し、上下両議院を置き、外交は好和を主とし、言論、出版等の規制は漸次緩やかにし、教育につとめ、工商の業は漸次これを張ることであるとされた時、「南海先生胡麻化せり」とされていたのである。兆民の所説もやや決り文句にとどまり、必ずしも十分にインパクトのあるものではなかったのである。

無論これは兆民の個人的な問題ではなかったであろう。一方で民権に基底を置く共和主義的な政治への志向があり、しかし他方において近代国家としての独立性を確保しようとする国権の要請があり、この両方の要請を満たすことはもとより難問ではあったのである。この民権と国権の相克は内政上は民主制の当否の問題となり、外交上は平和主義と侵略主義の相克となるが、歴史観のレベルでは進歩主義と保守主義の相克となり、政治原則のレベルでは道理派と現実派との相克になる。これらはお互いに連関するものであって、一方で民主主義、平和主義、進歩主義、理想主義の系列をなし、他方において天皇制、対外侵略、保守主義、現実主義の系列をなしていくことになる。それは比喩的には僧侶的道徳主義と反動的豪傑主義と言われてもよい。この相克は二十世紀にまで継続するのであるが、すでに明治の前半に祖型が与えられたと言ってよい。

西洋ではルソーとヴォルテールに代表される道理派と現実派は、日本では枝盛と福沢によって代表されるものであった。それに対して兆民の共和主義は現実的、漸進的なデモクラシー原理に立つものであって、枝盛と福沢両方の要素を止揚しようとする性格があったが、それは容易なことではなかったのである。もっとも自由党の枝盛や兆民は言うまでもなく、現実主義の要素を持つ福沢も基本的にはリベラルであった。しかし近代日本のその後の展開はリベラルの線を離れ、福沢にその一端が潜在していた国家主義の路線をたどることになる。それは対外政策上の問題を生み出すとともに、デモクラシーを未完の課題に留めるものとなるのである。

第二節　天皇制国家体制

明治憲法体制

当初自由主義的な可能性も全くなかったわけではない近代日本は、明治後半に入って天皇制国家体制を整備し、国家主義化を進めていくことになる。それを制度的に表現するものが明治憲法であった。ヨーロッパ諸国の憲法を参照して起草された明治十三年の元老院の国権草案が、日本の「国情」に合わないとする反対によって挫折した後、明治二十二年に発布された大日本帝国憲法はすぐれて日本独自の「国情」つまり「国体」を強調するものとなっている。新たに枢密院議長伊藤博文の主導のもとに成立した明治憲法は、元田永孚のような宮中の保守主義に浸潤されたものとなっているのである。

確かに明治憲法はアジア最初の立憲主義を表明するものではあった。だがそれは、まず国会を設置して自由を保障する憲法を制定すべきであるとした植木枝盛の国約論に従うものではなく、中江兆民の「恩賜」の民権論に見られる現実主義を体現するものであった。参照されたプロイセン憲法が国王に対して「欽定」されたと評されたのに対して、明治の憲法は自由権を保障し、支配者と被支配者との契約によって国家権力を統制するという近代憲法の基本原理には必ずしも従っていない。枝盛の憲法案とは異なり、明治憲法における権利はほとんどすべてが法律の規定の範囲内のものとされているが、下位規範としての法律によって実質が規定されるようなものは基本法としての性格を欠いている。

憲法は「告文」において、皇位は「神」に由来するとし（惟神ノ宝祚）、国家の統治権はそうした皇祖から子々孫々に継承されたものであるとしている。これは十九世紀ヨーロッパの立憲君主思想というよりも、十六、七世紀の王権神授説に近いものである。近代日本の困難な歩みは統治権を神的なものとするという驚くべき逆行を示している。他方で国民は天皇の「臣民」として、天皇の統治を「翼賛する」だけのものとして位置づけられている。形式上制度が設定されたという意味はあるとしても、ここには近代憲法の社会契約的性質、また統治権を民意に基けようとする明治前期には存在したある程度のデモクラシー的な精神も欠けている。明治憲法体制が「大政翼賛会」の形成とともに終焉したのは、ある意味において明治憲法を成就したと言えよう。

こうした宗教的原理を導入することになったことに関して、伊藤博文は絶対的かつ擬似宗教的な主権がなければ日本は統治されがたいと考えていた。日本には西洋におけるキリスト教のような精神的に「機軸」となるものがないために、神権的な天皇統治という「国体」観念がなければならないのである。ここには国家統治に対する自信の欠如と国民への信頼性の希薄さが窺えるが、いずれにしてもこうした時代逆行的な国家原理の導入は日本の将来に重大な帰結をもたらすことになる。

そもそも西洋においてキリスト教は根本において国家と対立するような微妙な性格を持っていた。近代に至って国家は信仰の自由に介入せず、信仰の自由に発する基本権を保障するために国家権力を統制することに憲法の原理もあった。この点で明治憲法は反対の方向を向き、国家が宗教的な色彩を持つ一方、根本において信仰の自由に発する市民的な自由は保障されないままである。政治と宗教が結合していることにおいては、むしろ中世的な政教一致体制に類似している。伊藤による宗教的原理のアナクロニズム的な援用によって、市民革命も宗教革命も経験しなかった近代の日本は、神的な統治者の支配という幼稚な神話に立脚することになったのである。それはあたかも日本国中がオウム真理教のもとにあったかのようなものであり、国民は天皇制イデオロギーによってマインド・コントロールされることになる。そうしてオーウェルの『一九八四年』にさきがけ、文部省は真理省を体現していく。

憲法の第一条では「大日本帝国ハ万世一系ノ天皇之ヲ統治ス」とされるとともに、第三十条では「天皇ハ神聖ニシテ侵スヘカラス」と規定される。立憲主義は統治権を制限しようとする原理であるが、統治権がこのように神聖化されている以上、実質的には絶対主義の継続とならざるをえない。しかも不可侵の神聖な統治権は自ら責任を負うものでない以上は、この統治体制は臣下の「輔弼」によって成立するにすぎず、したがって責任を負わない臣下の専権を許すものとなる。明治憲法は支配権の絶対化と、であるがゆえの空洞化というパラドックスの上に成り立つものであった。また立法権は天皇にあり、帝国議会には天皇の立法権に「協賛」するという位置しか与えられていない。万機公論原理からの後退は言うまでもなく、議会は国家を統合する機能を持っていない。これはヘーゲルがプロイセン議会を「飾り物」と称したのと本質的に同じであって、ここにその後の帝国議会の低調な推移の背景もあったと言えよう。

ところで天皇制国家主義の宣揚に当たっては、帝国大学が国家のイデオロギー機関として働くことになり、加藤弘之を先駆とする官学のイデオローグがその先端をなすこととなった。帝国大学で帝国憲法の法理を講述していた穂積八束は天賦人権説を斥け、それを反転させて天皇は「天賦ノ主権者」であるというような言い方をした人物である（「憲法ノ精神」）。彼はまた「天皇」と「国家」とを同一体であるとしたのであるが、これに対しては、同じドイツ国法学を学んだ有賀長雄が批判している。憲法の明文によっても、天皇は国の元首であり、国家を統治する「機関」であって、国家と同じものではない、と（「穂積八束君帝国憲法の法理を誤る」）。

こうした批判があったためか、後に穂積は「国体」と「政体」とは異なるという議論をしている。それによれば「国体」は主権の所在によるものであり、「政体」は統治権を行使する形式によるものである。したがって日本は「国体」上君主制であるが、「政体」上立憲制であってよいのである（「立憲制ノ本旨」）。国家体制とは主権がどこにあるかによって決まるものであり、政治体制にほかならない以上、穂積の「国体」と「政体」の区別は異例のものである。「国体」を単なる国家体制とする穂積の議論は混乱しているが、いずれにしてもこれは天皇の至上性と「機関」

性との問題が浮上してくる伏線となるものである。

穂積はまた「我国ハ祖先教ノ国ナリ。家制ノ郷ナリ。権力ト法トハ家ニ生レタリ」と説いた学者である（「民法出デ、忠孝亡ブ」）。「家制及国体」という論文でも「祖先教ハ我国体ノ基礎ナリ」とし、今日に至ってもこれを建国の基礎とするのは外国と異なるところであるとする。西洋では各国の国体の基礎は腕力や偶然の事変や民衆の承諾によるが、日本は万世一系の不易の君主を戴き、一国一社会を団結している。「愛国公同」の精神が前提されなければならず、いわゆる個人主義は家国を否定するものである（「憲法ノ精神」）。

ここに反個人主義的国家主義のステロ版が出てくるわけであるが、祖先崇拝というものは日本独特のものではなく、東アジアの近隣にはより頑強なそれが存在する。したがって当然にも例えば東京専門学校の講師大西祝は、祖先崇拝というような単純な思想もしくは手段をもって今日及び将来の民心を満足させうるかを疑っている。彼はまた血統団結に重きを置きすぎることは、血統を異にする者を団結中に包含するのを困難にするという弱点をつく。そうしてもしそうした精神が穂積の言うように強固なものであれば、彼が愛国心を強調する必要はどこにあるかと反問する（「祖先教は能く世教の基礎たるべきか」）。植村正久も言うように、公共の念が乏しいからこそ愛国心が強調されるのが一般なのである。

「国家」を「家」の原理に基づけようとする穂積は矛盾にぶつかる。しかし王権神授説の代表的論者フィルマーが王権を家父長制に基づけようとしたように、王権神授説的発想と家族の原理との間には連関性がないわけではない。絶対主義的な体制は家族主義のようなものによる補強を要しているのである。かくして国家を家族道徳の原理に基づけ、天皇制国家に道徳的基礎を与えようとするものが帝国憲法発布の翌年に出された「教育勅語」であった。それは皇祖が始めた国家体制としての「国体」を実現することが「教育」の根本であるとし、家族の「孝悌」と国家の「忠信」を一体的に提示し、家族的国家観を表現するものであった。それは国家と宗教の結合を意味するだけでなく、政治と倫理との再融合、公的なものと私的なものとの未分化あるいはむしろ私的なものの公的なものへの還元を意味するものであった。

「我ガ臣民克ク忠ニ克ク孝ニ」と教示するこの教育勅語にいちいち注釈を加えているのが、同じく帝国大学教授であった井上哲次郎である。井上は、「国君」の臣民に対する関係は、「父母」の子孫に対する関係と同じようなものであり、教育の法はその国の臣民に適するように発達させることであるとしている。そうして楠正成のように皇室のために一命を擲って臣民の節義を全くしたことは千年間も摩滅しない美談であると述べる。終わりには、今上天皇陛下が自ら皇祖皇宗の遺訓に基づいて理想に達するよう希望する以上、臣民たるものは陛下の顧慮に副《そ》うところがなければならない、と畏まっている（「勅語衍義」）。

こうした注釈については同じ大西祝が、勅語は何人も承服すべき徳行を示したものにすぎず、別に事々しく注釈を必要とするようなものではない、と冷水を投げかけるとともに（「私見一束」）、この種の教育上の国家主義に対しては、「自ら狭うして誇り、喜び、安ずるが如き」と形容している（「国家主義の解釈」）。この井上はまた福沢諭吉が独立自主をもって人間の本分としたことに関して、それは個人主義であって国家主義でなく、教育勅語の趣意に背くものであると論難した人物である。これに対しては山路愛山が、浅学の人は一偏の理屈を見て全体の筋を考えず、是非の詮議のみが強いと愚弄している（「国家主義と個人主義」）。

家族国家観というものは国家支配者は家の長のようなものであるとするものであり、一見慈愛溢れる国家観である。しかし支配者を親のようなものであるとすることは、被支配者を子供のように非自立的なものと見なすものである。それはロックがフィルマーの家父長制論を論破して言ったように、自由な人間が構成する市民的な国家観とは対極にある。ここでは家族と国家との種的な区別がなされていないから、私的なものと公的なものとの区別はなされず、あるいは公的なものが私的なものを併呑する。西洋において公的（publica）なものは人民（populus）のものであるという伝統があったのに対するならば、ここでは「滅私奉公」はあっても、私的自由がないから言葉の本来の意味での公的世界は存在せず、支配機関が公的なものと直ちに同一化される。市民のない臣民根性を作る上で教育勅語は絶大な機能をしたと言ってよいだろう。有賀長雄が、日本国家においては人民が自己を富強にする「インヂビヂュアリチー」が欠けていることを指摘していたことは（「国家哲論」）、こうした家族国家観の根本的な弱点を突くものである。だが精神的に卑屈な臣民しか生産しなかったということは、一見して強固のように見えた国家の致命的な弱点となっていく。天皇制国家の進展にもかかわらず、というよりもむしろそのために、国家は国民の自発性に支えられるものではなくなる。それは国家主義エートスが必ずしも十全に浸透せず、その後常に人民の無気力が慨嘆されていることが示す通りなのである。

しかし天皇制国家は単なる明治憲法の規定や「教育勅語」の説教や御用学者の言説によってだけでは支えられるものではなく、宗教のようなより強力なエートスを要していた。もともと万世一系というものは現実であったというよりは、血統に霊威を見たいとするメンタリティの自己解釈であり、その意味では擬制にすぎない。福沢等が言うように君主制はある程度以下の知性に見合うものであることは否定できないが、とりわけ血統に霊威を見るという点では天皇制はアニミズム的な精神レベルに深く関係している。しかしこの原始的な信仰は近代にあっては人為的に創出されなければならないのである。

ここにいわゆる国家神道が形づくられる。これは日本という国家を始めたと仮託される皇祖神を最高神とするとともに、天皇を現人神とし、かつ最高の祭祀者とする。国家神道は国教のような位置につくことになり、それがいわば強制される。異端的宗教への弾圧が示すように、一見慈愛溢れる父のような天皇制国家は、あたかも未成年の臣下に対するごとく、近代社会の前提である精神の自由を確保させないものであったのである。明治憲法でも一応は信教の自由を規定していたが、それは「安寧秩序」を妨げず、「臣民」の義務に背かない限りでのことにすぎなかった。こうして近代の日本は明治後半に至って政治的には前近代化の様相を強め、神権的支配を強化するという路線を取ることになり、これは精神的には中世的なレベルへの後退であったと言わなければならない。日本の特殊な近代化は支配者を「神」であるとするような近代以前的な要素と手を結ぶものであったのである。

ところで最高統治者としての天皇は祭祀大権を持つとともに統帥大権を有するものであり、天皇制国家主義は軍国主義的な要素を不可分のものとしている。この祭祀大権と統帥大権は靖国神社という形で結合している。靖国神社はもともとは民間信仰である御霊信仰に根ざすものであるが、天皇のために戦死した軍人を神として祀り、天皇制国家のために死ぬことを美化し、弁証する宗教的装置である。天皇制国家はその経営のためには俗信の原始的な宗教的感情を糾合しなければならなかったのである。ともあれこうした天皇制国家主義イデオロギーによって日本はやがて自称「一等国」にもなるのであるが、この近代を支えていたのは死を政治的に動員し、戦没者を「神」とするという前近代的、プリミティヴな宗教意識であった。思想の自由も市民的な社会もないままに、世界の先端を行く国家が形成されたこと、これがとりもなおさず近代日本の逆説なのである。

日本的保守主義

ジャーナリストの側でも国家の変容に呼応している。明治前半期の代表的自由主義者植木枝盛は憲法発布の前夜に、皇上は人民の自由をけちることはないだろうと期待し（「今日の日本における憲法の制定」）、発布に当たっては「兎も角も喜ぶべきことならん」というような幾分屈折した楽観論を見せていた（「欽定憲法の発布」）。だがそうした楽観論は翌年にはすでに、「国家々々」と叫ぶ国家主義の高まりに懸念を懐かざるをえないものとなっている。日本のような国においては「国家」や「国民」を叫ばなくとも、それらはほとんど天然のように具備しているのである。日本においては「民権よ」とか「自由よ」とか叫ぶことが必要なのであって、「民権」の声に代えて「国家」の声をもってするようなことは日本を誤ることであろう、と（「国家及国民的の文字」）。第一回衆議院議員に当選した枝盛は翌々年の衆議院解散直後急死しているが、そこには毒殺も疑われている（家永三郎）。

政論潮流の変化は憲法発布の数年前から観察され、明治二十年に徳富蘇峰は民友社を組織して雑誌『国民の友』を創刊、翌二十一年には志賀重昂や三宅雪嶺等が政教社を結成して雑誌『日本人』を創刊、二十二年には陸羯南が新聞『日本』を創刊し、政論の主役の交代を印象づけることになった。これらは多端であるとともに基本的に自由主義的であったこれまでの政治論とは異なり、保守化と国家主義化を示すものである。

『日本人』や『日本』は国民主義、国粋保存主義を標榜したが、「国粋」とはnationalityのことであって、要するにナショナリズムのことである。このナショナリズムはまた皮相な開化主義を排し、日本の独自性を維持しつつ西洋を採長補短しようとする保守主義の精神の自覚である。その限りでこの国粋主義は昭和前期の排外主義とは一線を画している。ところで福沢を始め明治の政論家はいずれもナショナリストであったが、彼らは単なる愛国主義者であったのではなく、多少なりとも何らかの政治的理念を持っていたと言える。つまり彼らのナショナリズムは基本的には「自主愛国」ということであり、それを象徴するのは「自由党」の前身が「愛国公党」であったことであろう。これに対してここで出てくる国民主義は国民というもの自体を政治の原理としようとしており、あるいはそれ以上の理念を持っていないのであり、そこに思想的脆弱性も生まれることになる。

もっとも陸羯南が『近時政論考』で言うように、彼らは「快活な愛国者」であり、一応は自由主義を排斥するものではない。それは個人の自由を尊ぶとともに他の自由を敬する「寛仁主義」である。またその自由は平等を無視するものではなく、そこには平民主義と社会主義、進歩主義と保守主義の要素がともにある。だがそのようなものである以上、このリベラルな保守主義には将来的な分岐が避け難いものとなろう。

羯南は『日本』の創刊号で、この雑誌は漂流する日本を救って安固なものにしようとするものであり、まず「国民精神」を回復し、発揚しようとするものであるとしている。それは西洋の自由と平等を重んじつつ、日本の利益と幸福に資するようにしようとするものである。国家は「国民」という一大観念の上に安置されており、この観念によらなければ一国の元気を発揮することはできない。しかし「国民」的観念だけを「世界」的理想に優先させようとするのではない。「国民」というものは血族や言語や宗教や政体、習慣等によって自己を観念するものであるが、「世界」的または「個人」的理想からするならば、国民的自負心などは愚痴かもしれないであろう。日本国民が他国民に同化されることを願わない羯南においても、「国民」的観念はまた「世界」的理想に達する進化路である。日本国民は一方で天地の公道に基づくとともに、他方において祖先の偉業を拡張して世界に雄飛しなければならないのである。

しかし羯南の「国民」観には特質がある。彼は「国民」のうちに権利および幸福が偏頗でないことを望むのであるが、その際国家善美の淵源である「皇室」と社会利益の基礎である「平民」との間を緊密にすることを期待する。「不易の帝室」は日本「国民」の一特性であるとされている。憲法はそうした国民の特性を保存すべきものであり、万世一系の天皇陛下によって発布された憲法により、日本国民は永く日本国民としての特性を保持することができる。日本国の主権はすべて天皇の把持するところであり、臣民がみだりにその所在を議するものでなくなって、日本国民万古不易の基礎は固まるのである。

ところで制定された大日本帝国憲法はいわゆる「国約」でなく「欽定」であった。羯南には近代の政治原則とも言うべき契約説的な観念が欠けているから、彼の言うところによれば、枝盛が主張していたような「国約」は上下たがいに対抗してできたものであり、道義がない。これに対して新憲法は「君民調和」であり、「吾輩はいまだに憲法そのものいかんを知らずといえども、ただ日本憲法発布の場合についてこれを国民の特性と断言するに躊躇せざるものなり」と希望的に述べられている。建国の価値を疑い、自国感情の発達を憂慮する者は、建国の左道ではないか、とも言われている。

羯南における「国民」の特性は国民主義にもかかわらず、天皇主権によって特色づけられるものである。国会開設の翌年に出された『近時政論考』では天皇の「大権」と国家の「権力」との区別を理解すべきであり、でなければ「日本国民」の「日本国民」たる所以も消滅するであろうとされている。これは一応は権威と権力の差異を意味するが、しかし「大権」を前提にする日本国家の「権力」においては「国民」は受動的な位置に留まらざるをえない。そうして近代日本の政治思想においてほとんど法則的に見られることであるが、「国民」を政治的に受動的なもと捉えることは対外的強行策と平行している。こうして天皇に重心を置く羯南の国民主義が、やがて日清戦争に際会して対中国強硬路線を主張するようになったのは不思議なことではないのである。

羯南より三歳年下で万延元年に生まれた三宅雪嶺は羯南よりはリベラルであったように見える。それは羯南が明治憲法の「天皇は神聖にして侵すべからず」という点に感心していたのに対して、雪嶺が「すべて法律は帝国議会の協賛を経るを要す」とか「国家の歳出歳入は毎年予算を以って帝国議会の協賛を経へし」という箇条を喜んでいたことに端的に窺われるであろう（『日本人』）。彼は君主絶対主義でなく、立憲の要素を重んじていたのである。それは「日本国民は明治二十二年二月十一日を以って生まれたり」という論説にも見ることができる（筆者は雪嶺であると仮定する）。ここで彼は君主と臣民との感情の一致が暴力なしになされたということは、善良な改革はいつでも成就できることを示すものであると評価している。

確かにこの改革は「国家的観念」を養成しようとするのであるが、雪嶺には民族や天皇に還元されない「国民」の把握がある。また単なる民族の総称である「人民」と政治上一体となった「国民」という概念が区別される。当然にこの「国民主義」は、政府を最大要素とする加藤弘之のようなドイツ学者の「国家主義」と同じものではない。雪嶺の「国家」的観念はまた、自国のために力を尽くすのは「世界」のために力を尽くすことであるという視座を持つものであった。

雪嶺も「国粋」を唱えているのであるが、彼の理解する「国粋」とは一国特有の無形の元気を意味するものであり、旧物を保存しようとする趣旨のものではない。日本人の精神は維持しなければならないが、西洋の文物も便利があるものはこれを導入する。ただ国情を察せず、利害を究めず、かの風儀を模倣し去ろうとすることが斥けられる。これは盲目的保守主義ではなく、自らのアイデンティティのために自己批判を厭わない保守主義である。

したがってこの「国粋」は自己省察を伴うものであった。『日本人』がその政府批判によって発行停止中にあった際、雪嶺が『真善美日本』のみならず『偽悪醜日本人』を著す所以である。ここで雪嶺は大局からすれば某の国家に属するというようなことは愚かなことであるという視点に立ち、特殊を通して世界への参与を説く。向かうべきところは「円満幸福」であり、その際「不祥」な現象もこの「円満幸福」に達する駅程である。「軽妙」に特徴がある日本人は自らを「円満幸福」に融合する任務がある。

他方で日本人の欠陥が指摘されるが、議会における大臣の愚かさや議員の腐乱については「故あって」多くが語られていない。ただ政務の目指すべきものは「大中至正」であるとされ、政治思想には「正理」派と「成敗」派のほかに、第三の「独立」派が望まれている。枝盛と福沢に対する兆民路線とも言える。そうしてやがて進歩的な積極政党と保守的な消極政党の二大政党となることが予想されるなかで、第三の「独立」派の結託が求められている。内政の中心的な問題は後進資本主義における貧困と紳商の問題であり、その関心の所在は代表的には三菱高島炭鉱を指弾した「三千の奴隷を如何にすべき」という論説に見ることができるであろう。

反面、外政の問題では雪嶺の議論にはいささか不透明なものを否定できない。『日本人』におけるある論説では、日本の運命は中国にあることが述べられている。日本をイギリスに対比するだけでなく、中国をイギリスにとってのヨーロッパに対比すべきなのである。これは中国を単に進出先としてでなく、相互的な対手として捉えるということであろう。だが他方では桜の咲く東洋の一国が西に向かって運動し、世界を混同して一つの支配に帰せしめることは空想ではないとも言われる。そうして終わりは、「芳野の花や、松島の月、風光人を老ひしむ・・・中略・・・塵外に超然とし、以て悠々仙郷の楽を貪れ」と、韜晦される（「亜細亜経綸策」）。雪嶺の議論はよくも悪しくも明快さとは程遠いものなのである。

この雪嶺は日本の最初期の哲学徒の一人でもある。やや年長の井上哲次郎が官学アカデミズムの人となり儒学史研究に新機軸を開くようになったのに対して、雪嶺は在野の哲学者にとどまることになる。その意味では雪嶺は兆民の後継であると言ってもよいのであるが、兆民の『理学鉤玄』がオーソドックスな哲学概論であったのに比べると、雪嶺のものは独自的な体系性を有している。そうしてその哲学は彼の政治論と密接な関係を持つものであった。

雪嶺が初めてその哲学に概観を与えている『我観小景』は「原理」を探求しようとする姿勢を見せている。だが何らかの真の知を求めることは容易ではない。少なからぬものが夢のようなものであり、デカルトが原理とした「覚醒」も「夢幻」とどれほど異なるところがあろうか。「夢幻」は観念にすぎず、実物に交渉がないとされるが、「覚醒」もこれに類しないであろうか。あるときの覚醒した自分は他のときは別の自分になるのであり、「覚醒」は「夢幻」と同じように矛盾する。こうして雪嶺は「覚醒」も「夢幻」と同じく観念であるとする。

言うところの実物を知るということはどういうことであるのか。唯物論にかかわらず、この世界は自己の思惟したものにすぎないという説は打破できない。物と観念とはその極同一に帰するとする雪嶺は、その限りで兆民的な唯物論は取っていない。彼の哲学は活物論的有機体説の外見を持つ。人間の身体が有機的なものであるように、宇宙も機関であり、心意を有する。全宇宙を通じて感応の至らないところはないのである。

ところで「覚醒」とは生がある時のことであるが、生は死によって制約されている。だがこの世のことはすべて相関わる所があるものである。自由もそうであって、十全な自由は想像できない。そうした中で「存在」するということが考えられなければならない。「存在」とは相反するところに成るものである。一端があれば、必ず他の一端がある。したがって「存在」とは有無の相関を越えた所に「絶対」不羈なものとして求められなければならない。この生きた「霊活」を明らかにするのが「哲学」なのである。

こうした雪嶺の活物論的哲学には朱子学の天人相関論に通じるものがあるが、対立の中に真理を見ようとする視座には江戸中期の和風哲学者三浦梅園の反観合一論と共通するものがある。この活物論的宇宙哲学は西洋においては雪嶺も言及しているライプニッツのモナドロジーと予定調和説に最も近い例を見るものである。もっとも雪嶺の場合は真理性を徹底して分析するという姿勢は希薄であり、いささか独断的に両端を調和させているところがある。日本において真理性のより徹底した追究は十歳年下の西田幾多郎を待たなければならないのである。

この哲学的な視点は人間社会の見方ともなり、それを主題にしているのは『人生の両極』である。人生も「積極」「消極」の二極両極から見なければならない。両極は合い離れるが、異極は相い合う。社会もまた「発動」と「吸収」の二極がある。人間社会もこの両極の作用によって観察されなければならない。両極は相互的であるが、「活動」を主とする者は社会の先導者として尊ばれ、「吸収」を主とする者は卑しめられる。

だがこの見方はただちに弱肉強食を正当化するのではない。国内的に財産階級が生じているが、それが極まらないうちにすでに幾分崩壊の兆しを現わしている。この現象に対して雪嶺は、全社会の力を総合して巧みにこれを活用することは、将来における「社会主義」の政府に求めざるをえないであろうとする。他方国際面では国際法という幾ばくかの法則が存在する。無論国際裁判所のようなものが成立する段階ではないが、社会におけるように相互関係的に交際は行われなければならないのである。

この雪嶺の相当に進歩的かつ調和論的な世界は「妙世界」と称される。人間はそれぞれの面において「虚仮」から出て「真実」へと進歩し、真善美の世界に貢献すべきである。よく死生を超脱し、人類絶滅の期に少しも狼狽せず、昼に起きて、夜に眠るようであるべきである。そうして現存の社会組織ではある少数者が自由をもって大いに利益を得、他の多数はその圧迫を被り、奴隷の境界に陥るに至らざるをえない以上、種々の案が立てられなければならない。無論その解決は得られていないが、従来の社会組織では生命の自由を実現しえないということはほとんど一致しており、「虚仮」を破る苦心を否定すべきではないのである（『妙世界建設』）。

このように社会主義や国際主義にも理解を示している雪嶺が安直な天皇制国家主義に賛同するようなことはありえなかったであろう。しかしまた彼の通俗哲学は本質的に唯心論的かつ予定調和論的なものであったから、分析鋭い批判性は強くは出てこない。生きた宇宙は混沌としているが、混和はことごとく一様にするという意味ではなく、有無長短を交換し、便利と趣味を増進させようとするものである。

西洋の保守主義が理性的自然法に対して賢慮（フロネーシス）を強調するものであったのに対して、もともと自然法的発想に乏しい土壌に生まれた日本の保守主義はナショナリズム、端的には天皇に求心力を求めるものであり、その祖型は明治中期の国民主義に見られ、それは二十一世紀の自由民主党にまでつながっている。無論そこには幅があり、雪嶺はどちらかと言えばリベラルな少数派の所在を明らかにしている。しかしそうしたリベラルな保守主義自体必ずしもそれに即した現実をもたらすものではなかったのである。

平民主義から帝国主義へ

雪嶺とほぼ同じ時期にジャーナリストとして活動しつつ、雪嶺とは異なり言説を大きく変容させ、日本を皇室中心的帝国主義の方向に推し進めるうえで無視しえない役割を果したのが徳富蘇峰である。彼は明治二十年に以前に私刊していた自著を『新日本の青年』と題して公刊している。蘇峰二十二歳のこの著作は早くも彼の特徴を表すものである。

主題は教育であるが、同時に社会でもある。将来の日本社会はいかなるものであるかを知ろうとするのであれば、社会そのものではなく、その外にある青年を見るべきである。青年を見れば現在の社会を知ることができるだけでなく、さらに将来の社会を予知することができる。青年とはすぐれて社会「流行」の先駆者である。もし将来の社会を現在の社会よりも進ませようとするのであれば、善良の「流行」は奨励し、邪悪の「流行」は排斥し、世の継続者に社会水平面上の教養を受けさせなければならない。これが教育が重要である所以である。ここに「流行」に敏感な蘇峰が予告されている。

蘇峰はまず従来の学問教育の変遷を顧みるのであるが、そこに彼の発想の一端を見ることができる。蘇峰は封建社会の主権者は誰であったかという問いを出し、将軍というのは皮相であり、天子、諸侯、士農工商でもなく、「習慣」であったという議論をしている。確かに徳川封建社会の精神は習慣を支配的なものとしていたが、これは無論「主権」という言葉の概念的な使い方ではない。

蘇峰によれば維新は政治の「改革」にとどまらず、また思想の「改革」であり、新たな学問が生まれなければならなかった。教育について言えば、まず復古主義、次に公議輿論を旨とする偏知主義、両者の中間に折衷論がある。蘇峰は復古主義には端的に反対であるが、福沢諭吉のような偏知主義は公議輿論にひざまずくものであって、独立不羈の学者の本分と言えないという奇妙な議論をしている。だが折衷主義は西洋的新主義と東洋的旧主義という両立しえないものを両立させようとするものである。

こうして蘇峰は学問は西洋的な学問世界に一変しなければならないとする。教育の目的は生活を得る道を教えるものである。それは西洋になされているような知徳一致の教育なのである。その意味は真理捜索的であるということであるが、その観念を蘇峰はスペンサーあたりから示唆されているようである。その内容は自然の法則を重視すること、自尊自愛心を発揮させること、自発性を重んじること、「自由主義」的道義を導入するといったことである。十九世紀の文明は人類が自然に勝ち、自由が専制に勝ち、真理が習慣に勝つということである。そうした大機運によって日本の時勢を一変し、維新に続く知的世界の第二革命をなすべきなのである。それは「平民社会」の追求である。

「平民社会」はさておき、自由の天民である明治の青年は飛揚しなければならないとされるように、そこに著しいのは「進歩」への信奉である。「嗚呼旧日本は死せり、而かして今や新日本は既に更生せとす」というようなオーバーな表現もある。蘇峰が言うように、もし社会の年齢は文明の進展とともに増加するものとすれば、明治の青年は天保の老人より進んでいる。天保の老人とはまさしく明治維新を主導してきた世代であり、進歩を求めるということは明治維新の転進を求めるということにほかならない。思想的には明治維新を主導し、代表的には天保の世代に当たる福沢諭吉からの方向転換を求めようとすることであったと言ってよいだろう。福沢は妥協的な官民調和論を唱えていたが、時代はより根本的に「平民社会」的なものに進歩しなければならないのである。蘇峰が直感的にであれ明治の前半の言論を主導してきた福沢に一つの焦点を当てたのは正鵠を射ていたとも言える。福沢は『国会の前途』において、それを「必ずや上首尾なる可しと断言せざるを得ず」と楽観していたのであるが、こうした福沢の楽観は裏切られ、すぐ後には『国会難局の由来』を書かなければならなくなる。さすがの福沢にも想像力の衰えは否定できなかったのである。

このように当初の蘇峰は進歩主義者であったが、進歩主義には固有の難問がある。そこでは往々にして進歩自体に意味が与えられ、今日指されているものもやがては捨てられる運命にある。進歩は相対的なものであり、特定の段階の意味づけは常に難問である。蘇峰自身を含め進歩主義の言説がとかく皮相なものとなるのもこのためである。蘇峰の当面の問題は明治の過去二十年の乗り越えであるが、それはまた当然に清算主義的で、いささか浮薄なものでもある。それは『新日本之青年』の総論の次のような言葉に端的に見られるものであって、そこにある何らかの皮相さはやがて蘇峰自身に跳ね返ってこざるをえないものである。彼は過去二十年を次のように「分析」している。

「一時の発心により、一時の作用を以て、一時に成就したるものにして、愛す可く、喜ぶ可く、流麗、優美、瀟洒、軽快の風あるが如しと雖ども、概するに力を用ひず、骨を折らず、何の苦労もなく、何の造作もなく、ただ安々として成就したるものなれば、一として諧謔の色を露はざるなく、浮気の味を有せざるなく、軽装の質をふくまざるなく、いかなる荘重謹厳の事業も、ただ嘲笑して、恰も手品のごとく、茶番狂言の如き気色にて・・・」

蘇峰のこうした清算主義的で、いささか皮相（スウィーピング）で、また流暢であるけれども仰々しい言説のあり方は、同じ年に創刊された『国民之友』の「嗚呼国民之友生れたり」という論説にも現れている。「日本国何くにある。日本人民何くにある」と問いかけられたこの創刊の辞も、明治維新の事業がまだ結果を見ず、目的を達していないとして、「改革よ、改革よ、汝は決して安息することを得さるなり」と「改革」の進展を鼓吹しようとするものであった。

蘇峰の「改革」が目指しているのは「貴族的社会」から「平民的社会」への西洋的な移行である。明治のこれまでの進展は貴族的なものにとどまっており、それは貧富のある生活においても、官尊民卑の弊風においても観察される。そうして国会開設を前にしながら集会、出版、言論の自由さえ満足にないことが衝かれる。これではいまだ自由民としての資格がないとせざるをえず、「改革の健児よ、改革の健児よ、安心する勿れ」と呼びかけられる。そうしてここでも「過去の事は過去の人をして之を做《な》さしめよ、現在の事は現在の人をして之を做さしめよ」と、世代の交代が呼び求められる。もっとも進歩のための「進歩」、改革のための「改革」を求めようとし、「安息」を斥けるその言説は、軽挙盲動主義の要素を含んでいるように見える。

続いて蘇峰二十三歳の作である『将来之日本』は社会的な領域を主題とするものである。タイトルだけでなく、この著作の冒頭に置かれた「洪水の後には洪水あり」という緒論もまた彼の特徴を示すものであろう。言うまでもなくこれはノアの故事に由来するものであり、蘇峰が花岡山の盟約の参加者であったことを思い出させるものである。だが『将来之日本』には熱心なキリスト教徒であるようなものをうかがわせるものが全く無い。旧約聖書におけるツロの記事は古代都市の繁栄を伝えるものとしてのみ言及されている。

この本も明治維新を未完成の改革であると捉え、「武力社会」から「生産社会」と「平民社会」への移行を実現しようとするものである。彼によると十九世紀は「武備」の時代から「生産」の時代に移っている。十九世紀の世界は富が兵を支配する世界であり、武力を自由にする手段は富の増加にのみある。武備の時代は「貴族」的時代であったのに対して、生産の時代は「平民」の時代である。また「武備」の時代においては人民は国家のために生じたのに対して、「生産」の時代においては国家は人民のために生じたものと見なされる。

かくして彼は将来の日本は生産国となるべきであるとする。武備から商業に移行するということは「平和主義」を採用するということであり、生産の時代は平民の時代であるから、日本は「平民社会」にならなければならない。蘇峰的なことであるが、「しかるにかのわが邦の人士は小成に安んじ、小康に泥《なず》み、みずから揚々然として得たりとし」ているのであり、「ああ日本人よ満足するなかれ。改革の事業はいまだ半途にだも至らざるなり」という言葉を加えている。

もっともそこには資本主義経済の新たな問題が視野に入っていないように見える。彼は生産社会ということでコブデンやブライトなどのマンチェスター主義的自由経済を考えているのであるが、産業社会はすでに武力増強による帝国主義の要素を持とうとしていたのである。したがって問題となるのは蘇峰の「平民社会」の意味である。それは字義的には民主社会的であるが、蘇峰には政治的な要素はあまり見られない。「平民社会」は主に生産の担い手に即して考えられていたのであり、自治自活がなければ成長しないという言葉はあるにもかかわらず、彼の「平民」は枝盛におけるのとは異なり、シトワイアンというよりもブルジョワという性格のものであったと言わなければならない。

しかもこの「平民」は産業社会の進展に伴ってブルジョワと労働者に分岐して行かざるをえないものである。『国民之友』の論説ではこの事態についての蘇峰的な見方が出ている。平民社会とはまず商工業の中産階級の社会、つまりブルジョワ社会の意味あいを帯びている。「中等民族」は特に農工商のことであり、蘇峰はこの中等民族が成長しているると見ていた（「隠密なる政治上の変遷」明治二十一年）。だが農をもって家を立てる「田舎紳士」に代表される中産階級は知識によって傲慢になり、政権によって浮薄となり、財産によって贅沢になったと非難されている。中産階級にはすでに堕落が観察されていたのである（「中等階級の堕落」明治二十五年）。

これに対し「平民主義第二着の勝利」という論説（明治二十四年）によれば、平民主義の第一の勝利は「富」が武力を制したのに対して、第二の勝利は「労作」が「富」を制することであるとされている。「労作」とは労働のことであり、蘇峰の言う「下等社会」である。しかも労働者は社会の多数をなしており、その意味で社会の主人である。このように蘇峰の「平民社会」には「中等社会」と「下等社会」の二要素があり、それが分岐し、前者から後者への移行の必然性も予見されている。それはいわゆるブルジョア階級と労働階級の分裂である。だが蘇峰は労働社会の勝利と表現しつつ、両階級の対立は視野に入っていない。あるいは蘇峰は「平民社会」の分岐を予期しつつ、それらを対立させないようにしようとしている。そこには何らかの社会主義的な方向が予想され、彼自身「市民的社会主義」や「国家的社会主義」を歓迎してもいる。だがこの分岐は「市民的社会主義」というよりも、何らかの「国家社会主義」によって解かれることになるのである。

国内的分裂の回避策としての国家社会主義は、対外面においては帝国主義と連関している。そもそも蘇峰の理解によれば維新政府の登場も、ただ「外交」の必要のためであった。合衆国と連携し、豪州と連接し、ロシアと抗衡し、中国と並馳するというような言葉もあるのであるが（「明治の青年と保守党」明治二十四年）、また早い段階から中国をも「改革」するという言葉もある（「支那を改革する難きにあらす」明治二十年）。そうして日清戦争に際会するや、日本は「膨張性」を持つという議論がでてくる。それは子供の成長が喜ばしいと同じように、国民の成長は喜ばしいという議論である。「天孫人種」の子孫は日本国外に新たに日本国を建設しつつある。膨張の理由は日本の人口と面積の割合を保とうとすれば、土地を新たに増加させなければならないということにある。あたかも外の土地はいかようにも自由にしうるかのような、子供じみた論理である。そうして日本が世界に膨張するにあたって、敵は中国人種であるとされる。かくして膨張の衝突史はもとより可であり、日本が勝ち、中国が負ける衝突史にせよと言われている（「日本国民の膨張性」明治二十七年）。今や平和主義的改革は全く忘却されている。

このようにして「改革」を身上とした蘇峰は「平和主義」の使徒から「帝国主義」的侵略の伝道者に変貌する。彼自身の言葉では「帝国主義」とは「大日本主義」であり、それは「対外積極政策」の別名である。「帝国主義」は理由もなく侵略する「侵略主義」ではなく、また貿易、植民等をもってする「平和的膨張主義」であり、なおも「平和主義」であるとする（『社会と人物』明治三十二年）。このような平和主義的帝国主義が名辞矛盾的なものであるかどうかはさておき、ここには帝国主義時代における蘇峰的な対応が現れている。そうして国内的な国家社会主義、対外的な帝国主義、両者の核となるのが皇室中心主義なのである。

大正時代に入って蘇峰は『大正の青年と帝国の前途』という全般的に講談風の本を出している。この本で蘇峰は日清戦争以来の自分の主張は「平民主義」、「国民主義」、「国家社会主義」であり、それを貫くのが「皇室中心主義」であるとする。内に「平民主義」を行い、外に「帝国主義」を行い、両者を統制するのが「皇室中心主義」である。相変わらず「平民主義」が挙げられているのであるが、「皇室中心主義」のもとにすでに「平民主義」の一義性は失われている。蘇峰の方策は労働者の問題化を抑止し、もっぱらブルジョア的体制の保全のために帝国主義を採用し、その機軸として皇室中心主義を導入するものであったのである。

こうして平民はブルジョア的臣民へ変容し、平和主義は帝国主義へと変容し、両者は皇室を軸にして結節する。今や平民主義には国民的統一と積極的忠君愛国が求められ、この際忠君とは皇威を世界に布くことであり、愛国とは大日本帝国を世界第一等の強国にすることである。そこでは理想も宗教もすべて国家を最優先権者とするものであり、日本帝国に全身を献げることが求められる。ここにブルジョアジーの保全、ナショナリズムおよび皇室中心主義の結合が生じ、それは社会主義ならぬ「国家社会主義」であり、また一種のボナパルティズムと言えよう。

ここには後に丸山真男が、中心からの価値の無限の流出が価値の妥当範囲の絶えざる拡大を保障していると分析した、天皇制ファシズムの基本構造がほぼ出ていると言ってよいであろう。帝国主義の伝道者となった蘇峰が太平洋戦争の時代には大日本文学報国会の会長になり、日本ファシズムの使徒となり、『必勝国民読本』などで戦争を自衛のためのものであると弁証していくのは彼のおのずからの成長であろう。敗戦後はA級戦争犯罪容疑者とされ、しかしまた、我々は好むと好まざると関わらず『敗戦学校』の生徒であるというような気楽な本を書いているのは、蘇峰という人物をよく示すものであろう。

だがこうした蘇峰の軽佻浮薄な「改革」主義とスイーピングな機会主義は一定の歴史的機能を果たしていた。まずその機会主義的改革主義はデモクラシー的な外見を持つ「平民主義」のオブラートでもって天皇制帝国主義を糊塗する論理としては好都合であった。そしてその思考の浮薄さが平民主義を天皇中心主義に、平和主義を帝国主義に換骨奪胎して、その方向に移行させるのを容易にする。その意味では蘇峰の皮相な「改革」主義は後進資本主義のあがきであるとともに、時代の要請でもあり、そこにその効用もあったと言えるであろう。

明治三十年彼が内務省勅任参事官に就任した際に変節の非難が高まったのはよく知られていることであるが、変節とは節操があって始めて言いうることである。だが「改革」を自転車操業する蘇峰にはもともと原則を保つという意味での節操というものはなかったとも言える。彼にはナショナリズムはあったけれども、その伸張のために主張したことは多くは「流行」を読むということ、その限りで彼自身が国民に向かって求めた一貫した「中心思想」というものは彼にも無縁であったと言わなければならない。この点で『国民之友』には「インスピレーション」という面白い論説がある。「突如として吾自から我れたるを忘れ、吾自ら我れより超越する」インスピレーションはまた蘇峰の言説の方法でもあったはずである（明治二十一年）。

　キャッチフレーズ作りの巧みさはジャーナリストしての才覚を窺わせるものである。だがその大言壮語には思想家というよりもプロパガンダあるいはデマゴーグのそれを思わせるものがある。「改革」への関心は持っているが、思考することをしないから、「改革」は自己目的となり、その間に平和主義者は自ら気づかないで帝国主義的侵略の使徒となる。機会に流されるということはオポチュニストの特性である。だが機を見るに巧みで歴史的効用もあったが、時々の流行に合わせて落ち着きなく次々に上着を取り替えていくこのような人物は個人としては、最後はピエロとなって捨てられざるをえない。敗戦後蘇峰が自らの戒名に「泡沫」という字を入れたのには自己認識があったであろうが、その墓石に「五百年」後を待つとあるのは、歴史のピエロとして使い捨てられたこのメガロマニアの悲哀を示すものであろう。

キリスト教的対質

　こうして展開される天皇制国家主義に対立する要因を持ち、現にそれに対する代表的な批判者となるのはキリスト教と社会主義である。蘇峰にもかかわらず、キリスト教の超越性が内在的な固有神道とは対立する要素を持っていたことは当然のことであり、社会主義の必然性も国家資本主義の展開に際会してすでに萌芽していた。そうしてキリスト教と社会主義の両者は明治後半以降いわゆる天皇制国家が正統的なものとされるに至ると、近代日本における代表的な「異端」となる。

　だが天皇を至上化するとともに家族制的イデオロギーを伴った偏狭な天皇制は近代以前の天皇制だけでなく明治初年の天皇のあり方とも異なるものであった。一応の宗教的自由を規定した帝国憲法においては、特定の宗教的教義に立脚しえない以上、それは「擬似正統」と呼ばれてしかるべきものであった。それに対応してキリスト教や社会主義が異端化されるとしても、それは「擬似正統」から強引にそのようにされたのであって、本来的には「擬似異端」と呼ばれるべきものである。いずれにしても「擬似正統」と「擬似異端」の相克が以後の狭隘な天皇制国家に伴うことになる。

明治期のキリスト教の政治思想上の含意を代表的に示しているのは言うまでもなく内村鑑三である。彼は明治維新における「邦土」の奉還は皇室の威権を増したが、自分には「全身奉還」の任務があるとする。すべてを神に引き渡すことによって、初めて富める者となる。その報いによって彼には神と宇宙と永遠を与えられることになったのであり、内村はしばしば永遠の「宇宙」の生命に参与する喜びを語っている（『求安録』）。そうして彼は日本の使命は西洋と東洋の「媒介者」となることであると言う。日本にはすでに欧米的憲法があり、「自由」は「忠君愛国」と並立することができるはずなのである。もっともこの「自由」と「忠君愛国」はまさしく彼において容易に並立することは困難であった。

内村もナショナリストであり、日清戦争に対しては彼なりの高揚をしていたようである。だがキリスト者である限り国家を至上化することはありえず、当然ながら天皇を神化するような風潮には同調しえないことになる。そうした忠誠観の相克を象徴的に表したのが明治二十四年、第一高等学校において「教育勅語」に敬礼しなかったために放校された、いわゆる不敬事件である。ここにキリスト教と天皇制国家の原理的背反、普遍的要素を伴ったナショナリズムと偏狭なナショナリズムとの厭うべき亀裂が現れたわけである。「勅語」に低頭しないということで彼は文部省の「忠信義士」らに追い立てられたのであるが、彼を責めたものは「馬族」同然の人たちであったのである。

こうして内村は日本政府の根本的な批判者となる。しかしそれは日本国を憎むのではなく、今日の日本の社会を嫌うものであり、明治政府とその奴僕を憎むことである。かつては日清戦争を義戦であると思ったのであるが、やがてそれが全く利のための戦争であることを悟ったのであり、彼は原理的な反戦論者として登場する。日露戦争が称揚される中で彼は絶対的非戦論者となったが、それは日露戦争から受けた彼の利益なのである。内村は神は公平の神であり、高ぶるものはいずれの国民であるかに関わらず、罰したまうと述べている。戦勝に沸き立つ輿論に対しては、それは空名誉であり、知者が努めて得ようとするようなものではないと断じられている（『新希望』）。

だが内村は早くから政治による社会改良を断念している。彼の「社会改良事業」は普通の政治的な改良事業ではなく、彼の「天職」に従ったそれである。もともと攻撃的態度によって社会を外面から改良する事業には利害相半ばするものがある。日本人は貴族尊重的であるから、平民主義も一旦得意の地位に達すると貴族になってしまう。真の平民を作ろうとするならば、大平民の模範であるイエスに導くべきなのである。かくして内村の終生の目的は国家の元勲となるようなことではなく、期待するのは日本の「下流」であるが、実はそれが「上流」である。明治国家から「異端」化された内村は、近代日本の課題からすればむしろ「正統」なのである。

しかし政治的改良を断念した内村には、ある政治的制約を否定しえなくなる。「解放」を叫ぶ人が多いが、内村によれば彼らは依然として「奴隷」なのである。時は大正デモクラシーの時代となっていたが、内村は世界はデモクラシーによって救われないとする。それも政治上の主義にすぎず、主義というものはすべて機械的であって霊的には無能である。世界は人の集合によっては救われないのであり、全知全能ですべての人を愛する人によって救われるのである。そうした内村は日本人は宗教の民である、というようなことも言っている（『聖書之研究』）。

だが内村は信仰という原理において政治生活がどのように位置づけられるのかということにはあまり関心がないようである。無論彼はアウグスティヌス的な『神の国』を著してはいない。内村にはルター的な反政治的あるいはむしろ超政治的な志向が濃厚であり、ルターと同様に、そこには結果的に政治の現実を甘受するというメカニズムが生まれる。無論政治的「解放」に限界があるということは無視しえないことであり、結果的に大正デモクラシーにはそのことが現れたと言ってもよいであろう。しかし天皇制国家の進展にあって、宗教原理からする政治への関与や抵抗という視点を打ち出せなかったことは、市民社会という基盤に乏しい近代日本の現実の現れであるが、またその不幸であったと言わねばならない。

キリスト教的社会主義者としては木下尚江を始めとする一連のグループがある。彼等は週刊『平民新聞』の執筆者であったが、これは民友社の平民主義を社会主義的な方向へ変容させたものであると言ってもよい。この新聞は明治三十七年、石川三四郎の「小学教師に告ぐ」という論説で発行禁止処分を受けている。石川は小学教師の職務は人類としての教育でなく、「国家のための教育」にすぎなくなっており、彼等は小なる「国家」道徳を教え、大なる博愛道徳を斥けていると論じていた。ここで「国家」という字は伏字にされていたのであり、時代の空気の転換を示すものである。石川は『平民新聞』廃刊後の『直言』でも、もし人を愛することが直ちに国を愛することであるならば、社会主義者は国を愛せずにはいられないけれども、国を愛することが人を害するに至るならば、社会主義者は国を捨てて人のために尽くさなければならないと論じる。ここに社会主義と国家の根本的な相克が表面化している。

木下は石川の論説が「朝憲紊乱」で告発された際、東京控訴院で弁論をなしている。検事は論説における「国家」という文字を国法上の問題とし、それが国家自体を否認するものであるとして非難攻撃したのであるが、木下によれば論説は教育界における「国家観」を問題にしたものであり、「国家」それ自体の否認ではないのである。だがそうした弁論の効はなかったのである。他面で木下はまた教育勅語が出て以来、忠君道徳が出現し、日本の倫理学が豹変したことを指摘している。彼は教育界の国家観を代表するものとして井上哲次郎を挙げているが、この井上はまたキリスト教を国体に反するものであるというような主張をなした人物であった。

平民社解散後木下は石川とともにキリスト教社会主義の機関紙『新紀元』を発行したが、ここで木下は明治政府の藩屏としての帝国大学を俎上に上げている。木下によれば、もともと帝国大学は大学令にもあるように、民主的思想を防ぐ目的で設立されたものであり、「優柔軽薄の才子」を養成することを目的とするものであった。その限りで目的は成功したわけであるが、その結果大学は政府に隷属することになったのである。その代表例が文科大学教授井上哲次郎の議論であったが、木下はこうした愚論に対して大学内において一人も正々堂々と学者らしい議論を試みたものがなかったことを衝いている。同様のことは久米邦武が「神道は祭典の古俗」であるという論文のために職を奪われた際にも見られたことであり、大学のなかで一人として学問の独立を叫ぶものはなかったのである。また木下は日本国民をして当然の憲法上の知見を持つことを不可能にした第一の責任は法科大学にあるとする。彼は天皇制国家が大学における学問のあり方と呼応していたことをかなり鋭く衝いたわけである。夏目漱石がこの翌年に帝国大学を辞職したのもうべなるかなということであろう。

もっとも木下の議論は主に国家主義批判であり、社会主義そのものにはそれほどの主張をなしたわけでなく、現に彼は、これまでの日本の社会主義者は労働者ではなく、ほとんどみんな放逸な遊民である、という言葉を残して社会主義から離れている（『東京社会新聞』）。そうした批評がすぐれて彼自身に当てはまるものであったかどうかはともかくとすべきであろう。しかし木下が、これまでの日本の社会主義は言論の皮相以外何ほどの価値を持っていたか、という問いを投げかけていることは、以後の日本の社会主義にとっても無関係のものではなくなるであろう。

社会主義的対質

こうしたなかで日本の社会主義において思想家と言えるような実質を持っていたのは中江兆民の門弟幸徳秋水である。堺利彦と平民社を創立したのも彼であった。秋水はまた兆民的あるいはマルクス的な無神論者であった。明治の多くの思想家と同様に彼もまたジャーナリストとして出立していた。そうして社会主義への志向はかなり早い頃から窺うことができる。

十九世紀最後の年に『日本人』に出した「十九世紀と二十世紀」という論説では、時代の基本的な方向が見通されている。秋水によると十九世紀文明は「個人自由主義」によって貴族主義を打破したが、それは一転して国民的統一結合運動となり、再転して「帝国膨張主義」となった。だが彼によるとこれはまた三転して「世界統一主義」とならざるをえない。また十九世紀自由主義は政権の不平等を打破したけれども、まだ経済的不平等は打破することができていない。したがって経済的、社会的次元においては、「自由競争主義」から「資本家合同主義」へ、そこから「世界的社会主義」に趣かざるをえない。「帝国主義」は世界的「社会主義」に達する一段階にすぎず、二十世紀の前半は世界社会主義が帝国主義の毒を一掃するであろうと見られている。

『万朝報』の社員となった秋水は社会主義的な論説を少なからず書いている。「革命論」という論説では、革命というものは新主義が旧制度に代わるために起こるものであるとすると、日本は一大革命の機に瀕しているとされている。政治においては寡頭専制の悲惨、経済においては貧富の懸隔、投機の盛行、分配の不正、社会風俗、教育においては虚偽形式的な忠君愛国主義、これらは一大革命に瀕していることを知らせるものである。総じて二十世紀は社会主義の時代である。日本の労働問題は単に時間短縮、賃金の増加にとどまらず、労働者が正当な地位と権力を保有して、公平な分配を得なければ解決されず、それは社会主義的理想の実行を待たなければならないのである。それには普通選挙が執行されることが急務である。

社会主義にあって国家は一つの問題であり、秋水は今の国家社会の組織が一般人類に対して福利を与えているかどうかは疑問であるとする。しかし彼は国家体制としての君主制については必ずしも否定的でない。秋水も民主主義を共和制という意味ではなく、共和主義的に解している。また革命とは社会的な一大変革ではあるけれども、必ずしも謀反や弑逆ではないとされている。もっとも暗殺は絶望した社会の活路となりうるものであると述べていることは、後の彼の運命にとって暗示的なものとなろう。

二十世紀の最初の年、明治三十四年に秋水は安部磯雄、片山潜、木下尚江などとともに社会民主党を結成し、直ちに禁止されたのであるが、これは日本の社会主義運動の実質的な出発点となったものである。同じ年に彼は『廿世紀之怪物帝国主義』を出版している。イギリスの改良主義者ホブソンの『帝国主義論』が出たのは一九〇二年であり、社会主義者レーニンの『帝国主義』が出たのは一九一七年であったのであるから、秋水の帝国主義論は世界的に見ても帝国主義現象に注目した先駆的なものであったと言えよう。もっともレーニン等の帝国主義論がもっぱら経済的な分析であったのに対するならば、秋水のそれは愛国心と軍国主義を帝国主義の経緯として批判するものであり、道義的な傾向を帯びるものであった。

彼まず我国民を膨張させよ、我国土を拡張せよ、我国威発揚して大帝国を建設せよと大声を挙げる、いわゆる愛国心を完膚なきまでに批判している。この種の愛国心は自国を愛するだけで他国を愛しないものであり、「浮華なる名誉」を愛するものである。このような愛国心は「公」と言うことはできず、「私でない」と言うこともできない。これに応じないものを責めて「非愛国者」、「国賊」と弾劾したりするが、帝国主義はこうした「動物的天性の愛国心」によって育まれているのである。もとより彼は同情惻隠という本来の愛国心を否定するものではないが、後年のグラムシなどとは違い、非合理的情念の力をやや軽く見ていることは否定できない。

ところでいわゆる愛国主義者の国家とはただ皇上や軍人のことであり、それ以外を知らないものである。ここから秋水は帝国主義の構成要素としての軍国主義を批判する。それは結局暴力と弱肉強食の野蛮主義であり、軍国主義と戦争は社会文明の進歩を害するものである。軍備は平和を確保するというよりもその攪乱者となる。かくして秋水は武装に汲々とする消極的平和ではなく、軍備を撤廃して積極的な平和を享受すべきであるとする。大帝国を建設しようとする帝国主義は切取強盗である。今の帝国主義は国民的なものであるという主張があるが、現実は少数の政治家、軍人、資本家、投機師の利欲の膨張にすぎない。国民の生活は激甚となり、貧富はますます懸隔しているのである。そもそも国民がすでに小であるのに国家が大でありうるはずがない。

帝国主義をこのように弾劾する秋水は、国民の尊栄幸福は領土の偉大にあるのではなく、道徳の程度の高いことにあり、武力の強盛でなく、理想の高尚にあるとする。そのための打開策がまさしく社会主義であり、そのようになれば資本家の競争もなくなる。したがって必要なことは社会国家の大清潔法であり、世界的大革命である。正義博愛の心が偏狭な愛国心を圧し、科学的社会主義が野蛮的軍国主義を亡ぼすべきなのである。

秋水の帝国主義論は帝国主義への倫理的批判のようなものであったが、あたかもそれを反転したかのように明治三十六年に出版された『社会主義神髄』は、いわゆる科学的社会主義の基本原理を公式的に示したものである。古今最大の革命家はジェームズ・ワットであるとされているように、ダーウィン的進化論と共通するものを持ち、マルクスの社会共同体主義というよりも『ユートピアから科学へ』に代表されるエンゲルス的な社会主義の提示である。社会主義は資本主義的寡頭制に対して民主主義を意味し、帝国主義に対して平和主義を意味するが、全体的には生産関係の変革の観点で捉えられている。

貧困の原因は貧者が生産機関を持っていないことにある。したがって社会問題の解決はただ一切の生産機関を彼らの手から奪って、社会人民の公有に移すこと、つまり社会主義化にある。このようにすれば、資本家は廃滅され、労働者は賃金の桎梏から脱し、各人は社会のために応分の労働を提供し、社会は各人のために必要な衣食を生産する。ここでは分配はあっても商業はなく、統計があって投機はなく、共同があって争闘はなく、生産過多や恐慌はなく、人は富に支配されず、よく富を支配することができる。このようにして百害は清掃され、自然の調和が全くされると期待されている。生産機関の公有化はどのようにしてなされるのか、革命の担い手は誰であるのかという現実の問題にはほとんど触れられていないという意味では秋水の社会主義論は一つの公式的見解であったと言えよう。

しかし社会主義の問題そのものに進む前に彼が当面したのは日露戦争の問題であった。『万朝報』社主の主戦論への転換によって秋水は内村鑑三や堺利彦とともに同社を退社し、堺とともに週刊『平民新聞』を創刊することになる。

その第一号では自由、平等、博愛を三大要義とし、自由を全ったからしめるための「平民主義」が、平等の福利を享受させるための「社会主義」が、博愛の道を尽くすための「平和主義」が唱えられる。宣戦講和の鍵を握っているのは銀行などの金貸し業者である（「和戦を決する者」）。もともと反戦と社会主義は密接な関係があったが、彼らの新聞は好戦の情念が朝野を狂わせているなかで正義、人道、平和を主張し、戦争は罪悪であるとする、ほとんど唯一の非戦新聞であった。しかし弾圧のため一年余りで早くも廃刊となる。

そうしてアメリカ外遊後の彼の言説には変化が生じている。議会主義的、政治的な運動には早くも悲観的になり、直接行動主義に傾く。明治三十九年の「世界革命運動の潮流」という講演では、秋水は社会主義という主義理想には変化ないが、それを実現する手段方策は自ずから変転すると述べている。日本の社会党は議会政策を主な運動方針とし、普通選挙の実行を第一の事業としてきたのであるが、運動方針の一大変転の機にあるのである。いわゆる立憲的、平和的、合法的運動、議席の多数は今の王侯、紳士閥つまりブルジョア階級が頤使《いし》する金力、兵力、警察力の前に何らの価値を持たないのではないか。より直接的な行動が要されるのではないかということであるが、そこで考えられているのはゼネストなのである（『光』）。

明治四十年の『日刊平民新聞』に出た「余が思想の変化」という論説では普通選挙を目ざす、いわゆる議会政策から直接行動への転換をより明確にしている。ここでもいわゆる代議制においては、威嚇、供応、買収によって選出された代議士には国家とか人民という真面目な考えを持つ者はほとんどないこと、仮に適当な人物が選出されたとしても、議員としての彼らはもはや以前の心持を持続しえず、彼らの眼中には一身、一家、よくて一党派しかないことが衝かれる。労働者階級の欲するところは「政権」の奪取ではなく、「パン」の略取である。数日後の社会党大会における演説でも彼は、欧米においても議会によって労働者の権利と利益が進められたことはほとんどなく、かえってストライキによってそれらが増進したことを論じている。労働者は議会を取れなくてもよく、土地と金を取ればよいのである。田中正造がやれなかったことを足尾の労働者は三日間でやったのである、と。

やがて秋水は無政府主義に近づくことになる。歴史的に見れば政府というものは人民にとっての利益はきわめて少なく、ただ人民に暴力をふるってきたものにすぎない。選挙で選ばれた者も一旦政府にいると、皆悪人に変わってしまう。しかるに人類というものはたがいに親睦しあう天性を有しているものである。したがって政府や国家というものはかえって有害であり、無政府主義が世界万国を一体とするのである。このアナーキズムは隣人を愛し己の欲するところを人に施そうとするトルストイ的な絶対的アナーキズムではなく、直接行動を説くクロポトキンのそれである。だが代議士の腐敗ということから直ちに議会制の否認に行くのはいささか短絡的であろう。

したがって例えば堺利彦が、労働者の直接行動のみを主張する秋水に異議を申し立てたのは当然でもある。今の議会はいかにもつまらぬものであるが、議会という噴火口がある以上は、社会党員は気炎を噴出させるべきなのである。選挙も投票も普通選挙の請願も教育であり訓練なのである。秋水は議会主義の弊に反動して、他の極端に走ったと言わなければならない。無論普通選挙獲得のためには直接行動が必要であるように、直接行動と議会主義はあいまたなければならない（『日刊平民新聞』）。同様のことは議会主義者の田添鉄二も言っていることであり、彼は議会主義も直接行動もともに階級意識覚醒の有力な方便であるという指摘をなしている。彼は社会主義運動は「組織」と「階級意識」によって根本的改革の原動力を持つとし、階級意識の覚醒を力説しているのである（『日刊平民新聞』）。

秋水は直接行動ということでテロや暗殺のようなものではなくストライキ的なものを考えていたようであるが、ともかく彼は大逆罪で起訴された時、天皇暗殺というような具体的計画は持っていなかったのである。彼が獄中から花井卓蔵らの弁護人に出した「陳弁書」では、無政府主義と暗殺は同じでないこと、無政府主義的革命というのは主権者の変更いかんにかかわらず、政治組織の根本的変革を意味すること、その際皇室をどうするかというようなことは自分たちが指揮命令するものではなく、皇室自らが決すべき問題であると述べられている。もっとも主権者の変更を問わないという革命概念には曖昧さがあることは否めず、秋水がいわゆる大逆事件の罠に引っかかったのは、つまるところはこの思想の抽象的急進化にあったと言わなければならない。

公式的社会主義から無政府主義への秋水の軌跡は、ちょうど帝政末期のロシアにおけるように、後発資本主義国における社会主義の困難それ自体を物語るものである。社会主義の抽象的急進化あるいはアナーキズムへのこの旋回は、また同じ時期に社会主義政党が進出していた新興資本主義国ドイツとは異なり、社会主義化への条件に乏しい帝国日本における社会主義そのものの抽象性を示している。それは帝国主義的愛国主義が批判されながら、社会それ自体のデモクラシー化にはそれほど関心が示されていないことにも見ることができる。社会主義は本来はデモクラシー化の徹底として生まれたものであるにかかわらず、その唯物論的志向から政治的関心は消極的であったのであるが、日本の社会主義の観念上の急進化はさらに市民的社会の未熟さと関係している。そうしてそれは反動化した天皇制国家と直接に衝突することになる。そうした純粋であるけれどもナイーヴな志向が実践的な展望を持たずに急進化した場合、三宅雪嶺の言葉を借りるならば、社会主義者は「窮鼠」に転じざるをえなかったのである。その意味では秋水の悲劇はとりも直さず市民革命のないままに社会主義を目指した近代日本の悲惨さの現れでろう。

ともあれ大逆事件は思想的、政治的に劣化してきた天皇制国家が、自由、平等、博愛という自らに対立的な政治的思想原理を猜疑と強権によって闇に葬った事件である。その意味でこの大逆事件は明治国家の本質、少なくともその根本的な一面を露呈させるものであった。

明治国家の正統性

大逆事件に対しては何人かの文学者の反応が残されている。事件の報道に衝撃を受けつつ書かれた石川啄木の『時代閉塞の現状』は文学を主たるテーマとするものであったが、同時にそれは時代の「強権」を問うものであった。そこで彼は日本の青年が国家権力に向き合っていないことを問題にしている。「国家」というものが彼らに入ってくるのは、ただそれが自分の個人的利益に関するときのみなのである。自分は国家を阻害するものではないというのが、彼らの持ちうる「愛国心」の全体なのである。この悲しむべき理想喪失に啄木は「時代閉塞」の結果を見ている。啄木は明治国家の閉塞、思想的威信と正統性の喪失を見ていたと言ってよいであろう。もはや一切の「既成」を基礎にしては天地を新たに建設することは不可能なのである。

秋水等が処刑された直後の明治四十四年、第一高等学校で蘇峰ならぬ徳富蘆花は『謀叛論』という一大講演をなしている。蘆花は秋水等の行いが死刑に値するものであるかどうかは「知らぬ」としつつ、しかし彼らは「志士」であり、賊であっても死刑は「いけぬ」と言う。大逆を企てた彼らは死をもって皇室に前途を警告した真の「忠臣」であった。彼らを殺した方こそ不忠不義であり、責むべきは当局者である。彼らは最初から蛇が蛙を狙うように、陰険冷酷なやり方で、実は「忙殺」したのである。人間弱みがなければめったに恐がるものではない。彼らは狭量にして神経質な政府に圧迫され、鼠が虎に変じたのである。したがってこの事件は実は政府、権力階級の実態を暴露したものである。蘆花によれば今の国政の要路に当たるものには博大な「理想」も「信念」もなく、「人格」を敬することを知らず、傲慢にして時勢に遅れたものである。

こうして蘆花は「謀叛」を畏れてはならず、新しいものは常に「謀叛」であり、生きるために「謀叛」をしなければならない、と呼びかけている。蘆花が秋水等の死は彼らの成功であり、死んでもはや復活したと言うとき、彼は明治国家が正統性を失い、秋水らにこそ真の正統性があったと断じたのであると言ってよいであろう。大逆という名によって異端化された側にこそ真の正統性があるという逆説に、倒錯した明治国家の実が露われている。

「謀叛」という言葉はなお上下関係を前提した封建道徳に囚われているものであるが、それは近代国家においては政治権力に対する抵抗権の問題であり、極限的には革命権に収斂するものである。そもそもデモクラシー国家においては、正統性を失った権力を正す抵抗はまさしく要請されるものである。蘆花の謀反論は一高校長の進退問題となり、講演も伏字だらけでしか出版できなかったことはまた明治国家の偏狭化を物語るものである。しかしこうした講演をなしえたことは、単に明治国家の正統性の失墜を明らかにするだけでなく、何らかの程度における近代の精神の所在を窺わせるものであろう。

秋水等が処刑された当時、おそらく明治最大の文学者夏目漱石は、たまたま胃腸病院に入院中であったためか、あるいはもともとこの問題には関心がなかったためか、事件に言及していないが、同じ月に漱石には学位授与問題が降りかかっている。国家主義教育の牙城となっていた文部省から一方的に学位授与のため出頭するようにという通知を受けた彼は、専門学校局長に「然る処小生は今日迄たゞの夏目何がしとして世を渡つて参りましたし、是から先も矢張りたゞの夏目なにがしで暮らしたい希望を持つております。従つて私は博士の学位を頂きたくないのであります」と書き送っている。自由人の反骨精神の面目が躍如している。

漱石は同じ年に「現代日本の開化」という有名な講演を行い、彼は開化というものを「人間活力の発現の経路」であるという定義をし、日本の現代の開化は外発的であったという診断を与えている。外発的なものは外からかぶさった他の力でやむをえず一種の形式を取るものであり、「自己本位」の能力を失って外から無理押しされて否応なしにその通りにしなければならなくなった状態を意味している。日本の現代の開化を支配しているのは西洋の潮流であり、新しい波が押し寄せるたびに気兼ねしているような気持ちになる。このためにいろいろと便利になったりしても、生存の苦痛には切なるものがある。開化の賜物として我々の受ける安心の度は微弱なもので、競争その他からいらいらしなければならない心配を勘定に入れると、我々の幸福は野蛮時代と大して変らないかもしれないのである。開化が機械的に変化を余儀なくされるためにただ上皮を滑っていき、滑るまいと思って踏ん張るために神経衰弱になる。このように見る漱石は、できるだけ神経衰弱に罹らない程度に内発的に変化していくことが望まれる、というかなり消極的な展望をなしていたのである。

これに対して大正三年学習院でなした「私の個人主義」という講演では、漱石は人真似の「他人本位」でない「自己本位」という原理を積極的に提示している。「自己本位」とは何かに打ち当たるまで行くことを原理とするものであり、そこに始めて「個性」というものが生まれる。彼の「個人主義」というのは、自分というものを持たないのっぺらぼうな人間のあり方ではなく、自己という「個性」に原理を置くということであった。それは独立自尊の精神を空転させた福沢の状況主義とは反対のものである。

「個性」に原理を置く場合の権力や国家のあり方が問題になる。漱石は権力とは自分の「個性」を他人の頭の上に無理矢理に押し付ける道具である、というような独特の言い方をしているが、もともと権力には危険なところがあり、義務が常に伴っていなければならない。そうした社会は、自分が「個性」を社会から許されるならば、他人に対してもその「個性」を尊重するということを原理としなければならない。そのようなあり方が「自由」ということであり、であるから義務心を持っていない自由は本当の自由ではないのである。

したがって漱石の言う「個人主義」とは他の存在を尊重すると同時に自分の存在を尊重するという社会原理であった。それは「反国家主義」というような漫然としたものではない。事実我々は国家主義でもあり、世界主義でもあり、同時にまた個人主義でもあるのである。だがこの個人主義は「党派」心を原理とするものでなく「理非」を原理とするものである。党派主義とは違って、「個人主義」には意見の相違はいかに親しい「間柄」でもどうすることはできないという断念があり、そこにある種の「寂しさ」も潜んでいる。「理非」を原理とし、自立した個人を前提する自由主義は、この前後に漱石にファンレターを出していた和辻哲郎が、人間とは「間柄」的な存在であるとするような甘ったれたムラ的共同体主義、「党派」主義とは対蹠的である。家族主義に立脚した天皇制国家原理は、自他の存在の独立性を尊重するという漱石の「個人主義」とは正反対のものである。

であるがゆえに漱石は「個人主義」は国家に危険を及ぼすようなものではないとしているけれども、彼がいわゆる国家主義に批判的であるのは当然のことになる。「国家は大切かもしれないが、さう朝から晩まで国家々々と云つて恰も国家に取り付かれたやうな真似は到底我々に出来る話でない」。したがって日本が今が今つぶれるとか滅亡の憂き目にあうとかいう国柄でない以上は、そう「国家々々」と騒ぎまわる必要はないのである。それに関連して彼は、「国家」道徳というものは「個人」道徳に比べると段が低いように見えると言っている。だから国家が平穏な時には、徳義心の高い個人主義に重きを置くのが当然である。こうした国家に依存しない自由な立場は、例えば官選の「文芸委員」が問題になっていた際に、「一家の批判」をもって任ずべき文学者が政府の威信のもとで国家を代表する文学者となることは、文学の堕落であるとしている議論にも見ることができる（「文芸委員は何をするか」）。

こうした漱石の「個人主義」は明治前期の幾分粗野な自由主義とは異なり、成熟した自由主義になっている。別のところで、主張すべき個性もない時代ではないが、個人が平等に強くなったから、個人が平等に弱くなったと言われるように、そこには自由な空間を志向するいわばトクヴィル的と言ってもよいような要素もある。それはまた例えば『文芸と道徳』という講演で、時代のロマン主義と自然主義に関して、両者を二分割視することの不毛さを論じている柔軟な姿勢と無縁ではない。もっともその際に彼が、時代は自然主義的な「個人主義」にあり、封建的「ロマン主義」には根拠がなくなっていると見ていたことは、すぐ後に国家的ロマン主義が出てくることを予見できなかったことにはなるであろう。

漱石の生涯は明治時代そのものに重なるが、その表現活動は文明開化と称される国家資本主義の原始的蓄積期の社会における自由に目覚めた人間の状況を探求しようとするものであった。それは彼にとって富国強兵を象徴する「実業家」と「警察」がマイナス・シンボルとなっていることに端的に現れている。漱石が最初に表現者として世に出した『吾輩は猫である』は二十年後の三酔人経綸問答のような趣があるが、その状況はより屈折している。今の人間の自覚心というのは自分と他人に利害の溝があることを知り過ぎているということであり、しかもそれは文明が進むにしたがって鋭敏になるから、ついには一挙一投足も自然にはいかないようになる。こうした時代状況にあって漱石自身ある程度親近性を持っているのは八木獨仙の東洋的消極主義である。獨仙によればニーチェは個性の発展した十九世紀にすくんで怨恨痛憤しているにすぎず、それに対して東洋では心の修行をしているのである。こうした美的隠逸主義は、住みにくい所を束の間でも住みよくするための芸術という『草枕』のテーマとなる。しかし『草枕』自身、文明が個性を発達させた後でこの個性を踏みつけようとしていると観察している。哀れむべき文明は個人に自由を与えて、その後個人を柵に投げ込んで天下の平和を維持しようとしているが、この平和は真の平和ではない。漱石は美的隠逸には留まれないのであって、であればこそすぐ後には『二百十日』や『野分』のような社会的あるいは社会主義的なテーマのものを書かなければならないのである。『野分』の白井道也の演説では、明治の四十年は前例のない時代であり、「理想は諸君の内部から湧き出なければならぬ」と叫ばれている。漱石の最初の新聞小説となった『虞美人草』も一見単なる高等遊民の世界を描いたかのような観があるが、哲学徒甲野欽吾の日記にあるように、「道義」を忘れ生に向かって猛進する近代文明の悲劇を描いていたと言える。悲劇は「真正の文明」に導くが故に偉大なのである。そうした時代批評は第二の新聞小説となった『抗夫』に直ちに現れており、その前年には足尾銅山のストライキが生じていたのであって、漱石はこの問題に間接に関わっていたと言えよう。無論彼は原蓄期の資本主義そのものを問題にしようとするのではなく、「人間は中々重宝に社会の犠牲になるように出来上つたものだ」という言葉に見るように、自ら非人間化に応じる社会の態勢を問題にしているのである。その後の漱石は『三四郎』を始めとして個人のあり方に焦点を置いているが、そこにはまた社会のあり方が垣間見られる。特に『それから』においては郊外の新興住宅地が「敗亡の発展」と称されるように、二十世紀に入った明治の現実への異議申し立てが直接に現れている。代助の述懐するところによれば、西洋の圧迫を受けた国民は精神の困憊と進退の衰弱によって何も考えることができない状態であり、「日本国中何所を見渡したつて、輝いてる断面は一寸四方もないじやないか」。文明は我等を孤立させるのであり、現代の社会は孤立した人間の集合体にすぎなくなっている。これはまた「国家社会」を金の延べ金のように飲み込んでいた明治の旧世代への不信でもある。だが批判的な懐疑精神の新しい世代には「職業」が求められていたと言える。それは自由な人間と社会との具体的な関わり方の問題である。しかし漱石はいびつな近代化に驀進する明治の日本に対して肯定的なあり方を展望することはできないでいる。それは今や平凡な小市民としての勤め人に焦点を置いた『門』に予見することができるのであって、日常の煩悶に苦しめられた主人公は空しく禅門を叩かなければならなくなっているのである。無論漱石は哲学者ではなく、また社会理論家でもなく、作家として読者の嗜好に投じないこともないわけではなかったが、その文学にはそれに対応する哲学ひいては何らかの宗教のようなものを垣間見ることができる。それは『行人』の「整った頭」がとりもなおさず「乱れた心」と言われる一郎の述懐に観察されよう。彼が「神は自己だ」と言い、また「僕は絶対だ」と言う時、その意味は絶対に物から所有されることは、すなわち絶対に物を所有するということであり、「絶対即相対」になることであり、生死を超越することである。そのいわば宗教観は「僕が崇高だと観ずる瞬間の自然、取りも直さず神じやないか」と表現されるが、それは無論特定の既成宗教につきない、物にとらわれない禅的な自由な心境に近い。漱石の文明批評は次第に諦念に近づいているのであって、それはやがて則天去私と称されることにもなるであろう。

漱石が当面せざるをえなかったのは跛行的な日本の近代化と、行ける所まで行って始めて得られるとされる個性との相反であり、端的には福沢以来、天皇制国家主義に行き着く明治の「国家主義」へのアンチ・テーゼであり、それへの内在的批判を示すものであった。『心』の主人公の遺書が示唆するように、明治人の漱石は明治天皇に違和感はなかったようであるが、彼の文学は深層において明治国家の正統性を揺るがせていると見てよい。明治国家の正統性の問題化はキリスト者や社会主義者のほかに、例えば足尾銅山問題に関して、国民を虐げる「国家」はすでに死んでいると断じた田中正造の言説に観察される。他方で漱石と並び称される森鷗外の場合は明治国家体制内部の人間であり、自らの立身出世のためには私情を切り捨てた人物でもある。彼にも彼なりの自我があったが、例えば武士の野蛮な行為に感心しているかのような『堺事件』に見るように、封建的感覚に漬かっていた人間でもある。したがって鷗外においては出現しようとしている近代人と近代国家のあり方という近代日本の問題は根本的には開示されていない。

『門』が書かれた翌々年には西田幾多郎の『善の研究』が公刊されている。漱石が文学において表現しようとしたことを西田は哲学的に表現したと言ってもよい。いずれにしても馬車馬のように「近代」に押しやられた日本は明治末に至って諦観的な境位に立たざるをえなくなっているのである。反面で代助に象徴される懐疑的な自由人の出現にはすでに大正の世代の息吹があり、漱石の個人主義にはすでに大正デモクラシーの予兆がある。しかしその道は以後のこの国において決して平坦な道を歩むものではなかったのである。

第二章　大正デモクラシーの興亡

第一節　デモクラシーの隘路―吉野作造―

富国強兵のスローガンで進められてきた日本の近代化は、後進資本主義の定めに従って国家による強力な梃入れによって過酷な発展をなしてきたのであるが、精神的、政治的にはプレ・モダンの要素を払拭せず、むしろそれを利用するものであった。こうして明治時代は結局は国家主義的な体制をもたらすことに帰着した。近代化と前近代化という二重構造を強引に統一しようとする政治的、精神的な装置がそれ自体本質的にプリミティヴな要素を持つ天皇制であった。こうした国家体制を構造的に表現するのが神権的な天皇支配を表明する大日本帝国憲法であり、それを道徳的、宗教的に教化しようとするものが教育勅語であった。こうした体制のもとであればこそ、国会は一応は開設されたものの、政府は必ずしも国会の意向に従わず、「超然内閣」と称して恥じるものでもなかったのである。だが帝国主義化する時代の進行とともに日本社会の近代化の矛盾は増大せざるをえず、封建的な要素を残す農村では小作争議が頻発する一方、階級対立の進行のもとで労働運動や社会主義運動も生じるようになる。

こうした状況のもとで大正時代は明治の国家主義をある程度において修正する動きが出てきた時代であると見ることができる。これが大正デモクラシーの名で呼ばれるものであり、これは自由民権運動に続く第二の市民革命的な内包を持つものであった。しかしすでに天皇制国家が生じていたのであるから、主権の所在によって規定される制度としての民主制は困難であった。したがってこれはできる限り政治の実態を民主主義的なものに近づけようとする共和主義的運動と見てよく、その実質は自由主義的なものであった。

そうした大正時代はその始まった年に陸軍の師団増設問題に関して陸軍大臣が天皇に直接上奏し、後任が得られないなかで西園寺内閣が総辞職し、これに対して特権乱用、閥族打破を叫んで「憲政擁護運動」が始まったことに象徴されよう。不十分な明治憲法とはいえ、こうした護憲運動なくして、数年後の吉野作造の憲政論文は考えられない。明治以来、内政と外交は密接不可分な関係にあったが、憲政擁護運動の発端となった増師問題も日露戦争後の満州をめぐってアメリカとの対立が激化したことを受けたものであった。したがって吉野もまた内政とともに、明治以来の外交に批判の目を向けるようになる。

だが大正デモクラシー運動に対する支配層からの弾圧は激烈なものであり、労働組合法はついに成立しないままであった。有権者が成人の一パーセント程度にすぎなかった選挙法の改正は必至であり、普通選挙は大正末に実現したが、しかしそれとともに「国体」と「私有財産制」の変革、実質的にはマルクス主義的社会主義運動を禁じる治安維持法が導入され、支配体制の強化が進むことになる。そうして大正デモクラシーは結果的には帝国主義に対抗しえず、最終的にはファシズムの台頭の前に屈する。大正デモクラシーが最終的には挫折したということから、それを単に知的なものであり、国民生活の内実に関わりのないものであるとして評価しない見方もある。にもかかわらず、国家主義に対する抵抗やデモクラシー的な改革の動きがあったことの意味は決して見失うことのできないものである。

明治の疾風怒濤時代と昭和の風雲急な時代に挟まれた中間期としての大正時代は実質的には明治末年から満州事変や二・二六事件に至る昭和一桁までつながっていると言ってよい。この時代は世界的に見ると、同様に短期間しか継続しなかったドイツのワイマール時代に似たところがある。両者とも戦間期の平和も多少は享受し、社会経済はきわめて不安定であったものの、デモクラシー化は顕著であった。だが後進の帝国主義国として、やがて日独両方ともファシズムによって崩壊することになる。無論大正時代とワイマール時代には相違も少なくない。何と言ってもワイマールは社会民主党を中心とした共和国として出発したのであって、依然としてビスマルク的体制をとっていた日本とは大きな違いである。労働運動や社会主義運動の面でもドイツの方が先行していることは疑いない。思想や文化の点でも同じことが言いうる。そうして運命的なファシズムに関しても両者はかなり違った形態のものとなったのである。

大正時代を特徴づけるのは自由主義の再興と没落である。もともと自由主義は近代日本において困難な状況にあった。それは根本的には近代の日本が前近代の社会を温存し、自由主義を担うべき自立的な市民が未熟であり、また彼らによって構成されるはずの市民社会が弱体であったことに由来するものである。部分的にブルジョアジーは生まれてもシトワイアンとしての市民精神は希薄であった。であればこそ自由主義的な思想と運動の介入の必然性もあったわけであるが、そこにはまた大正の人道主義の脆弱さも観察される。自由主義は本来自立的な個性を前提して成り立つものであるが、漱石の弟子でもあった芥川竜之介によって「たまり水」と称されるような面がなかったわけではない。しかし自由主義は無限の自由自体の主張というよりは、自他の個性が存立しうるような政治空間を構築することなのであって、芥川自身自由主義的な精神から遠いことを裏書しているところがある。

だがいずれにしても自立した個人と市民社会の脆弱さによって、大正時代の自由主義はいざとなると容易に国家主義とアナーキズムに融解していく。そうして最終的には小ブルジョアのイデオロギーとしてファシズムの先導役となり終わり、その弱体性を余すところなく露呈させたのである。その意味では日本には市民社会も自由主義の時代も存在しなかったとも言える。分解する自由主義の左側には社会主義的な思潮があり、この系列ではサンジカリズムやアナーキズムも少なからぬ影響力を持っていたが、やがてはマルクス主義が圧倒するようになる。自由主義の右側には国家主義があり、そこにはファシズムがすでに胎動することになる。このように大正時代には二十世紀を特色づける諸イデオロギーが出揃うことになる。

こうした大正時代の政治思想界の一つの特色は大学の学者がかなりの程度に参与し、それを主導することになったことである。大正デモクラシーの旗手吉野作造は日本における学問的な政治学の泰斗であった小野塚喜平次の弟子である。小野塚の政治学は加藤弘之以来国家のイデオロギー装置として設けられた帝国大学においても、学問にはその固有の発展力能があることを示すものであろう。だがこのことはまた同じ芥川が、彼らの思想は思想を欠いた「三段論法」に過ぎないと評したような、アカデミズムによって主導された大正時代の思想界の弱点をもたらすことにもなるのである。

＊

この時代の政治思想の潮流を一身に集約していると言ってもよい吉野作造は学問的な出発点においてはヘーゲルと取り組んでおり、明治三十八年に『ヘーゲルの法律哲学の基礎』を出版している。吉野はいわばドイツ学から出発したわけであるが、それは必ずしも反動的なものではなく、自由主義的なヘーゲル理解と言えるものであった。この吉野はワイマール時代の政治学者ヘルマン・ヘラーに似ているところがある。ヘラーがナショナリストであったのに対して、吉野はリベラリストであったという相違はあるが、基本的に社会民主主義的であることは共通しており、学問的なデビュー作がともにヘーゲルを主題とするものであったことも共通するところである。吉野の『ヘーゲルの法律哲学の基礎』は哲学研究者でない明治の法学徒であり、学部時代の報告を基礎としたものとしてはかなり的確にヘーゲルを捉えたものである。

その中心はヘーゲルの国家論であり、それを介して吉野の国家理論のようなものが生まれる。彼はヘーゲルの国家を「個人本位」でもなければ、「国家本位」でもないとして捉えている。真の自由は「小我」と「大我」との同化にあり、国家は大我の発現であるがゆえに、真の自由の実現される所であるとともに、個人の本性が全うされるところである。国家が強力によって法律を維持するのはわれわれの真の我の主張を最も大に、最も確実に成就させるためなのである。ここにはヘーゲルの「人倫」的自由の考え方が関わっている。それは表面は外的強制であるが、理想的自我の立場に立てば自己に帰るということであり、自由は自由の「回復」と考えられなければならないのである。こうした反省的あるいは人倫的自由観は個人の自由に終始した明治の単純な見方とは別れを告げている。

この見方は個人主義的機械観を排して、国家を一種の有機体として把握するものである。有機体である以上、国家は自由意志の顕現であり、それ自身目的であると言ってよい。吉野の国家把握は約十年後の論文「国家中心主義個人中心主義　二思潮の対立・衝突・調和」において発展されている。ここでも出発点にあるのはヘーゲル論以来の、全体と部分、団体と分子との有機的集合という考えである。西洋近代においては当初の「個人中心主義」の反動として十九世紀後期になって再びドイツなどで「国家中心主義」が唱えられ始めたのであるが、吉野は「個人中心主義」の要求はまだ完成していないとして、「国家中心主義」と「個人中心主義」とは二者とも国家国民の生存発達に必要であるという言い方をしている。

もっとも吉野の議論の特色は二元論的である。彼は国家を「国家本位」と「個人本位」の同化において捉えるという以上には進まず、「国家中心主義」と「個人中心主義」をヘーゲルのように理論的に総合することをなしてはいない。総じて吉野はヘーゲルの市民社会に言及していないだけでなく、ヘーゲルの所説は国家の理想を談ずるものとしては傾聴に値するものの、現在の国家の考察としては異議もあろうとして全面的には採用していない。しかし国家中心主義と個人中心主義を二元的に考えるということは、国家主義を採用していないということでもある。それは吉野が「国家威力」つまり国家権力は「少数」中心的なものから「多数」中心的なものとなっており、主権者はその指示するところに準拠して政治の大方針となすべきであるとするところにも現れている。人民によって構成される「国家威力」という考え方は、後の「民本主義」の基底になる考え方である（「国家威力」と「主権」との観念について」）。

ともあれヘーゲルを介して吉野は政治的国家の現象を必然的なものと解する。昭和に入って書かれた「現代政治思潮」という論文によれば、政治とは人類の社会的生活が「客観的支配」によって統制される現象である。社会的生活が営まれるためには、これを統制する仕組みがなければならず、そうした「客観的支配」関係が政治現象なのである。「客観的支配」関係が成立するのはすぐれて国家においてである。問題は何故にわれわれはこの外部からの支配を甘受せざるをえないかということである。吉野によれば国家的強制権を民衆の生活と無関係に考えるものと、強制権も本質においてわれわれの社会生活を全うする必要から起こったものであるとする考え方がある。前者は単純な強制現象であり、これはもはや問題にならない。第二の客観的支配が彼が回復的「自由」と考えるものなのである。

だがこのように国家の存在性格を把握し、その限りで国家を肯定的に見る点で、吉野の国家観は一部の社会主義者の国家観とは齟齬するものとなる。確かに吉野には国家それ自身は最終の絶対的目的ではないとする観念もある。彼は「客観的支配」は必然であるとしてはいるが、国家生活が向上すればその現象も繁多になり、主観的には減少すると見る。人類生活の極限においては客観的規範はもはや生活内面の必然的様式として取り込まれ、外部からの拘束は無用になる。これが「無政府」ということであり、政治という客観的支配を必要とせず、独りでに治まる黄金時代のようなものである。政治はこの「無政府」の状態を目標として進まなければならない。無論「無政府」ということは無限の将来に期されるものであるが、この夢を追って、その影を捉えることに熱中するというところに生命の神秘がある。吉野の政治観は極限的には政治の止揚を内包しており、クロポトキンのような無政府主義の国家否認説にも「健全なる新国家建設の曙光」を認めている。

しかし政治を「客観的支配」と捉える吉野は、人生に「客観的支配」という現象が否定しがたい限り、政治現象は恒久的であり、無政府主義は結局成り立たないとする。こうした考え方は日本では平民社の国家観との差異となるが、ワイマール時代ではヘルマン・ヘラーがマルクス主義の国家観の問題として指摘していたものである。ヘラーはマルクス主義者は歴史上の階級国家を否定する反面で、何らかの社会共同体の存在水準に無知でいると批判していた。吉野が平民社の間違いは政治社会としての「国家」と「国家的制度」とを混同していると言っているのは、この種の「共同団体」と現実の「国家」との混同ということである。したがって吉野にとって政治社会としての「国家」を愛することと歴史的な「国家的制度」を愛することは同じではなく、彼は真正の意味での愛国心は否定していない（「平民社の国家観」）。

ところで民衆の要望が客観的規範の形に具現され、それが国法の形式を取るまでには、込み入った段階が必要である。そこには政治的リーダーも必要である。問題は最高価値がどのようにして行われるかということである。吉野はまず第一に、「一番いい考えが何であるか」は分からないと諦め、ある特定の考えに最高の地位を決定的に与えることを断念する。だが課せられた問題に関して決定を与えることを拒否することはできず、したがってその時の見るところに従って仮に最高とすべきものと決定しなければならない。その決定は実験に付せられ、実験の結果欠点が見出されれば改定されなければならず、決定は弾力的でなければならない。このように吉野は究極的価値を相対的あるいはプラグマティックに見ているが、そうした多元主義は自由主義の基本的な特徴である。吉野の考え方によれば、政治組織は現に「ある考え」の中から最善のものを決めることであって、現に「ある考え」をさらに改良進歩させるものではない。

同じ頃の別の論文では、政治運動の原則は、いかにして自分の抱負を実現すべきかということだけでなく、いかにすれば常に最良最善の政策方針が遅滞なく行われるように客観的情勢を作り上げていくことができるか、ということであるとされている。つまり政治運動は主義主張だけの問題なのではなく、それが実行されるように導く責任がある。これは政治に必然的な結果と現実性への洞察、いわば政治の技術的な理解であったと言ってよい（「現代政治上の一重要原則」）。そうして最高規範の発見に関する政治組織のあり方として考えられているのが、多数決の原則と代議制度という制度なのである。各種の経綸を民心の地盤の上で競わせ、最も正しいものに最後の勝利を与えるこの原理は、近代の民主政治において最も有効にその機能を発揮する。多数決にしても代議制にしても欠陥はあるけれども、それは国民の努力によって必ずしも取り去りがたいものではない。

　しかし政治はそうした制度を設けるだけでは不足であり、そこには各種の「施設」が要される。この言葉で考えられているのは社会改造の施策ということである。「現代政治の根本問題」でも、政治の基本問題は一番良い考えが現れることを保証する「制度」の問題だけでなく、制度が十分に運用される基礎として、民衆の知徳を啓発する「施設」の問題があるとされている。「施設」としての社会改造の中心的な問題となるのは貧困問題であり、吉野はその扱い方に歴史的変遷を見ている。つまり旧来の空想的な社会改革は唯物論的な社会改造思想となったが、今や新しい理想主義的な改革思想が要請される。この際解決されなければならない問題は、「資本主義文化」と「国家主義文化」双方からの解放である。それは単に社会制度の改変によってのみで到達しうるものではなく、改造の手段をいかなる方針によって行うかに着眼し、その健全な実現が計らなければならない。これが要するに吉野の社会主義である。

　こうした吉野の政治の見方は理論的にはそれ以上精緻化されることはなかったのであるが、一九一六年の「政治学の革新」という小論が示すように、そこには日本政治学の革新の抱負があったと言ってよい。政治学とは国家生活における行為規範を論じるものであるが、従来の政治学は「強制組織」としての国家そのものを絶対の価値としていた。だが強制権の本当の強みは民衆の「承認」にあり、今後の政治学は強制組織の監視人とならなければならない。強制組織がいかに構成され、運用されるべきかを論じるものとして、政治学はある意味において国家の倫理学なのである。言い換えれば政治学はシトワイアンとしての市民を主体とするものでなければならない。

　とりわけ日本に関しては、あまりに「国家中心主義」の説に酔いすぎていること、その国家中心主義も軍事的施設の方面が強調されることの特異性が指摘される。「個人中心主義」を深く顧慮することなくドイツあたりの制度を皮相に模倣した軍国主義は、結局において失敗に終わるであろう、という指摘はそのまま以後の日本への予言となろう。大正後期に書かれた「現代通有の誤れる国家観を正す」という論文では、団体生活の全部が国家生活ではないと言われる。社会生活と国家生活は少なくとも概念上は区別されなければならず、社会が主で国家はその一面を抽象したものである。ところが日本では社会すなわち国家とするドイツ流（ヘーゲル流ではない）の謬見が刺激を与え、政治家などの国家観は「驚くべき程旧式」なものとなっているのである。

いずれにしてもかつての富国強兵はもはや国家生活の唯一の理想ではない。加藤弘之のように国家のためにすることそれ自身に絶対の倫理的価値を認めようとするのはもはや誤謬と言わなければならないのである。こうして吉野の政治学は旧来の日本の政治観の革新を求めるものとなり、端的には明治の国家主義からの方向転換を要求するものとなる。それは根本的には国家権力を国民の意志に基けようとするデモクラシーを志向するものであるが、すぐれて立憲主義的に制約しようとするものであり、本質的に自由主義的な性格を持つものである。

＊

一九一六年に吉野は『中央公論』に周知の「憲政の本義を説いて其有終の美を済すの途を論ず」という大規模な論文を書いている。この論文は彼自身が言っているように、立憲主義に関してすでに論じられていることを集大成したようなものであるが、体系化すること自体にも威力が生まれる。すでにヘーゲルの法哲学論を出した年に「本邦立憲政治の現状」という論考を書いていたことが示すように（『新人』明治三十八年一、二月号）、立憲主義への関心は若い頃からの生得的なものであったと言ってもよい。超然内閣は立憲政治の趣意に反するものであり、責任内閣ひいては政党内閣に移行することが求められていた。

吉野は憲政論文で立憲政治を、憲法をもってする政治であると規定する。憲法は「人民権利」の保障、「三権分立」、「民撰議院」の規定を含まなければならない。だが憲政を成就するためには憲法典を制定し、これに基づいて種々の政治機関を組織しただけでは十分でない。憲法の精神に準拠して運用することが求められているのであり、そのためには国民の多大の努力を要するのである。そうして吉野は各国憲法に通有する精神的根底を「民本主義」と称する。

天皇を国権の総覧者としている明治憲法体制にあっては、主権の意味でのデモクラシーは最初から通用しない。しかしデモクラシーには国家の「主権」は法理上人民にあるという意味と、国家主権の活動の基本的「目標」は人民にある、という二つの意味があり、民本主義は政治目標の意味におけるそれである。吉野は主権の問題は一応脇において、政治をできる限りデモクラシー的なものに近づけようとしているのである。もともとデモクラシーには主権の存在によって規定される制度上の意味と思想上の意味があったが、吉野の民本主義が政治を人民の意に基づけようとする思想上の民主主義であったとすると、それは兆民が考えていた共和政治に近づいてくる。

民本主義が制度と思想の二面を持つものであったために誤解を受けたところもあり、吉野は二年後に「民本主義の意義を説いて再び憲政有終の美を済すの途を論ず」という論文で補正をなしている。ここで吉野は民本主義には政治の「目的」と「方法」との二つの観念があるとする。「目的」とは個人自由の尊重ということであり、それは相対的な原則である。「方法」とは民意を政権の運用に参与させるということであり、これは絶対的な原則である。吉野のこの区別は先の制度と思想の区別とは視点が異なっており、民本主義の「目的」が相対的であるという言い方には分かりにくいところがあり、現に大杉栄などは誤解することになる。「方法」と「目的」というよりは一般的原理と具体的内容とでもしたほうがベターであったでもあろう。

ともあれ民本主義の目的としての個人主義が相対的な真理であるということは国家主義にも一定の意味を与えているということである。そうして吉野は個人主義と国家主義の間には最高唯一のイズムを求めることはできないとし、この二元は政治上の二元的対立として承認する。それには諸勢力を交代させるのがよく、それがまた二大政党制を主張する理論上の根拠であるという持論を展開するわけである。吉野の「国家主義」と「個人主義」の並行的利用を「

空漠なる二元論」である、批判した北玲吉の例があるように、ここには多元的自由主義の理論上の問題を実践的な次元の問題に転じる吉野の不徹底を見ることもできよう。

それはともかくとして憲政論文は政治を人民に基づけさせようとするものであるから、それがまずもって対立するのは天皇制国家主義である。吉野の時代には穂積八束の弟子に当たる上杉慎吉の天皇親政論がある。上杉は明治末年に美濃部達吉の天皇機関説を論難した人物であるが、美濃部は国家とは一つの法律上の人格を持つ団体であり、統治権は君主一身に属するものではなく、全国家の利益のためにある権利であるとしていた。これに対して上杉は君主国は国会を必要としないのであり、日本帝国は議会がなくても手足が欠けるわけではないとしていたのであるが（「国体に関する異説」）、美濃部が反論しているように、国家が統治権の主体であるということは、人民が統治主体であるということではなく、また天皇が団体の機関であるということを他人の使用人であると論難するのは天皇機関説の誤解である（「上杉博士の「国体に関する異説」を読む」）。上杉の論難はやがて右翼運動の指導者となっていく人物の理論水準を示すという以上の意味を持ちえない。しかし国家法人説が民主の思想を法学の篩《ふるい》にかけて圧縮したものであるという上杉の言い方は、天皇機関説が統治を全国家のためのものであるとする点で自由主義的であるだけでなく民主主義的な要素を含むものであることを直覚的に捉えたものであって、国家主義者からの論難を受ける可能性があったことを予期させるものである。

吉野の民本主義は天皇機関説をさらに民主主義的方向に進めるものであって、上杉の天皇中心主義とは対極的な位置にある。しかし上杉の説が天皇親政説という形のものとして出てきたことは、それへの批判を容易なものとしたと言ってよいであろう。つまり天皇親政説では憲法の議会制度を否認しなければならないのみならず、憲法そのものが「国体」に合わないとせざるをえないからである。吉野の議論は法学上の「主権」と政治上の「権力」を混同してはならないという彼の根本的な考え方を前提にしている。吉野も天皇の主権性を否定しているわけではなく、しかし政治上の実権はいずれ中間勢力の手に移るものであり、であるが故に彼は議院尊重説を唱えるわけである。帝国憲法は天皇の主権を法律上制限するものではないとしても、少なくとも政治上は著しくこれを制限しているのであって、天皇親政のようなものは憲法の認めるところではない。

吉野の言い方によると、上杉が議院内閣を否認し、ありうべからざる天皇親政を主張し、あまつさえこれに反対する議論が流行するのは国家のため慨嘆に堪えずと力むのは、あたかもキリスト教の坊主が今なお無謬性を固執して近代思想と戦おうとしているようなものである。さらに吉野は「国体」という通俗の観念が上杉の言うように君主を主権者とするということだけにとどまるならば、日本の「国体」は何ら万国に無比のものではないことを衝いている。日本特別の意味あいを伴った「国体」というような思想はもはや法律観念ではなく、道徳的観念と言われるべきものである。そうして天皇親政が阻止された時は人民の塗炭の苦しみの時であったという上杉の議論は、厳格な歴史上の事実に合するかと反問する（「所謂天皇親政説その他を評す」）。

ところで立憲主義の本義が民本主義にあるとすると、その実現は普通選挙の問題になる。一九二〇年の「普通選挙制度の理論的根拠」という論文で吉野は普通選挙に人民主権論のようなドグマによる根拠づけは不用であるとし、人民の政治というデモクラシー原理からそれを当然視している。そうして普通選挙の積極的な根拠として心理的、社会的あるいは政治的、そして道徳的根拠を挙げているが、なかでも道徳的根拠を重視する。第一に近代国家を構成する人間は、概して参政権の誠実な行使に堪えるだけの能力を有している。第二に選挙権の極度の普及は、階級的偏見を打破する意味がある。吉野によれば議会というものは人民の意向を示すものであって、階級的意見の討論場であってはならない。これは別の論文の言い方では、議会は「市民的」立場に立たなければならないということである（「選挙理論の二三に就て」）。そうして第三に普通選挙の施行は国民に対して教育的な効果を奏するということである。

普通選挙も寡頭政治になるのではないかという見方があるが、形式上少数者が政権に参与するという意味では、近代民主政治も寡頭政治である。問題は少数者と一般民衆の間に相互的な連絡があるかどうか、ということなのである。ともあれ普通選挙には有識の士が国民と密接に接触することによって、前者の見識が後者の輿論の内容になり、精神的アリストクラシーと一般民衆との実質的融和統合を実現するという意味がある。全般に吉野の説はいささか楽観的な正論なのであるが、無論普通選挙も万能ではない。まずもって選挙民の自由な判断を妨げるような原因があれば、極力これを除去しなければならない。選挙犯罪の取締りと政党の地盤政策の排除がなされなければならない。さらに普通選挙になったからといって政治的自由が完了するわけではない。形式的自由だけでなく実質的自由あるいは本質的自由ということがある。したがって普通選挙の施行は、他の社会政策等による実質的自由の施策と相またなければならないのである。

＊

憲政はデモクラシーの形式的なルールであって、それだけでは実質的なデモクラシーは確保できない。吉野もデモクラシーには単に政治的形式の整頓だけでなく、国民生活の実質の整頓に関する社会的要求があるとしている。立憲政治は実質的なデモクラシーに関わらざるをえなくなる。それには精神生活に関するものと物質生活に関するものがある。前者は文化政策であり、それは言論の自由や信教の自由や教育制度の問題である。後者は社会政策と呼ばれるものであり、いわゆる社会主義もそこにその地位を占める。

出発点になる社会問題というのは人間の物質生活に関する問題であり、端的には貧乏の根絶ということである。かつては貧困というものは個人の問題であるとされたが、次第に社会のあり方の問題になり、近代においては労働不安の問題に代表され、労働問題と労働運動を生むことになった。吉野は「温情主義」的な救済施設を設けるようなことは無意味であるとし、米騒動などに見られた民衆運動にはむしろ積極的な意味を認めている。だが労働運動が展開される主たる場は資本主義的な経済機構においてである。ここでも吉野は「労使協調」主義は愚であるとし、労働問題はつまるところ、如何にすれば賃金労働者に「人」としての生活を保障しうるかの問題であるとする。そのためにはまず労働者階級を、あらゆる意味において資本家と対等独立の地位におらしめることが必要である（『社会改造運動における新人の使命』）。

ここで社会問題、労働問題に対応するものとしての社会主義が出てくる。キリスト教社会主義の要素を持つ吉野の考え方は幸徳秋水の社会主義とは異なる理想主義的なものとなる。彼によれば社会主義にはマルクス主義に代表される唯物論的あるいは彼の言い方では過激主義的なものと理想主義的なものとの二種類がある。近代文明の特徴は物質的生活の問題を精神問題から分離して独立の研究題目としたところにあるが、吉野の見方によれば、ここから岐路に迷い入ることになった。問題を精神的なものとすることは誤りであるが、唯物論の階級対立観念は、社会改造や文化問題について本質的なものであるかは疑問なのである。

吉野によれば社会主義は資本主義そのものに絶対的反対をし、労働者階級の解放に絶対的賛同の意を表明する。しかし資本主義への反対は資本主義の廃止を意味するものではなく、また革命を意味するものでもない。資本家の横暴を憎むのであるが、絶対に度すべからざるものとして彼らを永遠に和することができない敵とは見ない。階級闘争はやるが、これは相手を反省させるための手段であって、闘争そのことが目的ではない。すべての資本家が圧制者とは限らないのである。階級闘争は資本家階級と労働者階級を共通の感情に立たせ、社会経営の道に提携させるべきである。政治の次元ではそれは、今日の政治が資本家階級の手によって運用されているのを痛苦とし、一般民衆の手に回収させようとするものであるが、それを資本家階級から労働者階級に移すということではなく、資本家階級も労働者階級もともに自由な発言権を有しうる有機体そのものに最高の権能を認めようとするものである。最後の目的は資本と労働の調和なのである。要するに吉野の社会主義は唯物論的でない人道主義的なものであり、資本主義の廃棄を目指さない改良主義である。吉野は民本主義とそうした社会主義は立憲主義を根拠にする点においては両立するが、過激主義者であることはできないとする。

こうした吉野の考え方に対しては当然ながら批判がありうるであろう。そもそも資本主義に絶対的に反対するということは階級的調和論とは根本的に矛盾するであろう。また唯物論と理想主義という抽象的な対置にも単純化があろう。例えばマルクス的社会主義は物象化されて唯物論的に表現されるようになるが、その唯物論は主体的あるいは実践的な唯物論であり、人道主義の要素を含まなかったわけではないのである。いずれにしても吉野の社会主義は理論的に徹底したものではないのであるが、ともかく彼によれば社会主義の陣営は唯物論的革命主義と人道主義的立憲主義の二つの集団に分かれざるをえないのである。

吉野のこうした考え方は彼の政治観と関わりがある。吉野によれば過激思想の特徴は、労働者の支配、直接行動、国際主義、非国家主義にあるが、とりわけその政治観に根本的な誤りがある。彼らは政治を資本的支配階級間の遊戯と見て否認するが、客観的支配としての政治は階級関係の存否に関わらず不可避なものである。徹底的デモクラシーを根底として回転している現代政治は、決してある階級の遊戯ではない。また政治の必然的な意味からして、今日の政治学は決して一部の階級の御用学ではないとされる。この政治の意味の評価において吉野は無政府主義だけでなく、サンジカリズムやイギリスのギルド社会主義には疑問を持つ。今日のデモクラシーは天下を以って天下とする全人民の国家の理想に立ち、すべての人に完全な精神的ならびに物質的な生活の保障を与える。論者は帝国主義は資本主義の最高段階であると言うが、日本では封建的特権階級の「帝国主義」が常に「資本主義」に先行しているのであり、そのような借り物の思想は長持ちしないと論断される。

ここから吉野の無産政党論が出てくるわけであるが、そこにはまず政党についての考えがある。彼によれば政党は必ず政治家という専門家の一団に指導されるべきものであり、政党は本来代議士中心的なものである。したがって階級的な政党も実は中央集権的な少数の幹部の専制主義なのである。しかしともかく吉野は既成政党には期待していない。その結果は悪政の流行であり、民心の腐敗であり、民間の「聡明」の頽廃である。その根本的な問題は吉野によれば、監督する地位にある者があべこべに「操縦」されているところにある。だがまた彼は大衆自らが政治するという、所謂「大衆政治」には懐疑的である。したがって民衆の良心を叩き、その聡明を呼び覚まして、政党の宣伝に誤られないように自由な判断を確保することのほかに救済方法はないのである。

こうして政党に関しても吉野は急進主義に対して現実主義の立場に立っている。そもそも彼にとって政治は政治学ではないのであり、政治とは現実的なものである。急進主義の誤りは「理論」上から「現実」に執することであり、一定の方針の無条件的な信奉を強要する。だが社会の進化には一定の理法があるのであり、現実に則さない改革方針は順当な展開を紛糾させることになる。「理論のぎこちなき徹底」のみならず、急進主義には議論のやり方が「宣伝的」であるという悪癖もある。そうして無産階級の政党には明らかに右派と左派がある以上は、強いて単一にすることはないとされる。真理は同時に二つも三つもありうるのであり、これらを正々堂々と争わせ、切磋琢磨の功を積ませることが必要なのである。そうして吉野自身は平凡な市民は政党などに参加すべきではないという持論から自らは入党しないのであるが、社会大衆党などの所謂右派の無産政党の結成には援助する。

しかしこうした多政党主義は無産政党の分裂をもたらしたことも否定できないことである。吉野自身は「熱心なる共同戦線論者」であるとし、真の共同は相手の立場を尊重するところから起こるとしている。だがこの「離れて合せよ」の原則は、結果的には無産政党の四分五裂につながっていたことは否定できない。しかも借り物の思想が日本の現実に合った有効な方針を立てえなかったという吉野の見方が当たっているかどうかはともかくとして、無産政党の現実は、官権による弾圧によって左派政党が活動不能になる一方、右派の無産政党にはファシズムが忍び込むことになる。それを象徴的に示しているのが吉野の女婿であった赤松克麿の国家社会主義への転回であろう。こうして吉野の没後数年して無産政党だけでなく既成政党も相次いで解党し、大政翼賛会へと溶融し、全体主義体制に組み込まれることになる。明治の負の遺産を是正しようとした吉野の望んだ憲政は完全に崩壊するのである。

したがって吉野の判断が妥当であったかは一つの問題であろう。まず最小限度、反ファシズムの統一戦線の結成が必要であったように見えるからである。他方で急進的な政党がより有効であったかと言えば、それも必ずしもそうではない。そうして結果的に見れば、ファシズムを経て日本の革新政党が歩まざるをえなくなるのは再び吉野の政治路線であったとも言える。ドイツにおいては吉野に似た立場にあったのは社会民主党右派のヘルマン・ヘラーであるが、第二次大戦後の同党の方向はやはりヘラー的な路線であったのである。

＊

社会主義の路線が動揺するのは帝国主義からファシズムに移ろうとしている国際状況が関わっていた。しかも日本では明治以来内政のあり方と外交のあり方は密接な連関をなしており、国内的な絶対主義と対外的な覇権主義は相関関係にあった。したがって明治以来の国家主義の是正を求める吉野のデモクラシー論は内政の修正だけでなく、明治的外交の是正を要求するものとなる。それは国際的な自由と平等によって特徴づけられる国際民主主義の主張である。国際的平等主義あるいは国際的正義の確立は世界の大主潮であると解されている。そうした主張は抽象的な原理にすぎないではないかという見方もあるが、特殊的な方面を発揮するよりも、普遍的基礎を固めるのが先決問題なのである。国粋保存のような半文の価値もないものを担ぎ回るようなことは笑うべきことである（「世界の大主潮とその順応策及び対応策」）。これからの国際政治では「正札」がまず議論されなければならないのであって、そうした原則なく「まけろ」「ひけの」という時代ではない（「講和会議に提言すべき我国の南洋諸島処分案」）。国際正義とは「道義」と言い換えてもよく、したがって今後は対内対外両面において「道理の支配」が求められる（「国家生活の一新」）。

もともとデモクラシーと平和主義は密接な関係にある。しかし吉野の理想主義は現実主義でもあったのであって、彼の平和論は感傷的熱狂的な平和論ではなく、現実的漸進的な平和論である。したがって彼は「勢力平均」という武装平和は弱い国だけが好い面の皮になるものとして斥けるが、軍事力そのものの意味は否定していない。そうした吉野の平和主義は第一次世界大戦と講和問題に刺激されるところが大きい。その一つはウィルソン大統領の「勝利なき平和」という観念のインスピレーションである。それは勝った負けたということを抜きにして戦争を止めることであり、それが世界の平和にとって根本的な解決ではないか、という考えかたである。第二はロシア革命の影響であり、そこで出てきた非併合、無賠償、民族自決という社会主義の原則も少なからぬ影響を与えている（「帝国主義から国際民主主義へ」）。

無論「道義」の支配を主張することには、明治以来単なる理想にすぎないという批判がある。吉野自身国際連盟の設立に関して「国際法強制組織」の成否が問題であるとしていた（「国際連盟は可能なり」）。こうした吉野の日本外交の批判は単なる道徳論ではなく、有効性の問題でもある。彼の見方によると、日本においてはもともと政治問題について道徳的意識が甚だ弱いが、問題はそれが外交の失敗をもたらすことになっていることである。その多くは「民間の盲論」に累されたところが大であり、それはすでに日露戦争後の講和会議に対する焼き討ち事件に示されたところである。「道理」を内容としない「国民的示威運動」のようなものは物笑いの種になるにすぎない（「外交に於ける国民的示威運動の価値」）。一般国民だけでなく、新聞も「未発達」なのである（「国際的共同精神に徹せざる我操觚界」）。吉野は対外的なことになると猜疑的になる日本人の意識の歴史的由来を語っているが、これはまた日本人の「和」の構造の反面でもあろう。国内的には過度の忠義心を要求するにもかかわらず、あるいはまさしくそのために一旦対外的なことになると極端に没道義的になる。普遍的規範が成立しにくくなるのは、内輪の同調性を強調する反面なのである。それは「自己反省」力の欠如となり、それが外交の多くの失敗を招いている。しかもよそ事であるから、そこには責任意識も欠如する。

吉野の国際政治論は、国家予算の三分の一を占めている過大な軍事費の削減の問題、国際的軍縮会議の問題、新たな緊張関係になりつつあるアメリカとの関係あるいはシベリア出兵の無根拠性の指摘等多端であるが、彼には一連の軍部改革論がある。日本軍国主義の土壌に関係があることであるが、吉野は軍隊が人間らしい取り扱いをしていないその非文明性に注目する。兵士もまた独立の人格者であるという考えが徹底されなければならないのである。日本の軍隊の非文明性とは、また軍隊の非常識ということである。真の服従は盲従ではなく、合理的な命令に対してのみよく行われるものなのである。吉野はまた軍事専門家の好んで論題とする思想問題に至っては、むしろ一種の滑稽味さえ感じていた。

だがまた日本の軍隊には内閣の輔弼制度の例外をなす帷幄上奏という憲政上の問題がある。吉野の言い方では、輔弼とは君主の活動は人民一般によく分からなければならないということから、政府を組織する国務大臣に課せられているものである。ところで明治憲法では天皇に対する輔弼は各大臣が個別に行うものとされている。これに対して内閣官制では国務大臣が連帯して輔弼の責任に当たることになっているものの、軍機軍令に関しては陸海軍大臣の専決に帰していた。このように輔弼の例外が認められるならば、極端に言えば、軍事に関しては内閣総理大臣に無関係に発令されうることになる。吉野が大臣輔弼以外に帷幄上奏を認めるのは憲法の精神ではないとする所以である。もっとも帷幄上奏は憲法学の権威美濃部達吉も認めていたことである。したがって吉野は帷幄上奏が違憲であるかどうかという議論の仕方は避け、法の精神、憲政運用の観点から問題にする。さし当たっての方策は帷幄上奏の支柱となっている諸制度すなわち軍令の廃止、陸海空軍大臣の武官専任制の廃止、参謀本部、海軍軍令部の改革及び内閣官制の改革である。これらはいずれも実現されなかったものであるが、日本における二重政府やがて軍部独走という重大な問題を含むものであった。しかも吉野の見るところでは、軍閥の侵略的思想に関しては、実は政府そのものも五十歩百歩であったのである。

対外関係においてまず焦点となっていたのは植民地であった朝鮮の問題である。朝鮮暴動に関して、彼は異民族の心理にあまりに盲目的であって、国民のどこにも「自己の反省」がないことを指摘し、従来の朝鮮統治は失敗であると断じている（「対外的良心の発揮」）。朝鮮人は表面は彼らの希望によって併合されたのであるが、事実上は日本から併合されたことが認識されている。そうした彼らに対して善政さえ布いていれば無条件に日本の統治に満足すると断定するならば、これは独立民族の心理を解しないものである。朝鮮人の同化を求めるというのは木によって魚を求めるようなものであって、その実はあがるはずがない。彼らの宗教と天皇の命令が衝突する時に、宗教的信仰を尊重するということが日本の政治家には理解されていない。自らの国におけるように、宗教的信仰はどのようにでもなると思っている、その日本的メンタリティが批判されている（「満韓を視察して」）。

これに対して吉野の中国論はやや屈折したものとなっている。吉野は中国革命には共感を持ち、中国人学生の「反日」的行動にも同情的であった。一九一五年の「対支政策の理想」という論文では、その根本理想は中国を援け、提携し、ともに東洋の強国として世界の文明進歩に貢献することであるとし、中国の領土は分割してはいけないと論じていた。しかし満蒙地域を日本の専属的勢力範囲とすることを含んだ二十一ヶ条の要求に関して「怒るものが悪いのか、怒られても仕方がないのか、その辺の議論はどうでもい丶として」という言い方が例示するように、吉野の対中国外交論は現実主義の側面を少なからず持つものであった。

もともと吉野は日本の大陸進出にある程度の必然性を認めている。それは日露戦争で南満州鉄道を手に入れたことの当然の結果でもあるのである。だが昭和に入って対中国外交は緊迫し、特に田中儀一内閣による侵略政策は大きな問題になっていく。田中内閣の満蒙政策に対して吉野は、それは第一に武力干渉を必然にすること、第二に中国分割の端緒となるとして疑義を表明していた。特に今でなければ得られないという火事場泥棒的なやりかたが批判され、そうした獲物は長くは掌中に残らないとする（「田中内閣の満蒙政策に対する疑義」）。山東出兵に関しては、その意に反して他国に出兵するのは主権の侵害であり、その運用は最低限度にとめるべきであるとされていたが（「支那出兵に就いて」）、しかし軍事行動は軍事行動として完全な目的を達して貰わなければならないとして、出兵は是非とも成功させたい、とも言われていた（「対支出兵と政治的責任」）。やがて問題の焦点となる満蒙の既得権益の保護に関しても、日本国民の生存のために満蒙に特殊の関係を作る必要は認めていたのである（「対支政策批判」）。

こうして満州事変が起こるのであるが、吉野からするならば、満蒙が国防上、経済上、日本に関係があることは論ずるまでもないことである。しかし彼はまた、帝国主義の悪名を恐れて自衛権の看板にかくれて、これを自衛権の発動とすることは無理であるとする。この「軍事行動」の本質は「帝国主義的」であり、実は「内政干渉」であるとされたが、ここで括弧に入れられた字句はすでに伏字とされていた（「民族と階級と戦争」）。このように満州事変に対する吉野の見方は基本的に批判的なものであった。しかし満州国が成立した後に出されたリットン報告書に関しては、日本がすでに表明した態度を改めない限り妥協することは不可能であるとし、日本の立場は国際連盟の一員であることと絶対に両立しないものであると断じられている。吉野の中国外交論は既成事実の前に行き詰まりの様相を呈しているのである。

ところで満州事変批判論文では、政治の命運にとって決定的なことであるが、無遠慮な批判があって然るべきであるにもかかわらず、新聞の論調が一律に出兵謳歌に傾いていることを指摘している。最も猛烈な反対運動を予期させるべき左翼は殆ど沈黙を守ってしまい、満州問題は階級闘争論を押しのけてしまったのである。国民社会主義の熱心な提唱者赤松克麿のように現状を放任することは「侵略主義」を助けることになるであろうとされている。だが他方で吉野は、国民社会主義を奉じる人の一部が、土地と資源の「国際的均分」を主張していることに対して、「占有の過不及を整理せんとする考えは正しいと思ふ」とも言っていた（「民族と階級と戦争」）。対外デモクラシーも日本のファシズム化によって苦境に立たされるようになったのである。

＊

一九三二年に英文で出されている「日本のファシズム」という論文は、登場してきたファシズムについての捉え方が示されている。ファシズムは無責任と利己主義と腐敗堕落で知られる政党政治家と財閥の指導者たちの同盟による腐敗政治に対してもはや外からの全廃しかないという傾向が生じ、有能な少数者の統率の下に全体のために個を犠牲にしようとする主張として出てきた。吉野によればファシズムは資本主義が大衆の利福を提供しないことに対する反動と愛国主義の結合なのである。そうして政治家たちが列強への屈従癖を見せる一方で、陸軍は明らかな成功を収めた。日本のファシズムが軍部的ファシズムとなる所以である。ファシズムがこの国の無産大衆の間でも発展したことに関しては、「右翼の感情」と「左翼の要求」をつないだという解釈がなされている。議会政治への失望は政界の中心人物たちが警察力を動かすなどして無産政党を抑圧したことによるところが大であるが、社会民主主義者が非民主的な綱領を奉じるようになったことには、さらに共産主義への右翼的恐怖が加わっているのである。

同じ一九三二年の「国民社会主義運動の史的検討」では、国民社会主義と反動的国家社会主義と軍部との連携によって、既成政党を打破し、大財閥を崩壊させ、正真正銘の社会主義を実行すべきであるという主張が生じていることに関して、それがクーデタによる政権獲得というのであれば、ファシズムであろうとされている。だが吉野はそうした独裁志向がいつまでも押し通せるかは疑問であるとし、牽制抑制機能を忘れ、単に経綸実現のための有効な手段だけを考えるのは長い政治的経験から戒められるところであり、自分の考えだけでなく、政界の客観的情勢を最良最善の意見が実行されるように導かなければならない、という持論を展開していた（「現代政治上の一重要原則」）。

そうした吉野の幾分真っ当すぎる言説にはすでに大正以来「吉野の馬鹿士」が今頃デモクラシーを担いでいるというような罵声を浴びせられており（「板挿みになって居るデモクラシイの為めに」）、いずれにせよ自身デモクラシーにジレンマがあることが意識されていた。男子普通選挙制は実現したにもかかわらず、「変装的専制政治」がもたらされ、昭和に入ると左翼のボルシェヴィズムと右翼のファシズムの間に挟まれるようになり、早くも議会主義の否認の主張が出てきたのである。だが持ち前の楽天性からか、ファシズムは理論的には民主主義の打倒を目的としているものの、実際には民主主義的な政治家を初心に立ち返らせることに役立つかの知れない、というような希望的観測をしていたのである。しかし吉野の死去の二ヶ月前に発行された「議会から見た政局の波瀾」という論文は削除や伏字の多い、あたかも大正デモクラシーの蹉跌を告げるような無残な姿を見せている。政権を政党の手からすべり落とさせた原動力は「軍部」にあるとしているが、「軍部」の字は伏字となっている。なお悲壮な論調にはなっていないのであるが、多元的で自由主義的な議会主義、憲政の原則は崩壊しようとしていた。それはとりもなおさず吉野の民本主義そして大正デモクラシーの挫折を意味することとなろう。

大正デモクラシーの挫折ということを考えた場合、そこには労働する市民の弱体性という現実のほかに、そうした現実にある程度以上の作用しかなしえなかった、まさしく人道主義的な思想の限界もあったであろう。確かにその旗手であった吉野にはそうでない面もあった。彼は「憲政の本義」論文が載った同じ号の『中央公論』に「精神界の大正維新」という論文も書いているが、これは日本の現状がドイツ的国家主義に毒されていることを主に精神面に関して衝いたものである。ことに国家主義教育の弊が問題にされている。もともと明治以来の日本の教育は注入主義の弊があったが、まさしく教育勅語に代表される国家主義のもとで画一教育の弊ははなはだしくなっている。日本の文部省の目的は青年子弟の思想感情を一定の鋳型より打ち出そうとするものであり、各人の自然独特の賦性を参考せず、独創の見地を開拓させないために元気を虚脱させ、卒業後に自由に思索することができないようにしている。注入教育、受験教育、忠君愛国の国家主義は精神的堕落をもたらし、「縮小した国民」を生むことになっている。かくして吉野は注入教育に代えて啓発教育、「偉大国民教育」を提唱していたのである。こうした国民精神の維新の要請は徳富蘇峰の『大正の青年と帝国の前途』を想起させる。しかし吉野はこの本の書評で、反対するほどのこともなし、賛成するほどのこともなし、現在の思想には関係のない、まるで違った社会の産物である、と冷評している。いたずらに青年の志気の頽廃を説くのは時代を解しない老人の繰言のようである（「蘇峰先生の『大正の青年と帝国の前途』を読む」）。時代は生命力を失った蘇峰的帝国主義からの脱却を求めていたのである。

しかしファシズムの台頭は吉野のような学者的評論家にとっては、まず第一に思想の自由、言論の自由、学問の自由の侵害として直接的な問題になる。彼はデモクラシーの条件として思想言論の自由を強調していた。しかしすでに大正年間の森戸辰夫のクロポトキン研究の起訴に際会して、より徹底した批判がなされているなかで、彼は森戸の紹介の仕方には物議を醸すに至るのも仕方がないと思われる点もないわけではないというような言い方をしていた（「クロポトキン思想の研究」）。大正末に吉野は思想言論の自由に関する論文を発表しており、それは原則的には「思想は思想を以て戦ふべしという意味」を強調するものである。思想の取締りを非とするのは第一に官権の取り締まりは思想上の善悪の別を固定し、第二はそれは思想生活における一番正しい態度を国民に阻む結果をきたすからである。この議論はスチュアート・ミルの主張と共通している。だが民衆は役人が適当に指導しなければ必ず方向を誤るものであるとする官僚思想を嘲笑する一方、民間思想家にも宣伝と偏狭を排し、寛容を求めているのは吉野的なところである。

もともと彼は過激思想は危険であり、誤っているという考えを持っている。したがって社会科学的思想つまり実質的にはマルクス主義の研究を奨励するとともに、思想の取締りを無条件には否定していない。社会科学研究の学生が検挙された京都学連事件に関して吉野は京大当局の抗議に敬意を表している。しかし研究の自由は絶対的であるとしつつ、制裁法規のシステムとしては二三の禁令を示すのは敢えて妨げない、という言い方をしている。吉野の批評は右翼に対抗して論陣を張り、天皇「不親裁」論に関して不敬罪・新聞紙法違反の容疑で検察の取調べを受け、不起訴になったものの朝日新聞を退社しなければならなかった本人としてはやや微温的なところがあることを否定しえない。

第二次大戦後に現実主義的な論文に彼の名を冠した賞が設立されるのは理由なしとしないのである。

吉野作造は一九三三年に死去している。この年はまたナチスが政権を獲得した年であり、ヘルマン・ヘラーがスペインで客死した年でもある。日本もまた谷間に陥っていく。明治以来の国家主義に挑戦し、政治は人民の主導性に基づくものでなければならないとする吉野のデモクラシー論は、市民革命を経験しなかった近代日本にあって、国民の主体能動性を開発し、共和主義的な市民的社会と政府を創出することにあったと言えよう。それはある程度の成果をあげたのであるが、最終的には明治以来の国家主義の反動に遭遇し、「道理」は一旦は「腕力」の前に屈したように見える。

そうした帰結に関しては吉野の穏健な現実主義の不徹底さも関わっていたであろう。社会主義の問題だけを取っても、彼は社会の物的条件を決定要因として強調する唯物論を非道徳的、非人道的ということで簡単に斥けてしまったところがある。無論それは急進派であればよいということではなく、より急進的であったとすれば、おそらくそれはより成果の乏しいものとなったであろう。急進的であることも前進的であることも、ともに限界を持たざるをえない日本の厳しい現実があったのである。そうして結果的には吉野の活動も、自由な個人による公共的な市民社会が、この国においていかに脆弱なままであるかを裏書したと言えよう。そうしたなかで吉野が理論的、思想的、実践的に的確に対応したかどうかは当然に困難な問いである。だがそこに少なからぬ弱点があったとしても、もし彼が体現している大正デモクラシーの経験がなかったとしたならば、十数年後の戦後デモクラシー自体ありえなかったことは明らかなのである。

第二節　ファシズムの階梯

ファシズムの前哨

吉野作造は大正期の諸イデオロギーを一身に手繰り寄せるような存在であった。それは基本的に自由主義的な性格を持つものであったが、自由主義自体それを担う市民はいまだ未熟であり、市民社会も脆弱のままであった。だが時代は古典的な自由主義の時代ではなくなっており、吉野自身他方では社会問題に対応すべく社会主義的な施策を進めようとしていた。しかも時代は帝国主義の様相を強め、国家主義の反動が働いていた。超国家主義と社会主義の狭間に立たされたこの基本状況は彼のプロジェクトを困難にしてあまりあるものであった。かくしてもともと基盤的に脆弱であった自由主義は左右の急進主義に挟撃されて分解し、だがその多くはプチ・ブルジョアジーのイデオロギーとしてファシズムの露払いになっていく。

吉野の左側にある社会主義はやがてマルクス主義によって席巻されるようになる。しかし日本では前近代的な農村を抱えており、先進ヨーロッパの社会主義路線はそのままで通用するものではなかった。吉野の右側にある超国家主義は国内外の革新を標榜しつつ、最終的には天皇制ファシズムと呼ばれる全体主義をもたらすことになる。その潮流にあっては北一輝がある先駆的タイプを示している。北が日露戦争終結の翌年に出した『国体論及び純正社会主義』は一種の社会主義を標榜するものであるが、それは後進資本主義の条件において早くも国家主義との合体を予示するものであった。この合体される社会主義的な要因と国家主義的な要因双方に欠けていたのは、吉野が体現していた市民的な自由主義の要素なのである。

北の「純正社会主義」は一応はマルクスと同様、一切の階級を掃蕩して社会が社会の権利において社会の利益を図らせようとするものであるが、しかしまた公共心の刺激と利己心の発動によって経済活動を期待しようとしているところに差異がある。だがとりわけこの「純正社会主義」を特徴づけるものは、通例の反国家主義的な社会主義とは異なって国家を否定するものではないことである。社会主義は「経済的貴族」を革命するものであるが、革命は国家の否定ではなく、国家の意志が新たな社会的勢力を表白することにある。この社会主義は社会の全部分が財産権の主体になるという意味で「社会主義」であり、国家の全部分が利益の帰属する権利者となるという意味において「国家主義」である。この社会主義は世界連邦にも無関心ではないが、国家の権威を温存する点では「帝国主義」を継承するのであり、「国家主義」の進化を継承せずして世界連邦も社会主義もない。この「驚くべき」社会主義は私経済を前提とする点では、「国家主義」と「個人主義」の理想を実現するものとされる。

さらに北の社会主義は「社会」が主権の本体であり、「民主」的政体をもってこれを行使するから「社会民主主義」である。だが主権はあくまでも国家にある以上、その「社会主権」論は「国家主権」論でもある。それは社会の意志である社会勢力を法律の上に表白しようとするものであり、実質的には「土地資本」の「国有」化なのである。したがって北の「社会民主主義」は、彼自身の否定にもかかわらず、国家による経済的統制であり、要するに一種の国家社会主義であったと言ってよい。この独特の国家社会主義的な社会主義は、ある程度はすでに徳富蘇峰にも散見されるものであったが、要するに後進帝国においては社会主義も国家主義的な要因と接合する傾向があることを示すものである。

だが蘇峰とは違って、北にはイデオロギー的な要因が欠けている。もともと日本の社会主義には「国体」との整合性という難問があったが、北の大著の半分はこの所謂国体論の批判に費やされている。北の見方は統治権は国家にあり、天皇は主権者ではなく、国家から義務を負うとする機関説的なものである。かくして北は穂積八束や井上哲次郎といった帝大教授の「国体」論を罵倒する。彼らは万世一系の一語に撃たれて、ことごとく白痴になっているのである。北からするならば、維新革命は「国体」の回復のようなものではなく、国家主権の進化であり、国家の目的理想を法律道徳の上に明らかに意識した点で社会民主主義である。しかしそれは法律上の社会民主主義であり、今求められているのは「経済的維新革命」なのである。

国家社会主義的な観点に立つ北は「スラブ的貴族主義」を排除する日露戦争を支持する一方、日本の「貴族的蛮風」が中国、朝鮮の自由を蹂躙するのを止めようとする。このやや短絡的な国家主義的革命論はやがて、アジアの七億人を防衛する「最後の封建城郭」は太平洋岸の群島に築かれるべき革命大帝国であるとするようになり、日本改造の問題に向かうことになる。こうして『国家改造原理大綱』『日本改造法案大綱』が著されるのであるが、そこには第一次世界大戦後の、国内的には野放図な資本主義の進行と貧困の問題、対外的には帝国主義諸国の相克が深刻化してきたという背景がある。日本は今や「断崖」に立っているのであり、国家改造の急務は「維新革命」にも優っていた。

北の国家改造に対する原則は、一応は国家存立の大義と国民平等の人権ということにある。そこでは普通選挙の実施や言論等の国民の自由の回復が考えられているとともに、私有財産や土地所有の制限、大資本の国家への統合が提起され、すぐれて福祉経済の国家的統制であり、まさしく国家社会主義的な基本性格を示すものである。この国内的統制に対応しているのは対外的軍国主義である。「純正社会主義」では「世界連邦」も語られていたが、ここでは「合理化セラレタ社会主義」の名のもとで満州と極東シベリアが要求されている。国家は不法に大領土を独占しているものに対抗し、また抑圧されている他の国家や民族のために戦争をする権利があるとされる。この幾分素朴な正戦論は、来るべき世界の平和は大小の国家に君臨する「最強国家」による「封建的平和」になるであろうという見通しのもとに語られている。これは一種の広域圏（カール・シュミット）構想と言える。北は社会主義的平和論から転じて、あたかも和風シュミットであるかのように「剣の福音」を説くようになるのである。

この極左的な要因と極右的な要因は西洋におけるソレルのそれを想起させるが、もともと北の国家社会主義は左右の両端を合体したものであるから不思議なことではない。それを特徴づけているのは、一見して自由主義的な要素が示されるにもかかわらず、市民社会的な要素がほとんどないことであり、であればこそそのいわゆる社会主義は国家主義と相即することにもなるのである。こうした市民の不在性はゼネストを唱えるソレルとは対照的に、北の国家改造がクーデタによってなされようとしていることに端的に現れる。憲法は停止され、国会は解散され、戒厳令が敷かれ、国家改造議会が置かれることになっている。つまり独裁によって国家を改造しようとするのであり、ファシズム的な論理が登場するようになる。このクーデタは天皇が大権の発動によってなされるとされるものの、クーデタの担い手が語られていないことが示すように、それは国民的なエネルギーを全く欠いた机上のプランに過ぎない。国民不在の全体主義的な国家統制拡張計画論は、実は幕末の佐藤深淵の水準を出るものではないのである。

クーデタを発動する天皇は「国民ノ総代表」であるとされるとともに「国家ノ根柱」であるともされ、「神武国祖ノ創業」という言い方もされるように、彼はかつて罵倒していた「国体論」にも歩み寄っている。しかしそれは天皇制国家イデオロギーからは遠いものである。ファシズムが民族社会主義的な要因を持つものであるとすると、北の国家社会主義はそうした精神的な要因を欠いている。

第一次世界大戦が終了した一九一八年には内外の緊張を背景として、一方では新人会のような社会主義的な団体、他方で老荘会のような右翼的な団体が結成された。自らも老荘会に加入して活動した大川周明は右翼的精神の一面を見せている。

仏教研究から出発した大川はある種の偶然から中国以西のアジアの思想や政治の研究家となり、アジアの植民地化と西洋諸国による侵略に関心を持つようになり、アジアの復興が意識されるようになる。そうして岡倉天心以来のアジアはひとつであるというテーゼが当然視され、日本、中国、インドを包括した「大東亜」の秩序の建設が志向される。他方で彼は「日本精神」の研究に向かうのであるが、『日本精神研究』などはまた「日本精神」というもの自体のレベルを示すものともなっている。彼は膨張の国家編成策を提示するにすぎない佐藤信淵に日本のマルクスを見たりする。大川の日本論は『日本二千六百年史』に集成されるのであるが、そこにも大川的な特性が観察される。彼は一面では日本国家の建設に関して、日本は初めは恐らくアイヌ民族の国土であったという歴史家的な言い方をしているが、日本には建国当初の雄大な「日本精神」というものがあり、その建国の理想は記紀の開闢説に示されるとし、日本の先祖は天皇の先祖がこの国に天下ったことを信じて疑わなかったということを、彼自身疑っていない。そうして今や日本は「世界維新」に直面している。日本は「世界平和」のために「東亜新秩序」を建設しようとするにもかかわらず、反省しない中国は抗日戦を試み、日本を指導者とするアジアの復興を喜ばない西洋諸国は日本を掣肘しようとしているのである。

こうして大川は「東亜新秩序」から一転して「大東亜戦争」への獅子奮迅の努力と覚悟を求めるのであるが、そこには何らかの精神的な特性が観察される。彼はロンドン会議をアメリカの一方的軍拡、日本の一方的軍縮であると非難するのであるが、アメリカのアジアに対する帝国主義的「意図」を看取する一方、被害者としての日本の侵略は防衛的なものとされる。これは後の大東亜戦争肯定論の祖型であり、吉野作造のように事態を客観的に捉えようとする態度とは対照的である。それは対象に対して距離をとること（ニーチェのいわゆる距離のパトス）の欠如であり、その反面において対象と心情的にたやすく一体化することである。

このように容易に精神が遊離することはロマン的精神あるいは詩的精神と称することもできるが、要するに幼児的自己中心性を特色づけるものである。この種の自己中心性、甘えの構造、精神的幼児性は広く右翼的な思考に観察されるものであるが、大川の場合はそれが典型的に現れている。彼自身「誠」を尽くすことは「幼児」の心に還ることであるとし、「幼児」の心とは「母親」の懐に安らう心であると言っているが、まことに「日本における天皇と国民との関係は、その本質において親と子との関係と同一である」（『安楽の門』）。大川は日本思想の貧困も認めているのであるが（『新東亜精神』）、それは自分に客観的距離を取れない彼自身についてはとりわけ当てはまるであろう。当時「右翼小児病」が問題となったのは理由のないことではない。ちなみに吉野作造はこの大川の博士学位の推薦人であったのであるが、ここにも吉野の鷹揚さと脇の甘さが瞥見されよう。

不全のマルクス主義

日本の右翼思想が多幸症（オイフォリー）であるとすると、日本の社会主義ことにマルクス主義は不幸な意識である。社会主義者としての吉野の左には早稲田大学教授をしていた大山郁夫がいる。大山は吉野が唯物論であるとして斥けていたマルクス主義を採用するようになるとともに、右派無産政党のシンパサイザーであった吉野とは異なり、左派無産政党の党首になった人物である。彼は日本における科学としての政治学のパイオニア的存在であるとされており、彼自身も「実証主義的立場」を自認している。しかし大山は超越的な「理想主義」は斥けるけれども、必然性の認識といった意味での意志の方向づけは否定しておらず、そうでなければマルクス主義の採用もありえないであろう。

大山の理解するマルクス主義は弁証法的つまり実践的で主体的な唯物論である。この弁証法的唯物論を大山は民衆文化への関心という面からかなり的確に体得していたように見える。つまり民衆文化は単に客体物としてではなく、創造と教育に連関的なものとして捉えなければならない。民衆を解放するということは創造階級を享楽階級の命令から自由にすることである。そうしてさらに民衆は社会の階級的な構造のもとでの無産階級と捉えられるようになり、やがて大山は無産階級の解放に関心を向けるようになる。ここには主体的な唯物論の視座があり、「人間の意識の想像力」が強調されている。しかるにマルクス主義陣営には現実追随主義や自然成長主義という議論があったのであり、大山は「現実主義の陥穽」というような論文でその問題に関わっている。唯物弁証法的な無産階級理論は無産階級意識の問題とならなければならない。それはマルクス自身がプロレタリアートの歴史的使命を呼びかけたところに先駆を見るものである（『所謂「現実主義」の唯物弁証法的解釈』）。

このように大山の視座は「実証主義的立場」という表現に尽きるものではなく、ともかくそれはソ連の公式主義的な史的唯物論と同じものではない。それを端的に示しているのは、彼はどのような時代のいかなる社会組織においても、したがって社会主義社会のもとでも「政治」はなくならないとしていることであり、これはマルクス・レーニン主義における政治止揚論とは明らかな差異を持つ。こうした大山のマルクス主義は、それを単に唯物論であるとして斥けた吉野の水準をはるかに超えるものである。そこには社会科学における実行行動は自然科学における実験と同じ意義を有するというような、理論と実践のやや乱暴な結合がないわけではないが（「学者と実行運動との関係に就いての考察」）、階級意識についての洞察はルカーチに通じるものがあり、政治への現実感覚はグラムシに通じるものを見ることができる。

一九二六年に大山は労働農民党の委員長に就任する。それは普通選挙法は成立したものの、治安維持法との抱き合せのものであり、にもかかわらず大正デモクラシーの熱気は過ぎ去り、自国の政治過程が「盲目的進行」を続けていることに「凄惨な恐怖感」に襲われたことに触発されたものであった。そうして大山は眼前に見られる「政治的倦怠」は資本階級に密接に関係する既成政党の腐敗堕落に由来しており、彼らの間の闘争は仲間喧嘩のようなものにすぎないと分析する。まさしくそこに無産政党出現の期待も生じる。もっとも大山は日本の資本主義はいまだかつて完全な「自由主義」の時代を経過することなしに帝国主義の段階に転入したために、ブルジョア的立憲主義のもとにおいても死滅しなかった「封建的専制主義」が再開しつつあると現状を把握する。したがって無産政党は現段階においてはブルジョア・デモクラシーの獲得にその努力を集中しなければならないのである（「無産政党論」）。

一九二九年に大山は河上肇などと新労農党を結成し委員長に就任するが、その活動は政府による弾圧によって不可能に近いものであった。さらにこの党には地下活動を余儀なくされていたコミュニストが加わっており、大山はその舵取りに苦労することになる。そうして翌年には河上等が労農党を批判して脱党するのであるが、大山自身も一九三二年には身に危険を感じてアメリカに亡命することになる。政府の庇護の下に独占化を進める資本主義と前近代的な農村、しかもその両面が互いに連関しながら跛行的に進んできた近代日本において、大山の左派無産政党運動は当面はブルジョア民主主義の獲得に目標を限定せざるをえなかったにもかかわらず、それ自体必ずしも有効な成果を得られなかったのである。

他方で河上肇は大山郁夫を正統的マルクス主義者であると速断して行動をともにし、十分にマルクス主義的でないと判断して袂を分かつことになった人物である。そうしてこの河上はマルクス経済学のパイオニアとなるとともに、日本における本格的なマルクス主義者の先駆となる。だが河上は最初からマルクス主義者であったのではない。彼が経済学を専攻することになったことには、吉田松陰に私淑していたことが示すように経世済民の志士の意識が関わっていた。経済そのものは欲望充足の活動であるとしつつ、河上には当初から全く唯物論的にはなりえない要素があるように見える。それは一時一切の教職を擲って伊藤証信の無我苑に身を投じたことにも窺える。全力を挙げて他を愛しようとしたのであるが、それは経済の利己主義の原理ときわどい関係に立つこととなろう。ともあれ彼は当初から社会主義に関心を示していたものの、『貧乏物語』では貧困の解決策は奢侈を制限することであるとしていたのであって、資本主義体制そのものは問題にしていない。だが徐々にマルクスの正当性を認識するようになり、大正末年までには文字通りのマルクス主義者となったと言ってよい。

だがマルクス主義が思想警察によって監視されていた日本において、河上は批判的論争と弾圧を避けられないことになる。代表的には治安維持法の最初の適用事例となった一九二六年の学生の社会科学研究をめぐる京都学連事件に関して、学生検挙の法的正当性や学問の自由については全く言及せずに、レーニン主義の研究に関してことさらにロシアの暴動学に言及していた和辻哲郎（『学生検挙事件所感』）を批判しなければならなくなる。河上の当然の批判に対しては和辻が反批判を寄せ、暴動学への言及は単なる推測であったことを認めるとともに、存在自身にロゴスが内在するのであり、唯心的弁証法から唯物的弁証法への発展もさらにおのれを止揚してその総合に向かわなければならないという京都学派的かつ観念論的に傾斜した持論を述べている。この唯物弁証法の難題に対して河上が哲学の素養に乏しいものとして応答を控えているのはやむをえないとはいえ残念なことではある（「和辻哲郎氏よりの寄書ならびに之に対する私の感想」）。いずれにしてもここには代表的なマルクス主義者と、かなり有能な右翼的知識人との鞘当があったのである。

理論と実践の結合を標榜するマルクス主義者としての河上は実践活動にも関わらなければならない。河上の政治的な認識によれば、真のプロレタリア政党は共産党しかありえないが、共産党が地下活動を余儀なくされている以上、合法政党としての何らかのプロレタリア政党が要請されている。いたずらに急進主義を掲げて議会政党を否認するということは河上の取らなかったところであり、そうした主張を正当化するために彼はレーニンの『左翼小児病』を援用している（『小児病を克服せよ』）。したがって河上は偽物の無産政党を社会民主主義政党であるとして斥けつつも（「似而非無産党を排撃し粉砕せよ」）、新労農党の結成には「全幅的な賛意」を表していた（「「新労農党樹立の提案」を読む」）。

だがその際にも河上は労農党は「大衆的階級闘争」を旗印とするものであり、「議会主義」には立脚していないとしていた（「選挙闘争の跡を顧みて」）。彼は労農政党は容易に小ブルジョア的政党に転化しうるものであり、共産主義インターナショナル（コミンテルン）のテーゼを援用して、労農政党は労働者及び農民の大衆動員の組織形態としては好ましいものではないと述べている。労農党は一時的には存在すべきであるとしても、本格的な労農闘争同盟に発展することによって政党としての性質を解除すべきものである（「労農党の発展的解消」）。こうした河上が早晩労農党の解消論に傾いていくのは避けられないことであったと言わなければならない。

労農党を革命の前衛政党ではありえないとする河上は結成の翌年には労農党は演壇政党、小ブルジョア政党になりきっているとして脱党することになる。そうしてかつては「私の最も尊敬する同志大山」と語っていた大山郁夫に対しても、「純真」な人としての信望があればあるほど、大山は今はブルジョアジーにとって誂向きのものとなった、と語るようになる（「反動的固定化の一路を急ぐ労農党」）。河上も急進主義をもって潔癖であると勘違いする、政治に音痴なマルクス主義特有の小児病にかかっていなかったか、どうか。その間、労農党代議士山本宣治の暗殺死を「不覚」であるというような、吉野一流の雑駁な発言をしていた吉野作造に対しては、「吉野君は今、吾々の同志山本の横死を利用としてまで、かゝる観念論的な協調主義を説教せざるをえざる程度にまで、反動化されたのであるか」と非難の言辞を投げかけている（「同志山本宣治の死の階級的意義」）。

共産党に入党した河上の政治路線は革命によるプロレタリアートの解放路線であり、プチ・ブルジョア主義の批判であった。だがコミンテルンの三二年テーゼによれば、日本における当面の課題は共産革命というよりは天皇制の打倒による民主主義の実現にあった。ちなみにこのテーゼの下訳をした河上は「天皇制」ではなく「君主制」としており、さまざまな国体論的なイデオロギーに取り巻かれていた「天皇制」よりは「君主制」の方がより妥当ではあったであろう。しかも民主主義革命といっても天皇制を廃止することが当面の射程にありえたかどうかも問題だったのである。

確かに社会主義革命による民主主義の達成という路線もないわけではないが、「革命」という文字自体を伏字にしなければならない状況において、それは玉砕に終わる可能性が高かったであったであろう。この難問に関して同じように後進資本主義国であったロシアにおいてはブルジョア革命と社会主義革命を結ぶ連続革命論が編み出されていたが、日本においては理想と現実を結節しようとするそうした理論が提示されることはなかったのである。その意味において河上の革命路線は不幸にもマルクス主義において政治は最も弱い環であるという評価を裏書するところがある。

だがもともと河上には政治的な発想は乏しかったように見える。国家の死滅と政治の止揚を論じるマルクス主義の伝統にあって、河上も国家を特別に問題にした様子はない。彼は明治末年に現代日本の特色は民主国でない国家主義であり、社会主義が斥けられるのは当然であるという醒めた指摘をしていたが、晩年には「小国寡民」的な発想があるものの、それは反国家的というよりは道家的な隠逸思想に近い。そこに欠けているのはやはり市民的社会の展望である。また議会政党の位置づけに見られるように、社会主義の前提でもあろう民主主義をあまり問題にしていたようには見えない。大正デモクラシーはまさしくそうした問題を提起したものであり、河上もその同伴者でありつつ、早くその限界を意識する方向に転じたのである。このようにデモクラシーという前提を問題にすることなく人間の解放を求めたところに、本来デモクラシーの貫徹であったはずのマルクス主義の河上における政治的挫折があったと言ってよいであろう。

河上は一九三三年に検挙され、三七年の出獄の際の覚書では、マルクス主義は捨てないものの、『資本論』の翻訳などに限り、政治活動はしないことを記している。これは実質的な棄教と呼ばれざるをえないであろうが、そこにはまたマルクス主義を学説理論として受け止める日本のマルクス主義の性格にも関わるものがあるように見える。河上のマルクス主義がそもそもマルクスとはいささか趣をことにするであろうことについては、河上には早い頃から、経済社会の理想はその「自滅」にあるというような表現をしていたことにも窺われるであろう（「経済上の理想社会」）。獄中で書いた「宗教的真理について」という稿で河上は科学的真理とは別に宗教的真理があると述べている。唯物論と唯心論の対立は知識界における区別であり、宗教的真理は唯物論や観念論という区別を超越したものであるとされる。

科学的真理と宗教的真理を別個のものとして主張することは現象界とは別に本体界の存在を認めるカント的形而上学に落ち込むのではないかという批判がありうるであろう。だが河上は宗教的真理を意識そのものの意識、我の自覚を問題にするものであるとし、科学としてのマルクス主義とは別に宗教的真理を懐いても差し支えないとする。彼は所謂宗教と宗教的真理を区別するが、それは宗派的宗教と哲学的宗教との差異のようでもある。しかし恵信尼が書いた文章から親鸞は偉い人であると思うようになったとして自分の宗教的真理を述べており、そこにはレーニンのいわゆる俗信の「愚鈍なる意気消沈」のようなものがないとは言えない。そのとき宗教は民衆ならぬ思想家のアヘンともなるであろう。由来近代日本においては宗教が哲学者のアヘンとして流通するのであり、その際親鸞や道元はその銘柄品となる。ともあれ唯物論を科学に限定する河上のマルクス主義はいわば西洋的唯物論を土台とし、東洋的唯心論を上部構造とする和風マルクス主義のようなものである。そうしてマルクス主義が根本において自分の個性そのものに根ざしていない限りで、それは「理論信仰」（丸山真男）いう教条性を帯びるものとなる。

所与の現実と知的環境のもとで政治的にも有効な日本独自のマルクス主義が生み出されるまでに至らなかったのはもとより残念なことである。しかし日本のマルクス主義は昭和初年以来治安維持法を楯とする特別高等警察による弾圧の対象になり、共産党系の学者には三・一五事件、四・一六事件による大規模な検挙がなされていた。そうして一九三八年には、戦争反対、反ファシズムのための遅まきながらの人民戦線が生まれたのであるが、この事件に関連して大内兵衛などの労農派の教授も検挙され、日本の社会主義は国家権力によってほとんど息の根を止められたのである。

講壇自由主義

これに対してもともと基盤に乏しいだけでなく、左右から追い詰められた自由主義の一つの形態を示しているのは河合栄治郎に代表されるアカデミズムのそれである。河合は河上からは大学が科学的能力を失なっている証拠であると酷評されたこともあったが（「国家社会主義の理論的検討」）、学問化されかつ理想主義化された自由主義を示す代表ではある。

河合の研究は思想史的なものであり、マルクス主義は批判的な研究対象となっている。その議論はほぼ常識的なものであり、理想主義の立場に立つ彼はマルクス主義の基底にある史的唯物論は当然に採用できない。河合はマルクス主義からは「理想」が導出されず「実践」が不可能になる、というような批判の仕方をしている。マルクス主義においては理想は現実と切り離してあるものではなく、現実的、実践的な理想主義でもあるのであるが、河合にはそうした主体的唯物論、弁証法的な思考は無縁である。いずれにしても彼は哲学を下部構造であり、社会思想を上部構造であると言ったりしているように、マルクス主義の土台と上部構造の関係といった問題とは無縁なのである。

河合の理想主義的自由主義はドイツ哲学的なものでなく、イギリス哲学の傾向に従うものである。そうして彼は自然法に依拠したロックの自由主義だけでなく、功利主義に立脚したミルの自由主義も不十分であるとし、トマス・ヒル・グリーンの理想主義的自由主義に立ち、それを第三期の自由主義であると称している。しかし彼の理想主義的自由主義はグリーンのそれとも異なっている。グリーンは自由というものは単に個人においてではなく、社会において考えなければならないとして、単に消極的でない、積極的な自由を提示していた。またグリーンは社会というものも人格的な存在者の複合体であり、社会にも何らかの人格性を考えていた。これに対して河合においては自由とは単に強制のない状態であるとしてしか考えられておらず、その社会観は人格的な価値に基底を置きつつ、個人主義的な制約のもとにある。こうした個人主義と消極的な自由観はむしろＪ・Ｓ・ミルに近い。

河合がグリーンに近くなるのは社会政策を積極的に見るところにある。このため自由主義を標榜する彼自らは社会主義者であるという自己理解を持っていた。それは出版法違反で告訴された際に裁判所に提出された上申書『私の社会主義』にも見ることができ、そこでは資本主義はそのままではもはや支持できないとされている。無論河合の社会主義はマルクス的社会主義ではなく、イギリス労働党的な社会主義であり、「リベラル・ソシアリズム」とも称されている。要するにそれは社会改良主義であり、その点では河合の自由主義は吉野作造のそれに近いものとなる。いずれにしても大正から昭和にかけての主だった思想家が、ほとんど例外なく社会主義的な思想家であったことは注目されることである。

とはいえ河合の自由主義に関しては戸坂潤が、唯物論と観念論との対立を抜きにして、いきなり自由主義という経済的イデオロギーを原則として哲学を築こうとするようなものであり、それは靴屋の哲学を考案したりするようなものであって、理想と自由との信用を落とさせるものがあるとして、河合の痛いところを衝いている（『日本イデオロギー』）。十九世紀のグリーンに依拠した河合の社会思想がいささかナイーヴな観を与えるのは、日本の没自由主義的現実とのギャップのみならず、二十世紀の思想のレベルとの差があるためである。

だが河合の幾分素朴な自由主義は全体主義への批判としての意味を持つことになる。マルクス主義が凋落する一方、ファシズムが台頭する時代にあって、河合はファシズムに鉾先を移し、『ファシズム批判』という愚直とも言える本を出版することになる。彼には国家社会主義や独裁主義への批判や、五・一五事件のような時局への批判があり、中でもほとんどの知識人が沈黙を守っていた二・二六事件に対するファシズム批判はやはり特筆すべきものである。左翼が漸く暴力革命主義を清算して統一戦線を結成した時、右翼の暴力主義の迷夢が出現しつつある事態に対して、「いかに憐れなる国民の水準であろう」と慨嘆されている。知識人の間では暴力を前にしての無力が囁かれているが、こうした無力感の中には、暗に暴力讃美の危険な心理が潜んでいるのであり、これこそファシズムを醸成する温床である。だが「暴力は一時世を支配しようとも、暴力自体の自壊作用によりて瓦解する」と予言される。

河合のファシズム批判はすぐれて学問と大学の自由に関わっている。京都帝大の滝川事件では、早くも「梧桐一葉落ちて天下の秋を知る、時漸く艱にして、学徒の地位は重責を加えて来た」と述懐していた。美濃部達吉の天皇機関説の政治問題化にほとんどの学者がこれまた沈黙を守っていた中で河合は帝国大学新聞において、美濃部の学説が正当に理解され検討されたか、その憲法学説が適切に処理されたか等、最も基本的で、それだけに問題にされがたい論点をあえて提示している。そうして専門家でないにもかかわらず、「学徒亦国を憂えるの衷情、敢えて一文を草する次第である」と結ばれている。

だが学問の自由への鉾先はその河合自身にも及ぶものとなり、彼の『社会政策原理』や『ファシズム批判』等は発禁処分になり、やがて河合自身が東京帝大から追放されることになる。河合が起訴される前年には同じ東京帝大の矢内原忠雄が「筆禍事件」で追放されている。矢内原は一九三七年に中央公論に発表された「国家の理想」という論文で、国家の理想とはその根本原理のことであり、それを「正義」であるとする。正義は国内的には社会正義であり、国際的には平和であり、これがとりもなおさず国家の理想にほかならない。そうした国家の理想を愛するものが「真の愛国者」である。したがって根本的に国家を愛するものは皮相の政策に迎合すべきではなく、国民の中には少数者の存在が必要である。逆に理想を失った国家・民族は滅亡を免れない。国家の理想に自己の立場を置くとき、その正邪の判断は最も平凡な者にも可能である。無批判は知識の欠乏だけから来るのではなく、理想、正義に対する感覚の喪失、直感の枯渇から来るのである。

矢内原の所論は無論理想主義的であるが、国家に正義が必要であるというのは全くの正論にすぎない。それが「筆禍事件」となるということ自体、現実の国家がいかに正義と無縁のものとなっていたかを裏書するものであろう。もとより日本の帝国大学は、組合という基本性格を持っていたヨーロッパの大学とは異なり、そもそも大学令において大学は「国家」に須要な学術に従い、「国家思想」の涵養に留意すべきものとされていたのであり、国家からの大学や学問の自由という原理とは無縁である。だが大学令のこの文言は、河合栄治郎も言うように、文字通りに解するならばナンセンスなものであり、国家に須要ということは無論広範に考えられなければならない。現にそうした規定にもかかわらず日本の大学人もある程度において大学や学問の自由という文化価値のために戦ってきたことも事実なのである。だが矢内原や河合の退職に当たって東京帝大はほとんどなすところがなかったのであり、日本国家のイデオロギー装置として設立された帝国大学の限界が露呈されたと言ってよいであろう。

搦手《からめで》の自由主義

日本の国家主義は帝国大学的アカデミズムのあり方に深く関わっており、ここにフーコーの言う知の権力性は紛れもなく明らかである。だが明治以来日本の思想界は、職業的思想家というよりは実質的にはジャーナリストによって担われていたのであり、自由主義はアカデミズムにおいてだけでなくジャーナリズムにおいても残存する。例えば石橋湛山は経済的利益のためには大日本主義は失敗であるとし、「軽薄なる挙国一致論」は禍根を残すであろうと警告していた。

しかし大正期には次第に学問的あるいは理論的な営みそのものに対する懐疑が生じ、現実生活だけが問題であるという意識が出てくる。そうしたなかで、独自の即物主義から唯物論的自由主義の類型を示すジャーナリストとして長谷川如是閑がいる。如是閑の反アカデミズムは帝大の正門に対する不快感から、さらには官僚化された帝国のあり方への批判につながっている。その反面で国家が私学に補助金を与えるのはその実勢力を買収するものではないかと疑ったり、「生気ある乱脈」が「死んだやうな整頓」に化していることを慨嘆することにもなるのである。

如是閑の反アカデミズムは知そのものに対する態度から来ている。つまり単なる知的細胞だけの「思想」は本質的なものでなく、「いのち」あるいは生活自体が根本的なものなのである。彼には大学人におけるような理論信仰は無縁であり、自らのあり方を「素朴的現実感」と称している。何らかの主義者つまり「イズムスト」は「頭脳の債務者」であり、自分をどのような哲学もそれとしては信奉しない「ノン・イズミスト」と名づける（『ある心の自叙伝』）。

無論こうしたあり方はドイツ観念論とは対遮的であり、如是閑は政治的に近い吉野作造のヘーゲル主義的な要素は徹底して斥ける。この反ヘーゲル主義はヘーゲル主義が多かれ少なかれ持っている国家への肯定的見方を斥けることとつながっている。とはいえ如是閑は単純に反国家であるのではない。彼は一九一八年、大阪朝日新聞の記事の「白虹日を貫けり」という文字が警察によって天皇暗殺を示唆すると難癖をつけられ、新聞が謝罪したことに抗議して辞職したのであるが、彼には国家を否定するような考えがあるのではなく、現に自ら「安全な国家主義者」であるともしていたのである（「『大阪朝日』から『我等』へ」）。

如是閑のこうした国家観は独自の社会の見方に根ざしている。彼は古典的自由主義の原子論的見方を取っておらず、人間は本来社会的であり、有機的結合であるとする。個人と社会は同一生活の両面である（「集団意識と協調主義」）。そうした自然的共同体観からするならば国家や政治は虚偽である。国家やその支配関係は征服によると見られている。それはまた道徳の見方ともなり、如是閑によれば道徳は優越者によって主張されるものである。彼にあっては生活は享楽であり、時に労作するのが理想的なのである（「現代運動に於ける分化傾向」）。それに反して政治は自由の憧憬を圧迫するものである（「実際政治に於ける自由主義と干渉主義」『現代国家批判』所収）。

こうした見方には幾分道家的自然主義の要素があるが、しかし如是閑は無政府主義を取るのではない。政治的には多元的自由主義の見方に属すると言ってよいであろう。そうした自由主義に立つがゆえに不自然な国家主義は批判される。だが何らかの主義を信奉しないということは何らの主張もないということではない。如是閑は批判的言説者であり、大山郁夫などとともに社会主義的でもある雑誌『我等』を主宰し、大正デモクラシーの一角をなした人物である。またマルクス主義者ではないが、それに近づいたことはあり、唯物論研究会の初代会長となったのは、その即物主義からしても、驚くべきことではない。立憲主義は、資本主義の物理作用を根拠とする政治形式である、というような表現にはその影響を見ることができる（「過渡の政治過渡の人」）。

だが自由主義的精神からする如是閑の国家批判は、吉野のように「大手」からでなく「搦手」からするものであって、その行論は屈折している。そのやり方は大上段に構えた議論というよりはアイロニーの精神に指導されたものであって、正義を主張するというよりは、不正義を内部から解体していこうとするものである。そうした天邪鬼とも言えるような諧謔的な態度は『真実はかく佯る』という書名によく現れている。

如是閑は「デモクラシー」を要求しつつ、吉野のように立憲制それ自体の主張を正面には置いておらず、そこで求められるのは国民自身の社会的価値を高めることなのである。自生的な「共同精神」に立つ社会生活の理想がまずあり、国家管理や国家理想はそうした国民の意識に順応しなければならない。それが如是閑の言う「社会化」ということであり、国家的上部構造よりは社会的下部構造を充足すべきなのである。そうした有機的共同体精神は天皇制的伝統との連関が肯定的に解されている点で、やや曖昧な点がないわけではないが（「国家意識の社会化」）、ともかくそれは上滑りの政治改革よりは国民の社会生活の充足、いわば市民社会の主張であったのである。

如是閑の自由主義的批判精神が最もよく現れているのは森戸辰夫助教授筆禍事件への批判であろう。いったん発行された雑誌を当局の意向を汲んで穏便の措置として回収し、だが森戸氏を公的に休職にしたということには、「人間」を「雑誌」よりも手軽に扱っているところがある。森戸氏がクロポトキンの思想を研究したことが休職の理由であるとするならば、それは大学が学問の自由のないことを承認したことにほかならない。そうして東京大学経済学部が政府の役人の因習的な判断に同感したことは、彼らが最高学府の教授として無資格であることを証拠立てるものにほかならないと断じられている。それは「大学令」のみならず、教育の本旨は個人の完成でなく、国家の完成であるとする「教育勅語」伝来の精神に沿ったものである（「森戸助教授筆禍事件の論理的解剖」）。この批判は吉野作造の微温的な批判よりも徹底している。

しかし思想の自由の議論自体如是閑にあってはやや屈折している。確かに彼は、思想を思想自体として裁判官の干渉のもとにもたらすということは近代国家の否定するところであるとするとともに、日本の当局はこの近代国家の原則を無遠慮に打ち破ろうとしていると指摘する（「教化によるか裁判によるか」）。だがまた彼は「「左傾」する理由が「右傾」する理由であるというようなそれ自体アイロニカルな論文では、近代国家が人間の思想を調査するというようなことは馬鹿げた封建的な仕事であるとするとともに、日本の学者は学問上断じてすべからずとしていることを、国家が命じた場合には喜んで引き受けていることに皮肉な理解を与えている。日本はまだ十分に近代国家化し切らぬうちに資本主義の末期的逆転期に遭遇したので、国民の思想調査というような昔の独裁君主がやった仕事を、近代国民に対して行う勇気を持つことができたのである。

したがって如是閑の批判が皮肉なものとなるのは、原理原則に対する懐疑のほかに、近代日本社会の歴史的な理解が関わっている。つまりすでにあらゆるところで観察されたように、日本においては市民階級の自主的な政治的表現が遅れたので、国家が市民階級を主導するような外見（?）を呈することになったのである。イデオロギーはその外面の現象によって構成されるものであるから、日本の市民階級の観念形態は国家主義的となるのである。後発の日本資本主義においては、西洋的な「自由主義時代」はなかったのである（「ブルジョア国家に於ける軍部の地位」）。如是閑の自由主義が正面切ったものとならないのはこうした近代日本の歴史的理解が関与していたからであり、西洋的な市民社会それ自体の主張でもありえなかったのである。

細かく言えば日本の近代市民というものは「封建町人」のあり方を引きずったものにほかならない。明治維新を経ても日本の国家社会の核心をなしている封建性はたやすくは改められるものではなく、近代的扮装のもとに封建的生命体が温存されたのである。生命体の歴史は生理的にも心理的にも、封建性をもって発展するほかはなく、国家社会の実態は変わっても、その核心は封建性そのものであった。無論この事態は幸でもあり不幸でもあって、日本的な近代化を生み出すとともに、それはまた逆コースの軌道ともなったのである。こうした日本の近代化の特性の認識は、幼時から如是閑と接触のあった丸山真男に引き継がれるものである。

このような日本の近代化についての認識からして如是閑の論法は屈折したものとならざるをえない。近代の基本線を志向しつつ、近代日本が封建的要素を動員せざるをえなかった必然性があったという認識から、ストレートな近代主義を主張することはできない。また彼の社会観には東洋的自然主義の要因もあり、社会主義を含めて西洋型の近代社会を無条件的に求めていたのでもない。

したがって如是閑の大正デモクラシーに対する見方は消極的なものとなる。大正時代になってもその実態は封建的生命体の日本であったのであり、デモクラシー運動は知的細胞だけの「思想」の歴史にすぎなかったのである。日本の近代の新しい革袋には封建的古酒が盛られたままであり、大正の社会運動は思想の運動にとどまり、やがて昭和の反動時代に逆転したのである。近代日本の国家主義は中世的な古酒を新しい皮袋に盛らせたので、「三代目」の日本人が、その古酒に酔っぱらって転落したのである。

その判断の当否はともかく、ここには如是閑の自己認識も関わっている。つまり彼はかつての「封建町人」の子孫であるという意識があり、かつての戯作者にも共通する傍観者的客観主義とともに、近代市民の「遁避主義」が加わり、その議論は都会人的茶化し主義の様相も持ち、多分に批判的「白眼」で時代を睨むことになったのである（『ある心の自叙伝』）。無論これは「近代市民」のあり方ではなく、むしろ「封建町人」に近く、如是閑にも市民的な要素は稀薄である。それは脆弱な身体的条件を受容して性を保つという、物的条件に従う如是閑の即物的哲学にも関わりがある。社会的には無限量の「ぼうふら」と称された労働階級への共感があったが、それはまた伝統職人への共感であり、そうした如是閑が一方的な近代化を主張することはありえなかったであろう。

如是閑によれば後発の日本の資本主義においては官僚階級という中間的介在物が大資本主義に与するとともに、中間層を強化すべく社会政策主義を取らざるをえず、そうした構図から言って日本は元来「ファシズム国家」でさえある（「我国におけるファシズムの可能性と不可能性」）。だが昭和の「再封建化」時代とともに時代は現実にファシズムの世となり、如是閑は彼独自の曲球的ファシズム批判をなしていくことになる。だが『日本ファシズム批判』は発売禁止となり、以後の発言は自己規制的なものとなるとともに、日本文化研究に転じることとともなり、ジャーナリストとしての実質的活動を停止していくことになるのである。

美的自由主義

如是閑に一端が見られる大正時代の反理論主義は、独特の懐疑主義とともに、西洋における生の哲学や実存主義に呼応する面がある。そこには近代思想ではカバーしえなくなった生の不安、思想そのものの危機が垣間見られる。そうしてこうした兆候はもともと乏しかった日本の自由主義を左右に分解させ、美的放縦主義（リバタリアニズム）の一方でファシズムへの奉仕をも析出させることになる。そこにはまた市民社会の脆弱さが裏書されるのである。

政治思想の局面においては無政府主義はその一例を示すものである。アナーキズムは西洋においても社会主義と密接な関係のもとに生じているが、日本においてその代表例となっているのは大杉栄である。無政府共産を標榜する大杉は個人的要素を除き去ろうとする社会主義は嫌いであるという言い方をしている。無論人間は個人で存在しているのではないから、社会的周囲を無視しえないが、個人を統制する形の社会主義には賛同しえないのである。それはまた社会主義が往々にして経済的条件の改革の面だけを見ることに対する疑問であり、労働運動も大杉によれば労働者の「自己獲得運動」でなければならない。これが大杉がソ連型のボルシェヴィズムに反対する理由である。社会のあり方としてはアナーキズムに伝統的な「連合」という観念も浮かび上がっている。

他面で大杉を特徴づけているのは、「精神」は好きであるが「理論化」は好まないという反知性主義的行動主義への傾向である（「僕は精神が好きだ」）。それはニーチェ的な価値の創造者、一種の「超人」への希求であり、生の最高潮に上りつめた瞬間の気持ちである。それを彼は「狂人」の行為であるともしている。それは一切の権威に反逆し、自我の充実と生の法悦を味わおうとするものであり、そうした「狂人」の行為を正気でやり遂げたいのである（「正気の狂人」）。

こうした大杉はこれまでの征服と支配、主人と奴隷の社会に代えて、人の上に立つ人の権威を排除して、我みずから我を主宰すること、まさしく「生の拡充」を求めようとする。それは社会的にはソレルに典型を見るサンジカリズムさらにアナーキズムとなり、それを特色づけるのは革命的反逆である。無論こうした「生の拡充」、反逆と破壊の中にのみ生の至上の美を見るというアナーキズムは美的アナーキズムにすぎないとも言えよう。だが大杉によれば新生活と新社会の創造はそうした反逆によってのみ達せられる。征服の事実がその頂点に達した今日においては、諧調はもはや美ではなく、「美はただ乱調にある」（「生の拡充」）。

しかしこうした大杉の美的反逆主義の特性は本質的に反政治的であって、政治の論理を持たないことを特徴とするものである。政治を否定的なものにすぎないとするのはマルクス以来の伝統であり、アナーキズムはその面を突出させたものであるから、このことは当然なことでもある。だがこうした大杉の志向は吉野作造に代表される大正デモクラシーが目指した市民的な公共社会のあり方に対立せざるをえないものとなる。吉野は個人の自由という民本主義の「目的」は相対的なものであり、民意を政権に参与させるという「手段」は絶対的なものであるという言い方をしたが、大杉はこれに対して、政治の「目的」が不問にされ「方法」だけが問題にされていると批判するとともに、民主主義から民本主義への移行に政治の進展があると誤解し、「そんな科学的政治学や科学的政治学者は、人間として目覚めかけた僕らの要求には一文の値打ちもない」と断じている（「盲の手引きをする盲」）。吉野の言い方に誤解を招くものがなかったわけではないが、個人の自由を原理としつつ、政治への参与には思いが及ばない大杉のような誤解が生じるということは、吉野の目指した市民的な社会とその政治的思考がいかに日本に根ざしていないかを物語るものであって、その美的アナーキズムは市民を持たない近代日本の政治的惨めさを裏書するものでもあったのである。

大杉が左翼実存主義者であるとすると、右翼実存主義者としては小林秀雄がいる。彼は一応は自由主義者と呼んでもよいが、時代の思想の危機をアヴァンギャルド的先鋭さで表現するとともに、容易に国家主義に回収される日本の自由主義のもろさを体現していくことになる。

小林はマルクス主義を当面の相手としている。それはまずはマルクス主義を否定するというよりも、そのいわゆる理論も文学に異ならないとするスタンスに立つ。マルクス主義と文学の間には「政治」と「芸術」というような対立があるが、小林からするならば「時代意識」も「自意識」も、その構造は同じである。芸術には人間の情熱が最も明瞭な記号として存在するが、眼前に生き生きとした現実以外には何物をも欲していないという点ではマルクス主義も同じである。マルクス主義も一つの「意匠」であり、それが人間の脳中を横行する時、それは芸術と同じく立派な「商品」なのである（「様々なる意匠」）。

思想の自立性を否認する小林はとりわけマルクス主義における思想や理論の「公式」化を衝く。人はそのような「便覧」（マニユエル）によって動くものではなく、「事件」によって動くものである。「抵抗」にこそ言葉の意味があるのであり、「公式」というものは退屈なだけでなく、そんなものは全然ないのである。「整理」することは「解決」することとは違うことであり、問題はこの世界が人間の生活信条になるかならないかということだけである。小林は「明瞭な思想」というものが信用できないだけでなく、「この世に思想というものはない」とも断じている。彼が信用するものは「自分の感受性の独特な動き」だけである。すべての思想は文学にすぎず、どんなに正確な論理的表現も、つまるところ「文体」の問題にすぎない（「Xへの手紙」）。

あるいは思想を言う場合は、小林はとりわけマルクス主義における「イデオロギイ」的思考が反面で個人的主観的「思想」を侮蔑することを問題にする。それは個人意識と時代意識は同格であり、そうしたうえで個人の実感にのみ確実なものを認めようとする、彼の本質的な実存的志向から来るものである。「イデオロギイ」は人間精神の完了した形での表現であり、自分の外部にあるにすぎない。これに対して本来の「思想」とは希望したり、絶望したり、判断したり、決意したりしているものである。「実際の事に処して新たに決断し、決心するより他に、人間の思想というものがある筈はないのだ」(「学者と官僚」)。要するに小林にとって思想とは個人の実感であり、「イデオロギイ」とは公式にすぎない。したがって小林はマルクス主義に限らず、どのような主義も見掛け倒しであるとするのであり、社会を理屈によって指導したりするのは陳腐で不正な感傷なのである(「イデオロギイの問題」)。

このようにして「理論」として受け止められたマルクス主義への批判は、「理論信仰」に実存主義的な「実感信仰」(丸山真男)を対置することになる。そうした小林のマルクス主義の「公式」への批判が収斂するのは史的唯物論という歴史観である。客観的歴史という異様な世界が徘徊しているが、これが唯物史観という擬科学の土台である。しかるに歴史を観察する条件は、またこれを作り出す条件であり、そうした不安定な場所でしか歴史の認識はありえない。一回限りという出来事が、どんなに深くわれわれの不安定な生命に繋がっていることか。そうした「生の不安定」においてのみ歴史は認識されるのである。もっとも歴史は作られたものであるとともに、人間が作るものであり、歴史の認識は認識者の関与を通してのみ可能であるということは、史的唯物論というより弁証法的、実践的唯物論の本来の原理である。したがって問題は「生の不安定」と切り離しえない歴史がどのようなものとなるかということである。

小林は「環境」という論文で、「僕等が生きているという事は、歴史を日に新たに創り出しているという事」にほかならず、歴史を作る現在の立場を離れて過去を振り返るということは考えられない、という言い方をしている。歴史は自分たちに関わってはじめて歴史なのであり、客観的に把握しうるものではなく、そこには「経験」するということがなければならない。あるいは歴史を貫く筋金は「愛惜の念」というものであって、「因果の鎖」というようなものではない(「歴史と文学」)。歴史は時間の作用によって可能となるが、それは過去から未来に向かって飴のように延びた、例の「時間という蒼ざめた思想」と同じものではない。「時間」とは自分が生きている証拠だけが充満し、その一つひとつがはっきりと分かっているようなそれである。だが本来「無常」なそうした歴史を「思い出」にもたらすことは難しい。なぜならわれわれはもはや「常なるものを見失ったからである」（「無常ということ」）。「常なるもの」とは端的には神であるが、また普遍的理性と言ってもよく、いずれにしてもそうした普遍的なものを失った以上、特殊的な歴史を捉えることはなおさら困難なのである。

　小林の体験主義的、実感主義的歴史観は十九世紀以来の歴史主義へのアンチ・テーゼであるが、こうした時間観に実存主義的な要素を見ることは容易である。それは彼が関心を寄せたドストエフスキー、ニーチェ、ボードレールやランボーといった芸術家のカタログからも窺われることである。回流する時間の思想や、受け手の関与によってのみ理解される歴史といった視座は、ヘルダーリンが記憶の神ムネモシュネーにかけて言おうとした、歴史における追想行為の意味と重なるところがあり、それは小林とほぼ同時代のハイデッガーやベンヤミンのような青年保守主義者にも観察される。ハイデッガーも歴史性の基底にある時間性を「時熟」と表現し、それは主体の側では「脱自」である。したがって小林の主観的体験主義の歴史観がハイデッガーに見られる歴史の恣意化の面を持つのは不思議でない。歴史は歴史という言葉、想像力によって支えられた世界であり、史料の物質性によって限定される「神話」なのである。そうした歴史観を端的に表現するものは、過去といい、未来といい、それは「思い出」と「希望」の異名にすぎない。そうした生感情なしに歴史はありえない。「永遠の現在」とも言われる、この奇妙な場所に、僕らは未来への希望に準じて過去を蘇らせるのである。歴史は客観的に存在するものではなく「思い出」であるというのも、それはそうした関与なしにはありえないということであり、そこには「時間」というものの謎が溢れている（『ドストエフスキイの生活』序）。

　小林における思想と歴史の美学化、主観化、体験主義化は一定の政治的性格を持つものである。イデオロギー的思考を斥ける初期の小林の反政治主義は、老衰した資本主義の社会機構は不必要に「複雑」になり、もっと簡明な、もっと人間的な社会機構の到来を熱望しているとも言っていた。今の支配的な政治思想は「欺瞞」に充ちており、政治思想が欺瞞であるのは、それが個人の価値でなく集団の価値を取り扱うものとなっているためである。だが「民族」や「国家」や「階級」という概念を人間は一度も確実に見たことはない。小林は政治を欺瞞としてしか把握しえないのであるが、ここにはまたマルクス主義＝政治＝理論という短絡がある。日本のマルクス主義が理論化された政治主義の様相を持つものであったことは確かであるが、ここではマルクス主義の反政治的性格は知られていない。ともかく小林の反政治主義はまずは政治は「イデオロギイ」でなく、衣食住の実務の道に立ち返るべきであるという常識として現れる（「政治と文学」）。

だがこの反政治主義は歴史を介して保守主義に近づく。歴史が歴史の外から観察されるのでなく体験されなければならず、「思い出」と表現される場合、そこには体系的把握への抵抗だけでなく、歴史に対する諦念と甘受の姿勢が表面化する。小林は創造的な歴史の見方を取らなければならないとしていたのであるが、彼はまた歴史は「模倣」する以外にない、という言い方もする。刻々に変わる歴史の流れを虚心に受け入れて、その歴史の中に「己の顔」を見るのが正しいのである（「文学と自分」）。イデオロギーの人為性を批判する審美主義が自然的心情の政治に傾斜することはバーク以来観察されることであり、またその自然主義がこれまたバーク以来の保守主義につながることも知られているところである。またイデオロギーの人為性を批判することは、事々しい言挙げを排して、自然的な心情に基づく自らなる道を志向することになる。そうして日本思想史上、彼の前には本居宣長という大家がいた。小林は日本史上の宣長を「思い出」すことによって、歴史とは「思い出」であるという彼の歴史観を確認することになるのである。近代思想へのラディカルな懐疑主義者であった小林も、審美的実存主義を経由することによって、政治的には保守主義に回収され、やがて進歩的文化人の批判者となる。そうして同年輩のサルトルがまさしく逆のイデオロギー的な理由からノーベル文学賞を辞退したのとは対照的に、文化「勲章」を受賞して落着することにもなったのである。

だがそれだけではない。「イデオロギイ」の不正性に動機づけられた小林の政治観には「イデオロギイ」などはやめて「愛国心」だけで十分であるというような、およそ考えられる最も単純素朴な政治観が浮上する。のみならず歴史観と政治観の受動化は、小林の場合は「伝統」に安直につこうとするナショナリズムと結びつくことになる。彼はひとたび戦争ということになると驚くべき無邪気さで公私の溝を踏み越える著作者たちについて、それは批判精神の貧困ということではなく、「日本という国を信じているのだ」というような驚くべき無邪気な言い方をする（「「戦記」随想」）。小林の批判精神は国家の伝統の危機の前にはきわめて簡単に武装解除される。

「戦争について」というエセーでは、戦争に対する文学者としての覚悟に関して、「銃をとらねばならぬ時が来たら、喜んで国の為に死ぬであろう」とするとともに、日本に生まれたということは自分達の運命であるとし、運命に関するこの智慧を着々と育てることが大事である、というような短絡性を見せている。そうして自国民の団結を顧みないような国際正義は無意味であり、普遍主義に対して特殊主義を強調する。さらに国家や民族を盲信するのではないが、戦争は日本の資本主義の受ける試練であるとともに、日本国民全体の受ける試練であり、この試練を身に受けるのが正しいあり方であるとされる。小林はこうした試練を回避する批判的非戦思想を「敗戦思想」であるとして斥け、反合理主義的、反批判的な姿勢を表面化させる。

国家や民族をその理由を問わず直ちに所与的な運命共同体として一体化する発想には、政治的支配の正当性を問うことの不在、その意味での市民社会意識の欠如が現れる。そうして小林の合理主義への批判は、「神風」という言葉の流行に「自然」なものを見、独ソ不可侵条約に際会して「複雑怪奇」と絶句した平沼首相の言葉には「実感」がこもっていると言うような没批判主義となる。実感主義においては政治の場で確実なものは、人間の場で「性慾」と同じ位置にある「愛国心」のようなものだけである（「神風という言葉について」）。

こうして小林の実感主義的自由主義の政治的な意味が明らかになってくる。合理的理性を信じえず実感によろうとすることは、まずは政治の原理を決断に委ねることになる。実感が原理となるということは、それぞれの個人の美的嗜好が方向を決定することである。大杉の「反逆」と小林の「伝統」の差異は実感の方向が逆であるにすぎない。だが小林の政治的実存主義は決断主義をもたらすだけでなく、政治の実質をリビドー化し、それは容易に全体主義に帰着する。ベンヤミンはファシズムの行き着くところは唯美的政治であると言ったが、これは逆に言ってもよいであろう。かくして小林の場合はハイデッガーやカール・シュミットがそうであったように、また同時代のドイツの作家エルンスト・ユンガーが戦争に幻惑されたように、決断的に選び取られたものはファシズム的と言ってもよい運命共同体である。こうして小林の美的自由主義による批判的理性の解体は自由主義の自壊であるだけでなく、ファシズムの進路を掃き清めるものになる。だからこそ戸坂潤は、小林は日本の民衆の生活を見ようともしていないと指摘するとともに、こうした文化上の自由主義者ほど、日本のファシズム化にとって有益なデマゴーグはない、と評したわけである（『世界の一環としての日本』）。

ところで小林は好んで菊池寛や志賀直哉を論じたのであるが、彼が生まれた大正時代は人道主義を文学的に表現した白樺派とともにプロレタリア文学を生んだ時代である。だがこの大正時代の尖鋭さと脆弱性を一身に体現したのは「英雄の志を起こさぬように力のないわたしをお守りくださいまし」というシニックな言葉を残した芥川竜之介であろう。彼は「危険思想とは常識を実行に移そうとする思想である」という言い方をしたことがあるが、これは「危険思想」が実は「常識」であるにもかかわらず、それを実現することが危険になった時代のことである。「民衆は穏健なる保守主義者である」とも言われるように、この国のこの状況において真っ当な思想を現実化することには危険が伴ったのである。そうした芥川は昭和改元の日に、「打ちおろすハンマアのリズムを聞け。あのリズムの存する限り、芸術は永遠に滅びないであろう」と書いた。しかしプロレタリアに展望が見えないこの国は芥川を含めブレヒトのような剛腕な作家を生むことはできなかったのである。ともあれ「熱烈なる国家主義者はたいてい亡国の民である」「われわれ日本人の二千年来君に忠に親に孝だったと思うのは猿田彦命もコスメ・ティックつけていたと思うのと同じことである」という芥川の言葉（以上『侏儒の言葉』）に比較すると、いかに小林が批評精神を失っていたかが分かる。

雑誌『文学界』が小林秀雄などが参加した「近代の超克」という座談会で、身につけたこともない近代への反発という時代のムードを伝えていたのは昭和十七年のことである。だがこの時代を代表する思索家は西田幾多郎である。西田の志業は個と一般、主体と客体の分割に対して無差別のあり方を求めようとするものである。その考案を彼は、対立物が実は一致していること、「絶対矛盾的自己同一」というやや乱暴な言い方で示していた。それは個人と国家、資本と労働、理論と実践の分裂に逢着していた時代の諸矛盾に対して、それらが実は統一的なものであると見ようとするということであった。であればこそ西田の哲学は大正から昭和にかけて日本近代の矛盾に悩む教養層に絶大な影響力を発揮したのである。そうした西田は政治的にはなおかつ自由主義者にとどまったが、しかしその困難な立場は当然にその哲学に無理とも言える負担をかけることになる。そのために西田の「絶対矛盾的自己同一」という原理はもはや宗教的意識と別のものではなくなる。そうした宗教的意識に依存せざるをえなくなっているということは、とりもなおさず諸矛盾の圧迫を受けた時代の窮地が示されているということにほかならない。

第三章　昭和の明暗

第一節　天皇制ファシズム——京都学派的形態——

昭和前期の日本は大正デモクラシーの企図にもかかわらず、結局はファシズムに暗転する。前近代的な農村と独占資本の高度化という跛行に象徴される日本の近代化の矛盾は、内外の難問が増大するなかで、超国家主義的な体制を採用することによって突破されようとしたわけである。一般にファシズムは帝国主義時代に至って危機に立たされた資本主義国家が、動揺する中間層を動員して体制の保持をはかろうとする全体主義的な運動であるが、日本のファシズムは民族社会主義や軍国主義といった要素とともに、すぐれて天皇制的構造によって特徴づけられるものである。日本の全体主義はすでに明治憲法の神権的な天皇絶対主義によって前提が与えられている。公的であると仮定された支配への絶対的な服従が要請されるなかで、天皇は没主体的主体として祭り上げられる一方、公共性を担保するはずの議会は単なる翼賛機関として空洞化し、臣下が暴走するという、誰も責任を持たない主体なき他律的な独裁が生じる。この独特の天皇制的支配原理を教化したものが、神に由来する天皇への絶対的な帰依を要求する「教育勅語」であった。近代の日本は中世への逆行と言ってもよいような精神に立脚するものとなり、天皇制ファシズムという形でまさしく「二十世紀の神話」を体現したわけである。

昭和前期のこの時期はマルクス主義が弾圧によって凋落する一方で、当初から脆かった自由主義も融解し、まさしく中間層のイデオロギーとしてファシズムの先導役ともなる。ところでほとんど思想とも言いがたい雑駁なファシズム思想にあって、必ずしもファシズムを標榜してはいないとしても、深層の営みにおいてファシズムに対応する動きを示しているのはアカデミズムの側のそれである。それは種差がありながらも、ちょうどヨーロッパのファシズムにおいてハイデッガーの哲学やカール・シュミットの政治学が権威主義的な政治の論理を提供していたことと対照されるものである。日本においてそうした傾向を表現するアカデミズムの形態として京都学派があるが、それはまさしく日本における自由主義の脆弱性を体現するものとなっている。明治の国家主義は東京帝大によって先鞭をつけられていたが、昭和の超国家主義は文部省教学局と連携した京都学派がその理論的基礎を提供することになる。

京都学派の泰斗西田幾多郎の哲学は世界を生命あるものとして捉えるとともに、矛盾する現実をそのまま統一したものと捉えようとするものであった。生命は内的即外的、外的即内的なものであり、また世界は「イデア」否定的に「事実」的であり、「事実」否定的に「イデア」的である「絶対矛盾的自己同一」の世界である。その論理は「絶対弁証法」と名づけられるが、この独特な観念的弁証法は、絶対的なものを無として捉えようとする「絶対無」とともに、京都学派的な思考の特色となるものである。それは個別的なものを実体化させず、全体において相即するものとして捉えようとするものである。これは西洋の対象性の論理あるいは主体と客体の二項対立を止揚することを志向するものであるが、その無差別主義は融通無碍な活動を可能とさせるとともに、何物をも抱擁し、またそうした現実によって規定されていることになる。

ところで内在即超越、空間即時間というその論理は仏教の相即の論理に近い。西田自身「絶対」という否定即肯定は「信仰」の立場であり、絶対無の自覚は「宗教的体験」であるとしており、その自覚は仏教的空、禅的即非の心境に近いものとなる。だがこうした無差別主義は実は日本思想がその長い歴史において特徴としてきたものである。その意味では西田哲学は明治以来の日本人哲学者が志向していたものの一つの到達点であるとともに、また近代以前の日本思想の基本志向とも重なる。インドに発した仏教が日本において親鸞教のようなものを生み出し、また中国に淵源する儒教が日本において仁斎学を生んだように、西田は西洋近代哲学を日本的に変容させたと見ることができる。

こうした西田の無差別主義はすぐれて主体の消極化において特徴的である。そこでは「主語」面は「述語」面に含まれ、「述語」面は自己自身を「無」にして単なる「場所」となる。物質をも包摂して相即するこの無差別主義においては、あらゆるものが正当化されうる。我々はこの「現実の世界」の外に意志すべき何者をも持たず、山は是山、水は是水であり、善は行ずべく、悪は避くべきのみである。その観点は現実への諦念に近い。このようにして西田の「絶対矛盾的自己同一」の哲学は「矛盾」を抱えた近代日本の現実をそのまま受け入れる視座を提供することになる。

当然に予想されるようにこうした西田の哲学は、日本的な政治観の表現という面を持つ。そうして西田は日本は一つの「歴史的主体」ではなかったとするとともに、「皇室」を「非主体的な主体」とさせることになる。日本の歴史において主体的なものは時間的・空間的な場所としての「万世不易」の皇室に包み込まれる。「皇室」は「主体的一」と「個物的多」との「矛盾的自己同一」である。こうして「我」も「人」もないという日本文化が志向した共同体は「矛盾的自己同一」としての「天皇制国家」であるとされる。このようにして近代日本哲学の一つの到達点であった西田哲学は、近代日本の天皇制国家を弁証するものとなる。西田の哲学は生命ある世界を探求しようとするものであったが、天皇制とはまさしく「作られたもの」から「作るもの」へ動く生動的なものであった。

しかし西田自身はこのように日本文化を評価するとはいえ、天皇制ファシズムの使徒であったわけではない。だが西田の後続者においては、それとは違った展開が見られることになるのである。

美的実存主義から共同体主義へ

出発点において自由主義的でもあった京都学派にあって、顕著に保守的な傾向を見せ、天皇制全体主義という形で日本ファシズムに呼応する思想形態を提示するようになったのは和辻哲郎である。ハイデッガーと同じ年に生まれている和辻が『ニイチェ研究』や『ゼエレン・キェルケゴウル』といった実存哲学の先駆に当たる思想家の研究から出発しているのは、西洋と東洋の違いがありながらも、時代の共通の関心によって動かされていることを示すものであろう。後にハイデッガーと和辻の思考は分岐していくのであるが、哲学の美学化を通路として権威主義的体制をもたらせていることにおいて共通するものを持っている。和辻のニーチェ等の研究は日本においては先駆的なものであり、大学院生の年代に当たる学徒の著作としては有能さを示すものである。だがこの学者的な能力は危ういものでもある。後の和辻は実存主義的な危機的主体の原理を捨て、「間柄」と呼ばれるムラ共同体の原理に立つ倫理学を編み出すことになるのであるが、群れとしての「間柄」的存在とは、ニーチェ的に言えば畜群的存在であり、そういうものを原理とすることによって実存主義は百八十度の反転を見ることになるのである。

和辻の倫理学的転向は彼が本質的に文学的な個性であったことが関わっており、それが倫理を美学化することになる。和辻のこうした特性は、偶像破壊を旨とする実存主義においては考えがたい『偶像再興』というタイトルの初期エッセイにすでに現れている。その第一部は「体験と思索」というタイトルが与えられているが、西田幾多郎の有名な『思索と体験』と用語が反転していることは象徴的であろう。つまり西田にあってはあくまでも「思索」が主導しているのであるが、和辻にあっては小林秀雄と多少とも似て「体験」が先導する。

最初の節「転向」で和辻は日本の審美主義者は審美主義者としても徹底しえないとして、一応は文学主義的な過去から決別しようとしているが、その批判や決別は、後輩にあたる小林などに比較すると、高等遊民的なものであって、今日和辻ならずともほとんど読むに耐えないようなものである。だがともかく注意されるのは和辻がバーナード・ショー的な破壊はメフィスト的であって「しんみり」したところがないとして、そうしたショー的破壊からファウスト的叡智に転じることを自分の「転向」であるとしていることである。実存主義的「放蕩」からウェットな共同体主義への転換が予告されている。

もっとも和辻は審美志向のプチブル自由主義が全体主義に転じた典型に当たるとはいえ、年代的には第一次大戦のアプレゲールであり、大正時代のリベラルな環境において思想形成をした人物である。したがって「文化」という節では、戦争のための国運振興などは人間を機械化する努力であり、文化ではないと批判的な言辞をなしていた。また「日本は何を誇るか」という節では、単純な「大和魂」というのは民族と文化の警語としてはあまりに弱くなった、と言われている。かつての宣長のように国の精華を狂信することができれば幸福であるが、我々は自己を欺くことはできないとも語られている。つまり和辻の共同体主義は単純な国粋主義にはなりえないものであって、よりソフィストケイトされなければならないのである。

最後の「偶像崇拝の心理」という節では、仏教的偶像の再評価に関して特徴的な態度が示されている。和辻は古代日本人の宗教心は、仏教の偶像に接した際「芸術的な歓喜」を求め、その信仰は「感覚的な歓喜」と結び付けられていたとしている。彼らはそれを感じたに「相違ない」と推測しつつ、「かくして我々の祖先は、偶像崇拝において一種の美的宗教的な大歓喜を味わっていたのである」と断じられている。「宗教的帰依」と「芸術鑑賞」が一つであったとするのは臆断であろう。ここには宗教や思想が和辻にあっては多分に「芸術」や「感覚」によって動機づけられること、またそれは独断的に扱われることになることを予見することができる。こうした審美主義は西洋においても反合理主義の原理としてファシズムの通路となったものである。もっとも和辻の場合は積極的に反合理主義を唱えるというよりも、彼の美的論理が自ずから偶像崇拝に屈することになるのである。

大正中期に出された『古寺巡礼』はそうした和辻の特性をよく表すものである。「巡礼」とはいうものの信仰の要因はほとんどなく、要するにプチブル根性丸出しの古美術の巡礼なのである。優れた美的鑑賞力は持ちつつも、あるいはまさしくそのためと言うべきか、ここでも宗教の美学化が見られる。日本の古代文化の研究に関心を示した和辻は大正末に『日本精神史研究』を出版する。これは精神史とはいうものの最初の論文と付録的な道元の思想的伝記を除けば、ほとんどが美術や文芸に関するものである。つまり精神史が美学史化されるのであるが、そこにはまた政治的な傾向が伴うことになる。

和辻の精神史的研究の政治的特性は「飛鳥寧楽時代の政治的理想」という巻頭の論文に現れている。彼は政治としての「まつりごと」は最初は「祭事」を意味していたが、「祭事」は支配階級の利益のために起こったのではない、と主張する。そこにはまだ「支配」という関係はなく、「統率」という事実であるとされる。集団の側から「祭事」を要求することが、祭司の側からは「統率」として現れるのである。「統率」は民衆がその生活の内的必然として要求したものであり、それは衆人が天皇の即位を「懇願」したという「伝説」によって確かめられる。ここには統率者と被統率者との対抗はなく、「君民一致」は字義どおりの「事実」であったとされる。

弥生時代の様々な遺跡からも明らかなように、こうした古代においても厳しい「支配」は存在していたのであるが、和辻はできるだけ日本古代には「支配」という即物的な関係は存在せず、共同体的な運営がなされていたかのように解釈しており、それは天皇制的な支配の弁証という関心と結びついている。そうした和辻の議論を特色づけているのは、「統率」はある面から見るならば自発的要請であるという言い方に見られるように、社会事象を共同体主義的に解釈しようとすることであり、そこに彼の解釈学的な手法の原基形態がある。この論文ではさらに「祭事」が「政治」に変わることによって天皇の神聖な権威は欠くべからざるものとなったとされ、中央集権における政治の理想を「十七条憲法」に見ている。そこでの政治の目的は道徳的理想の実現であり、それは儒教と仏教の理想であるとされる。「十七条憲法」は今日的な意味での憲法と同じものではなく、それはまずは官員に対する服務の教えであったということは、まだ和辻には知られていない。

政治的支配を弁証しようとする態度は大化の改新を大宝令の規定から捉えようとすることにおいても現れる。和辻は法令の規定から民衆にはきわめて平等に口分田が配給され、生活は保障され、その税は軽少であったことを強調する。彼によれば、民衆の生活はかなり豊かであり、恐らくは現在の「中流階級」に匹敵するであろうとまで言われている。こうした見方は、例えばマルクス主義に影響を受けたプロの歴史家の次のような把握とは対照的なものである。石母田正によれば、大化の税制は「慣行にもとづく個別的で不統一な剰余労働の収取の諸形態を、公権力の維持のための統一的な租税」に変更したものなのである。

これに対して和辻は法令の中に国家社会主義的な道徳的理想を読もうとする。そこでは皇室は莫大な収入を主として民衆のための振給と文化のための施設に費やしたとされる。ここでも和辻を特色づけているのは天皇中心的な支配と服従の理想化、美化である。彼は一片の法令に政治の理想を見ているのであるが、こうした空想的な共産制が長く続くはずがないという津田左右吉の見方が恐らくは当を得ているであろう。

しかしもともとある種のリベルタンであった和辻はいわゆる日本精神の鼓吹者でもなかったのである。彼は約十年後に『続日本精神史研究』を公刊しており、それは日本精神が喧伝されるようになった時代に当たっている。しかし和辻の「日本精神」という巻頭の論文にはやや醒めたトーンがある。彼は所謂「日本精神」には「保守反動」と呼ばれる面があることを認めている。もっともその際和辻は例えば尊皇攘夷に関して、その国民的自覚そのものが保守的なのではなく、その把握の「仕方」が保守的であるにすぎないという極度に非実体的、逆に言えば機能主義的な議論の仕方をする。つまり尊皇攘夷という反動的対象を事実に即しては扱わず、国民的自覚の問題として肯定的に捉えることによって、結果として保守反動性が弁証されている。ここに非対象的、解釈学的な京都学派的な論理が関わっている。それによれば「日本精神」は「絶対空」である「絶対精神」に対比されるべきものであり、否定的に関連する多くの様相の動的統一として把握されなければならないのである。言うまでもなく、こうした「日本精神」は将来の実現と過去の伝統の視座において考えられなければならないのであり、そこには人間存在の構造の把握が求められるのである。

和辻は留学を経、東京帝大に移った一九三四年頃に非客体的、解釈学的な人間学という新しい意匠を身につける。その皮切り的な著作となったのは「人間学的考察」という副題を付された『風土』である。これは一九二七年の留学中にハイデッガーの『存在と時間』を「読んだ」際に触発されたものであるとされている。人間の存在の構造を時間性として把握するハイデッガーの試みは興味深いものであったが、なぜ空間性が根源的な存在構造として生かされていないのかが不審であったとされている。ハイデッガーにおいても空間性がないわけではないが、それは時間性の強い照明のなかでほとんど影を失っている。そこに和辻はハイデッガーの仕事の「限界」を見たのである。

こうした和辻のハイデッガーへの批評は和辻の特性を示すものである。和辻は人間存在を問題にするのであるが、ハイデッガーの哲学はそうした意味での人間学ではない。ハイデッガーの根本的関心は、そうした人間学には存在者の存在性に対する無感覚があり、であるがゆえに彼は「人間」に代えてあえて「現存在」という用語を導入したわけである。したがってハイデッガー哲学の和辻による人間学化は、ヘーゲル哲学のフォイエルバッハによる人間学化を想起させるものであり、それは誤解でないとすれば変質である。いずれにしても和辻がハイデッガーに見た「限界」は実は和辻が哲学者ではないこと、哲学者である限りは、その皮相さを予示させるものである。

和辻によれば空間性に則しない時間性は真の時間性ではなく、ハイデッガーがそこにとどまったのは、彼の「現存在」が個人にすぎなかったからである。人間存在は個人的・社会的な二重構造をなしており、そこにおいて時間性は空間性と相即しているはずである。だが無論ハイデッガーも「共同存在」(Mitsein)を問題にしていた。それは本来的個人が本来的「共同存在」を開示するということであり、そうした「共同存在」の弁証は恐らく和辻の理解を超えるものであろう。無論ハイデッガーの共同存在においてはやがて他者が消失し、個人の決断共同体に転化するのであるが、いずれにしても彼の関心は社会学ではなく社会哲学であったのである。

　ともあれ和辻はハイデッガー哲学を自分の身の丈にあわせて皮相化あるいは俗化して人間学に変容させる。そこで人間存在は時間的歴史的に捉えられるとともに、空間的風土的に捉えられることになる。『風土』はそうした和辻的人間存在の空間的把握であるが、それは自然環境の主体的、人間化的、あるいは文化的把握を意味するものとなる。

　和辻の例示によれば、我々は主観的「寒さ」を感じる前に客観的「寒気」というものを知るのではなく、「寒さ」を感じることにおいて「寒気」を見出す。「寒さ」を感じることにおいて我々は「寒さ」自身のうちに自己を見出す。そうした「寒さ」を感じる時、我々自身はすでに「寒気」のもとに宿っているのである。この自然的な環境の主観化、人間化が和辻の「風土化」ということである。こうした風土の現象の理解の仕方は人間文化の自己理解の仕方になる。風土は人間存在が己を客体化する契機であるが、それは同時に人間が己自身を了解することである。風土の主観関係的理解は人間の自己了解の型となる。

　同時にここで力説されているのは、個人意識において考察されたものは、単に「我」であるのではなく、「我々」であることである。我々は同じ「寒さ」を共同に感じる。この地盤を欠けば他我の中に「寒さ」の体験があるという認識は不可能であろう。したがって「寒さ」において己を見出すのは、根源的には「間柄」としての我々なのである。ここに集合的現象としての「風土」があり、我々は「風土」において「間柄」としての我々自身を見出す。風土の共同主観的文化形象としての理解と言えよう。こうした風土の文化的把握は個であるとともに全でもある人間存在の根本構造の把握と相関的である。その二重性からして人間存在は「絶対的否定性」の否定の運動の実現である。それは有限性と無限性、精神と物質の二重性と言ってもよい。精神が自己を客体化する主体者である時にのみ、それは自己展開として歴史を造るが、この主体的肉体性が風土性と表現されているものなのである。

このようにハイデッガーの存在論的議論と西田哲学の装いを交えた和辻のいささか手の込んだ人間学は、しかし要するに自然環境との連関における諸文明の解釈であったと言ってよい。そこにはなかなか気の利いた指摘もあるのであるが、しかしまたこじつけの解釈も少なくない。例えば日本はモンスーン地域の特殊形態として台風型であり「受容的」「忍従的」であるとされるのであるが、これでは例えば台風の進路に当たる九州の人間が、台風の進路から遠い奥羽地方の人間よりも「受容的」「忍従的」傾向が強いかどうかということは問題となろう。自然環境から高度な哲学体系の差異まで説明することが困難なのは、フロイトの無意識がそれらを説明し切れないのと同様である。

結局和辻の風土論は比較文化論のようなものであるが、それと自然環境との連関性は明確化されえない。それはその文化論がつまるところ解釈であって、自然環境との連関性は暗示されるだけであり、因果的に解明されたものではないからである。解釈である限りそれが恣意的な要因を持つものとなることも避けがたいことであろう。日本人の「受容的」「忍従的」という理解も、まずそうした理解の志向があり、それが風土を引証することによって弁証されているところがある。

ともあれ人間の風土学的な把握は主体と客体の二元的な把握を破棄しようとするものであり、それはまず第一に自然環境の物的自然性の独立を奪うという意味あいを持つ。ここでは精神と物質の対立観が斥けられているが、風土は人間が客体化する契機であるとともに、風土が主体化される。自然は自然として風土をなすのではなく、人間の自己客体化、自己発見の契機として捉えられる。風土が文化として捉えられる限り、そこに主観的要素が加わるのは当然であり、自然環境決定論が十全性を欠いていることは明らかなことである。だがこのような風土の人間学的な把握は、風土の観念化を意味し、それは物的要因の自立性を奪うことになる。要するに和辻の風土論はマルクス主義に代表される唯物論的な人間把握を斥けるという意味あいを持つものとなる。戸坂潤が、資本主義的階級社会の代わりに、きわめて一般的、抽象的な「人間存在」を論じるこの解釈学的方法は、歴史社会の現象の表面を審美的にかすめていく方法であると、ポイントをついた指摘をなす所以である（『日本イデオロギー』）。

だがさらに和辻の風土論は共同体的な特徴を持つものである。風土は人間の集合的現象であり、そこでは人間は個と社会との二重性においてでなければ捉えられない。そこに人間の「連帯性」の構造があり、人間の作る様々な共同体は一定の秩序において内的に展開する体系として捉えられる。人間は他人において己を見出し、自他の合一において絶対的否定に還り行く。風土はそうした人間存在の共同体的性格を端的に示すものである。こうした和辻の風土論の反唯物論的志向は、単に西洋的二項関係から脱却しようとするだけのものではなく、彼自身が当時の「左傾」思想に対抗する意味があったとしているように、和辻の「右傾」志向を表現するものとなっている。和辻の風土論は日本文化の特殊性を強調した日本文化論の祖型の一つとなることを考えたとき、このことは注目されることである。

ムラ共同体の倫理学

すでに『風土』の前年に出されている『人間の学としての倫理学』は和辻の専門領域である倫理学の基本原理を明らかにしようとしたものである。だがその倫理に対する考え方は独特のものである。和辻は倫理の語義を「シナ」語から明らかにしようとする。それによれば「倫」とは元来「なかま」を意味し、和辻の用語では「間柄」としての人間の共同体のことである。「理」とは「ことわり」であり、したがって「倫理」とは人間共同体の存在根底である道義を意味する。

倫理の語義を中国語によって解明する必然性は明らかでないが、いずれにせよここから和辻の倫理が何らかの程度においてアジア的なものとなることが予想される。のみならずそれは実存主義から離れて「間柄」と呼ばれる共同体の道義とされるに至る。「間柄」とは端的には親子兄弟におけるような親密性を指示するものであって、独立的個人とその他者との関係を予想するものではない。和辻の倫理学は個体としての「人」に関わる学ではなく、「人」の「

間」つまり「人間」の学であり、他者との相関領域の学、端的には「世間」の学となる。

しかし倫理学を幾分卑俗に世間学に等置することは、少なくとも西洋の理解とは異なる。アジアに出発しつつ和辻はアリストテレスを引照し、アリストテレスにおいては倫理学は政治学であり、政治学に対立する倫理学はなかったとする。確かにアリストテレスにおいては『ニコマコス倫理学』は政治学に包摂され、実践哲学は政治学を棟梁とするものではあったが、包摂される『ニコマコス倫理学』はまさしく倫理学だったのである。他面で和辻はアリストテレスの政治学に関して、その「ポリティケー」を単独者に関する「人の哲学」とし、政治学を「人間の学」とする。だがアリストテレスにおいて「ポリティケー」とは政治術のことであり、それは家政術に対置されるものである。和辻は誤解してまで政治学、したがって倫理学を人間関係学としようとしている。

このような倫理学の人間関係化は非分割性によって定義される「個人」を前提する西洋的な発想とは対蹠的であり、和辻にあっては個人は共同関係に溶け込んでいる。無論和辻に個人が存在しないのではない。だが全体のない個人はなく、個人のない全体もないとされ、それが全体と個人の弁証法的な関係であるとされる。個人と全体者は、それ自身においては存在せず、ただ他者との連関においてのみ存する。個人が個人だけによっては存在しないように、全体もそれ自身においては存在せず、ただ個別的なものの否定としてのみ己を現わす。この事態を彼は、人間における全体的なものの真相は「空」であると表現する。また「間柄」とは自と他とに分かれつつ、しかも分かれたものが合一することである。和辻はこれを西田哲学的に絶対否定と称したりするが、「間柄」とはそうした「矛盾的統一」なのである。つまり個体性を独立させず世間的共同体に回収していく論理的背景となっているのは個の実体化を斥け、全体を相即に帰着させる京都学派の絶対無の論理である。

こうした論理はハイデッガーの現象学に通じる点があるように見えるが、和辻によればハイデッガーの現象学はあくまでも存在の了解を介してのみ他者との連関を考えるものであり、「間柄」を把捉する道は遮断されている。これに対して和辻の方法的な論理となっているのは日常関係の様々な物的「表現」の了解という視座である。人間存在の「表現」は「間柄」を開示しており、そうした「表現」における理解の自覚が「解釈」である。このようにして和辻の倫理学の方法も解釈学的方法となる。解釈学的な方法とは直接に学的対象とすることのできない「主体的」なものを、「表現」の媒介によって学的対象に化することである（『倫理学』）。だが簡単に言えばその倫理学は世間に関する主観的見解を学問化したものであるということである。

倫理を個人倫理でなく共同体倫理として捉えるという点では、和辻の視座はヘーゲルに共通するものがあるように見え、現に彼はヘーゲルの青年期の草稿『人倫の体系』を分析している。しかし『法哲学』に至るヘーゲルの基本的関心、つまりカント的な道徳にとどまらない、客観的規範としての人倫の存立水準への関心は示されていない。ヘーゲルにおいて人倫とは単に主観的でない習俗的な規範であり、和辻におけるような単なる共同体的心情ではなかったのである。ヘーゲルの人倫は個人等がそれぞれ契機をなすシステムであったが、和辻の場合は、絶対的全体性は「空」であるとされ、個的差別よりも無差別に注目するという特質がある。したがって和辻の大著『倫理学』はヘーゲルの人倫哲学とは大きな差異が生じる。

和辻の人倫的組織はまず私的存在としての「家族」を扱っている。この家族の扱い方はある意味では常識的なものであるが、ある意味で反動的なものである。それは端的には現行法において夫の貞操という観念がないことに関して、それは男性としての持ち場が女性のそれとは異なるということに基づくのであろう、という言い方に見られよう。男の操というものは、和辻によれば、「公共的」にかけられた信頼に対して死を賭しても裏切りを拒むことにこそあるのである。ここにはまた夫の道とは「男らしさ」であり、妻の道とは「やさしさ」であるというステレオ・タイプがある。さらには親子の間の信頼と真実の関係として「孝」が強調される。また隣人共同体としては「五人組」が評価されるのであり、その共同体倫理は多分に封建時代以来の村落共同体的なものに親縁性を持つものである。

ヘーゲルの人倫と和辻の共同体との違いは、最初から共同体に組み込まれている和辻にはヘーゲルにおける「市民社会」の要因がないことによって知られる。没個人的な和辻の「間柄」関係は個の何らかの集合体としての市民社会のようなものではない。ヘーゲルの「市民社会」に相当する組織として和辻にあっては「経済組織」が挙げられ、それは端的には「打算社会」として否定的に捉えられている。ヘーゲルは市民社会を不完全な人倫社会であるとしていたのであるが、その歴史的、体系的な意味あいは肯定的に捉えていた。そうして自由な市民は十全な人倫社会の不可欠の前提になるものであった。これに対して和辻は市民的社会を経済社会としてのみ捉えるとともに、資本主義的経済社会も人倫的意義を見失ったものとして、単に否定的にのみ捉えている。

和辻に「市民社会」的観念が欠如していることを示す代表的な論文に「現代社会と町人根性」というものがある（『続日本精神史研究』所収）。この論文で和辻は江戸時代以来の町人根性が現代日本を支配しているとしているが、この町人は西洋のブルジョアと本質的に同じであると理解されている。彼もブルジョアが自由人としての名誉も持っていたことを知っているが、ブルジョア精神が資本主義の精神を生み出したことから、それは町人心と同じなのである。和辻の西洋的市民の理解はブルジョアとしての町人であり、市民権を持ち市民社会を構成する政治的主体である市民（シトワイアン）ではなかったのである。和辻にはブルジョアはあっても「市民」の概念はない。

ところで和辻によれば日本では江戸の町人根性はその本質を変えることなく文明開化の精神となったのであり、町人根性は現代の支配的精神となっている。だが同じ和辻の見方によれば近代日本の資本主義も当初は必ずしもそのものと同じではなく、日清戦争を敢行したとき、日本は資本主義の帝国主義段階に入っておらず、戦争の動機は「国民的存在の自覚」であったのである。また日露戦争はロシアの「植民政策」と日本の「自己防衛」との衝突であり、日本国民は「好戦」ではなく「勇敢」であったのである。帝国主義戦争を自衛戦争であるとして弁証するのは太平洋戦争においても繰り返されるステレオ・タイプであるが、和辻によれば、日露戦争は日本人の衝動的な国民的気概が

「世界史的意義」を持ったものなのである。しかし和辻によってもその後の日本は明らかに資本主義化し、帝国主義競争に加わったのであり、彼はこの資本主義の精神には日本の国民精神の喪失の危機があるとする。

とすると今や支配的なものとなった町人根性の支配をどのようにするかという問題が生まれる。これに対して和辻は「直接的共同社会」の根強い力を宣揚する。それは戦国時代の武士におけるような「犠牲的態度」に見られるものであり、「利益社会」的でない我々の性格である。和辻において町人ならぬ市民に代わるのは臣民である。「犠牲的態度」とは「死ぬ」ことにおいて「生き」、「個人」は「全体」への没入によって真に「個人」を生かす。そうした態度が生起する場所は利益社会でなく「共同社会」である。我々は利益社会的な否定を通じて人格の共同にまで高められなければならないのであり、そこに実現されるのが真に自由な人格の国としての国家である。和辻はこのようにして資本主義による精神史的危機に対して、古来の共同体原理に訴えようとするのであり、それは「日本古来の社会主義的傾向」とも呼ばれる。それは個人における全体性に根ざすものであり、そこで個人主義は社会主義と弁証法的統一をなす。

和辻によれば人間存在における様々な「全体性」はいずれも「絶対的全体性」の自己限定である。有限な「全体性」のうちに自己の根源を自覚して、これを現実的な構成にもたらしたものが国家としての「全体性」である。「全体性」が根源的な秩序創造の力を自覚したものが国家なのである。国家の力の根源は「全体性の権威」であり、「全体性」は権威あるがゆえに力強い、とされる。だが言うまでもなく、こうした「国家」の権威は市民的構成員によって認証されるものではなく、臣民に対して単にアプリオリに前提されているにすぎない。したがって主権というものも近代市民社会における人民主権のように打算的に契約によって作り出せるようなものではなく人間存在の全体性の「自覚」のようなものになる。これが無限定な「絶対的全体性」に何らの相互的担保もなく個人が没入することによって「全体性」としての国家の真理が自覚されるという京都学派的な全体主義の擬似論理である。だがその意味は要するに「国憲ヲ重シ国法ニ遵ヒ一旦緩急アレハ義勇公ニ奉シ」という「教育勅語」の一句に尽くされていたのである。

もっとも和辻の国家観に関して付加されるべきことは、その前階に当たる「民族」は文化的共同体と理解されており、遺伝の事実のようなものとは考えられていなかったことである。また国民国家は最終的なものではなく、「一つの世界」が予想されており、それは世界史の過程の中にあるとされている。つまり和辻の保守的な国家観は偏狭な民族主義あるいは国家主義と同じものではなかったのである。しかし資本主義的打算社会への対応に関しては、より攻撃的な主張もなされていた。第二次大戦後削除された『倫理学』一九四二年版の文章では、国際連盟を超国家的な人倫組織であるかのように宣伝した裏には、英米人の打算社会があり、そこでの平和とはアメリカの経済力への多民族の屈服を意味しているとも述べられていた。そうして国内的には「臣道」の滅私奉公が唱えられ、国家は個人にとって絶対の力であり、その防衛のためには個人の無条件的な献身が要求されていたのである（全集、第十一巻）。

天皇制イデオロギー

天皇制国家主義に収斂していく和辻は、日本の倫理思想の根幹には「尊王」思想があり、そこから派生したものであると解釈する。市民的な主体が不在の国において統合原理として糾合されるのは天皇なのである。日本の倫理思想を尊皇思想に還元しようとする試みは代表的には一九四三年に出版された『尊王思想とその伝統』に見ることができる。

和辻はこの論著で祭儀的統一に精神的共同体としての民族的全体性の自覚を見ようとする。そうした関心自体はすでに『日本精神史研究』に胚胎していたことであるが、ここでは鏡玉剣の崇拝が全国的に広まったことをもって、全国が一つの祭り事に統一されたという議論に飛躍している。さらに彼は天孫降臨の際に天照大神が鏡に化したことをもって、鏡と天照大神は本質的に同じだとし、そこから神聖な鏡の伝統と国土の統治者の伝統は一つであると論じる。

こうして古墳に鏡玉剣が発見されることから、ただちにそれは大和朝廷の神聖な権威が全国に行きわたっていたことの証拠であり、全国は神威を担う天皇の統治のもとにあったと論断される。この種の議論は歴史学的素朴さでもって特筆されるものであろう。

だがともあれ和辻は日本の国民的統一の運動は神聖な権威のもとになされたと論定し、さらにそこにおける神の特性によって、この国民的統一の意義を明らかにしようとする。彼は祭事の統一が神々の血縁関係として把握されたことは団体的な統一が血縁的統一として自覚されたことを反映するものであり、この祭事組織の頂点に皇祖神の祭祀が立つとする。神代史の意図は民族的「全体性」を皇祖神及びその伝統の神聖な権威において把握することであった。民族が一つの生きた「全体性」であるのは、絶対的「全体性」に基づくのであり、その「全体性」は背後の限定されない神秘から得ている。和辻は記紀においては祭られる神も祭る神であることに注目し、「究極者」は神でなく神聖な「無」のようなものであるとする。これは絶対的「全体性」が一定の神として限定されないことを示すものである。神とはノエーシス的な絶対者が己を現わす通路のようなものである。であればこそ祭り事の統一者としての天皇も現御神となる。この祭祀的な統一において団体を統一するのは権力でなく、「全体性」の権威であり、この権威はただ一系であり、万世不易であるという結論をもたらす。

同じ年に海軍大学校でなした「日本の臣道」という講演では、天照が究極の神でなく途中の神でありながら、そのためにかえって絶対的なものを、排他的にでなく、真に絶対的に表現するものであるとし、絶対者は無限定のままであるが、絶対者を特定の神としない点で世界宗教よりも一段高いものであるとされる。そうしてこの絶対者が限定された形が天皇であり、したがって天皇への帰依を除いて絶対者への帰依はありえないとされる。この尊王イデオロギーの反面が天皇への奉仕としての臣民の道である。その自覚は「清明心」と表現されるが、これはこの国の道徳の特徴を示す概念である。「清明心」はまた「正直之心」と表現される。こうした発想は普遍的な規範としての善よりも心情を尊ぶことであるが、和辻によればこれもまた道徳のあり方ということになる。「清明心」は具体的には私を滅して大君に使えることであり、即ち「滅私奉公」である。

この盲目的忠誠倫理は皇国史観的歴史観、国家神道的統治観、また天皇制国家主義イデオロギーそのものである。そこでは神聖な「無」以外のものではない民族的「全体性」が前提され、それを祭司的に継承するにすぎない、したがって何らの主体性も持たない天皇に「公」が仮託され、その反面に人民にはひたすら忠誠心のみが求められている。これは西洋における「公共性」が「人民」の公約数として観念されてきたことと好一対をなすものである。和辻においては神は「私」がないから「公」であるとされるが、「私」のないところに「公」もなく、したがってここにはそもそも公共性の前提的構造がないのである。そうして和辻は、何ら公共性の担保もない「全体性」という「公」に潔く死ぬことが生きることであるとするのであるが、この倒錯した擬似公共性のシステムが無限に空虚な天皇を源泉とする天皇制的全体主義の論理構造にほかならない。それは市民的自治とは正反対の封建的忠誠をベースとする全体主義である。和辻は近代日本が生み出した時代錯誤的な神話的プリミティヴィズムを、個を空的全体に融解する京都学派の論理で学問的に正当化したと言ってよい。

和辻個人としては、こうした尊皇思想は日本人の倫理的自覚であった。彼によれば神代史においては善悪の価値が清さ穢さに関係づけられ、善は有用性に帰着されている。清き心は清明心と言われるが、それは端的には天皇への従順を意味する。和辻によれば彼らは行為の価値を尊王の道において自覚したのである。尊王の道は第二に人間の慈愛の道であり、天皇の神聖な権威は実質的には仁慈として現れる。第三には社会的正義の尊重である。会議を重んじ、忍耐をなし、「私」を捨てて「公」の立場に立つ神は正義を実現すると解される。神代史に正義の神がないとしても、神々の道は正義を実現する道である。だがその評価は和辻と反対になしうるものでもある。善悪観が清明心に還元されていることは、この国では普遍的倫理が存在せず、功利主義あるいは素朴な心情の倫理が支配していることでもある。慈愛はその反面において共同体的制裁を持つものでもある。会議を重んじることは普遍的正義を体現する責任主体がないということでもある。

尊皇イデオローグとしての和辻は一九三七年には文部省教学局参与になり、反動イデオロギー政策の顧問としての役割をするようになる。かつて京都の社会科学研究の学生団体の検挙事件に関して、思想学問の自由に言及することなく、ことさらにロシアの暴動学との連関を匂わせるような書き方をした彼は、同じ年の「文化的創造に携わる者の立場」という文章では、日本の発展が高まれば抑圧の度も高まるのが日本の運命であり、しかもこの運命を護り通すことは十億の東洋人の自由を守ることであると書いている（全集、第十七巻）。このようにして和辻はマルクス主義の「政治的行政的弾圧」（戸坂潤）の顧問力となるだけでなく、日本の天皇制軍国ファシズムの背後の人物となっていく。

和辻哲郎の美学的共同体主義と日本ファシズムとの関係は、仮にファシズムを標榜しないとしても、哲学を美学化することによってナチズムに結びついていったハイデッガーのそれと、一方は真綿でくるんだような全体主義であり、他方は決断主義的な全体主義であったが、似ているところがある。言うまでもなくハイデッガーやカール・シュミットがそうであったように、和辻が狂信的なナショナリストから攻撃されたということは、ファシズムについての免罪符になりうるものではない。

西田から田辺へ

これに対して田辺元の場合にはファシズムなどには関係がないが、京都学派の無差別主義的な弁証法が極端な形で亢進し、結果的に天皇制的超国家主義に呼応するような民族国家主義哲学が現出する。ここでも個の実体化を斥け、空無な全体のなかに相即させようとする京都学派の論理が全体主義の論理を提供している。

西田哲学の主題はあらゆる対立や矛盾を同一的なものと解釈することにあり、これらの対立を対立でなく統一的なものとして捉えるのが彼の言う弁証法であった。対立がある以上「媒介」がなければならないが、そこで個々のものが失われてはならないから、この「媒介」は「場所」の性格を持たなければならない。この場所的な弁証法が「絶対矛盾」による「絶対弁証法」であると称される。西田の「絶対弁証法」の特性は彼の自己理解によれば西洋の「過程的弁証法」を止揚するものであった。普遍的理性を前提するヘーゲルの弁証法においては同一性が支配的であり、そこでは真の創造的個性は捉えられないが、弁証法においては個々の点が絶対的な意義を持たなければならないのである。だがそうした西田の弁証法においては矛盾による運動という要素は乏しく、諸矛盾は一体的なものとして把握されているにすぎないとも言える。そこで「媒介」と言われるものは主観の自覚にすぎない。このことは西洋の弁証法が「対話」の論理であったのに対して、西田の弁証法が矛盾するものを同一的なものと見なす「自覚」の論理であったことに端的に見ることができる。

田辺の哲学はこうした西田の相即的弁証法を極端に進めているところがある。西田が求道者的に自己の哲学を練り上げていったのに対するならば、田辺は概念的な構築を進めた人物である。論理的な徹底という点では西田を凌駕しているとも言えるのであるが、ホッブズがそうであったように、論理家はしばしば論理につまずくものである。そうした田辺が彼の方向性を示すようになったのは大正年間に出されている『カントの目的論』であろう。この書は日本の哲学的研究を世界の水準に引き上げたと言ってもよいものであるが、同時にまた田辺の傾向性を示すものでもある。

まず田辺がカントの『判断力批判』に焦点を置いたことは彼の特長を表すものである。カントの批判哲学の要諦は理論理性と実践理性の峻別であり、そこには両界あるいは「悟性」と「理性」の結合統一という問題があった。それがまさしく判断力に期待されたのであるが、この問題は今日においても議論されているテーマである。しかしここで田辺が「両界の結合統一」に関心を示していることは、批判哲学を超えようとする意図を暗示するとともに、現にそうなるように田辺が批判哲学とはおよそ趣を異にする弁証家であり、そこには独断論的形而上学も浮上することになることを予期させるものである。

田辺はカントにおける判断力の二つの領域のうち美的判断は別の問題であるとしてひとまずおき、目的論的判断に焦点を置いている。そこで主題となるのはカントが反省的判断力の機能として扱った自然の合目的性の問題であるが、田辺はこの機能を拡充している。カントは自然の合目的性を理論理性から実践理性に橋渡しをする単なる「規制的」な理念であるとしていたのであるが、田辺においては反省的判断力は道徳、宗教、歴史を結合する構成的な機能を持つものとなる。

田辺は自然の合目的性を「自覚的合目的性」と名づけている。「自覚的合目的性」とは、意志が自己でないものにおいて、自己に対する合目的性を自覚するということである。それは「理性」に結合した「悟性」であり、さらに「知」の世界に投射された「信」の立場であるというように彼の論理は分析から統一へ飛躍する。それは「直観的悟性」の立場に立つことであるが、まさしく「神」の精神でもある。カントにあっては神は実践理性の要請としてその存在が要請されていたのにすぎず、形而上学は断念されていたのであるが、田辺においては「直観的悟性」の名によって神は早々と、きわめて容易に再導入されている。

さらにカントにおいては反省的判断力は経験の要素を持つ歴史を成立させるようなものではなかったが、田辺にあっては歴史も反省的判断力の対象界として成立する。そうして道徳は自然への適応としての文化の建設において実現されるのであり、歴史は道徳の対象界になる。こうして田辺にあっては判断力は歴史と宗教と道徳の構成原理となり、これは経験と自由の混交を戒しめていたカントが決して取りえなかった立場である。カントの問題を衝くという点は鋭いのであるが、田辺の「結合統一」の試みにはすでに独断的形而上学への傾向も見ることができよう。

このように田辺には認識能力を吟味する関心が乏しいために、まさしく認識批判から出発したカント哲学とは著しい落差がもたらされる。そうした田辺は後に批判哲学の原理自体を批判する「絶対批判」を自称するようになる。西洋にあっては哲学と科学、宗教、芸術等が多大な犠牲と努力でもってそれぞれの自律性を獲得してきたのであったが、西洋思想を摂取した田辺はそうした精神史的な背景には無頓着に、それらの結合が安直になされる。ことに田辺にあっては哲学と宗教の固有性の自覚はほとんど存在していないことは特徴的である。

このような田辺の統合への傾向は好適な対象としてヘーゲルとその弁証法に向かわせる。『ヘーゲル哲学と弁証法』に代表される田辺のヘーゲル論もかなり水準の高いものであるが、彼はヘーゲルの問題点も同時に指摘することになり、そうすることによって田辺自身の哲学的立場が作られてくる。田辺はヘーゲル哲学を「絶対観念論」として捉える。これはカント以後のドイツ哲学をフィヒテ的主観的観念論、シェリング的客観的観念論と捉えたうえで、主観と客観の対立を止揚して、この対立を自己のうちに包み、それを自己の根底に依らしめて成立させる絶対者に関係すると見るものである。それは客観の独立存在を承認するものであるが、同時に客観の主観に対する依存を主張しなければならない。そうして客観と主観との絶対主観における「対立的統一」の原理が弁証法なのである。唯物弁証法や観念弁証法はこの絶対観念論的弁証法の抽象態であると解される。ハーバーマスであればこれはヘーゲル哲学における主観の自己言及的構造と言うところであろう。

だが田辺自身にあっては弁証法も絶対精神の「自覚」の内面的原理となる。彼はそうした弁証法にあって「主観」は自己と無媒介的に共通の統一者なき「客観」との間に起こる自己の運動を自覚するとし、弁証法は「絶対無」を媒介とするという言い方をする。だが「絶対無」による「媒介」とは客観である他者が、全然無媒介的に自己として自覚されることであるとされているように、あらゆる対立を媒介させる田辺の「絶対媒介」とは実は無媒介であることが示唆される。

それはともかく弁証法をこのように解する田辺もヘーゲルの制限を指摘せざるをえない。つまりヘーゲルの弁証法は「有」の弁証法であり、「絶対無」を基底として媒介されることを、あたかも潜勢態の現勢態への発展のように説く傾向がある。これは実践の自覚においてのみ実現される特殊と普遍の関係を、観想的に「有」として存立する客観的事態にすることである。その結果は同一性論理的な主観観念論の「発出主義」である。理性の同一的な環の総合に論理的体系を成立させる哲学にとっては、個別が本質上普遍と同一であることの自覚は普遍の超越的、他者的対立性を消して理性の自己同一性に化する。このため中間である特殊の有すべき否定対立性は解消され、個別の対立性もまた同一性的制限に帰され、単に特殊の限定の極限とされることになる。これはヘーゲルの方法と体系の矛盾としてキルケゴール以来指摘されていたことである。だが田辺によれば体系は弁証法の抽象面であり、その同一性的投影なのである。

このように独自的に解された弁証法は、田辺自身ほのめかしているように、西洋哲学の傾向に反するところがある。なぜなら西洋哲学には、抽象的一般的な立場に立ち、田辺的に言えば無差別の見地から存在世界の知的観想をし、これを固定した概念組織に構成する傾向があったからである。これに対して田辺にあっては我ならぬ客観的存在の発展の方向に我が変化を起こして、我の主観が客観を自己の作為するものに化し、物を我の内容に変じる「動性」が問題となる。それは主観と客観との無媒介な相互否定的な統一として弁証法的になされる実践的「信行」の立場だけがなしうることである。

こうしてヘーゲル的な同一性を斥けようとする田辺においては特徴的なことだが、弁証法的理性は「実践」的なものとなると同時に「非合理的」なものと結びついていく。田辺弁証法はまず「行為」つまり実践を肝心なものとするが、「行為」とは心胸の直接存在を「絶対自覚」にもたらす精神的なものである。「行為」はまた各現在の瞬間に起こる「分裂的統一」である。こうしてここには道徳的要因が関わり、悪に対する「懺悔」が痛烈であるとともに、より具体的な合目的性が実現されるという希望において善行為は実践的に自証される。要するに哲学は「道徳的行」と、その相対性を超越する「宗教的信」との総合であることになるのである。

こうした田辺の弁証法は西田幾多郎の場所的な弁証法とも差異を生むものとなる。西田において弁証法の論理は矛盾の統一を核心とし、その統一を媒介する有は存在しないから、その統一は無媒介である。だが何らかの媒介がなければ統一は成立しない。したがって「媒介」のないことが同時に「媒介」のあるということでなければならない。有と無をつなぐ媒介はそれ自身無にして有である「絶対無」と言わざるをえない。ところでその世界を包容する場所として「絶対無」を考えるとすれば、それは所謂無の「場所」である。しかし田辺は西田のように「絶対無」が直接に体系の根底として無の場所として定立されるならば、それは「有」であって「無」ではないのではないか、という形式的な疑問を出す。田辺はこれを弁証法の不徹底と考え、「絶対無」は自己の媒介面としてその自己否定である有を持たなければならず、「絶対無」は絶対否定の作用以外にはないとする。西田もそのように考えていたはずであろうが、田辺は西田のように「絶対無」でない「絶対有」を弁証法を超えるものとして想定することはもはや論理と思惟を超えた統一であって、「神秘的直観」の内容であるとする。西田のように行為的直観を体系の根底とするならば、それは論理の立場を守る哲学でなく、構想力の所産としての神話である。それは一方で概念の論理的関係を不明晰にして直観の秘儀に訴え、他方では弁証法的論理の核心である実践を不要化する。これは現実の行為的な自己化としての現実随順ではなくて、直接的な現実肯定である。無を観ることは無を悟ることであり、無を悟るとは無として働くことの自覚であり、無を直観することであってはならないのである（「種の論理の意味を明にす」）。

田辺によれば弁証法にあっては行為を包む永遠に静止した完結的統一は成立しない。彼においては哲学は非完結的であるべきであり、その故に行為において現実に対する生命の力を有するのであり、西田のように実践を「見る」ことに吸収するのは哲学の本意に反する。確かに西田哲学が現状への諦念をもたらさずをえないという点ではそうした指摘は無意味ではない。しかし田辺が西田に関して哲学の宗教化を疑い、哲学の廃棄に導きはしないかと論難するとすれば（「西田先生の教を仰ぐ」）、アイロニー以外のものではなかろう。媒介が同時に媒介でなくなる田辺の汎媒介主義の弁証法は西田のそれにまさって概念の論理的関係が不明確な無媒介的相即論となるだけでなく、そもそも彼の「信行」の弁証法は哲学そのものにすでに宗教の契機が組み込まれる形而上学的なものであったからである。

他方ヘーゲルを同一性的であるとしてそれを越えようとする田辺のいわばポストモダンな試みは、にもかかわらずハイデッガーの実存主義的存在論には批判的である。田辺によると「実存」はただ現在の自覚において被投性の様態を自己の契機として自覚するにとどまる。自己がそこに投げ込まれるべき世界を自己に対立するものとして有する理由は、実存の時間的構造だけからでは理解されないのである。その立場は現象学的内在にとどまり、先験観念論を出ることがない。

しかるに歴史は被投性において自覚される実存の契機にとどまるものではなく、過去から存続する「基体」によって媒介される存在である。つまり歴史は主体がそれにおいてその活動の結果を認める過去の存在であると同時に、主体の否定即肯定的な活動の媒介としてこれに対立し保存する基体的存在でなければならない。しかるにハイデッガーは人間存在の媒介となる世界を、単に主体の関心的に交渉する道具的世界とそれと共同に交渉する共同世界との二側面に限り、主体にその否定的媒介となる「基体」を認めることがない。だが空間の連続的共存を媒介としてのみ時間の非連続的統一も成立する。実存哲学は歴史的存在の存在論ではありえないのである（「存在論の第三段階」）。

このように田辺はハイデッガーの実存主義を主に歴史さらには社会の論理として不十分であるという観点から批判している。しかし彼はまたハイデッガーを批判して人間学を始めた和辻の「間」というのは交互関係の形式的平等にすぎないとして、その「間柄」論を一蹴する（「論理の社会存在論的構造」）。ところで否定的契機によって可能になる個の根源を田辺は「種」と呼ぶ。ハイデッガーを批判する際に言及された「基体」という概念もこの「種」に関わるものである。このようにして田辺も一九三四年頃から「種」の論理という奇妙な議論を始める。それは根本的にはあらゆるものを媒介させる田辺の汎媒介主義の弁証法においては媒介が同時に無媒介であるとされるように、媒介性が乏しいために媒介を「基体」として実体的に設定しなければならなくなっているということにほかならない。

支離滅裂な国家哲学

田辺によればヘーゲルの論理も完結的なものであり、「一」を立てるにも「他」を媒介とする「絶対媒介」に徹していない。「絶対媒介」はすべての直接態を排するものであり、いかなる肯定も否定を媒介とすることなくしては行われない。個と類は直接的に結合しえないとする絶対媒介論者田辺にあっては「種」がすぐれて「個」と「類」とを媒介する位置にくる。絶対媒介の論理においては、「個」は媒介者としての「種」によって否定されるが、また「種」を否定することによって「個」となりうるのである。このことは「類」に関しても同様である。

所謂「種」の論理を最初に提示することになった「社会存在の論理」が示すように、種の論理は歴史哲学とともに、社会哲学あるいは政治哲学の論理の側面を持っている。そこでは自然法国家論や国家契約説、自由主義あるいは民主主義の論理が不十分なものであるとされているように、この論理はすぐれて個別主体主義的な西洋近代の政治哲学の不備をつくという意味を持つものであった。問題はそれに何が代わるかということである。田辺によると「理性人間」を前提した自然法的な分析論理は融合調和の構造を表しうるにすぎず、「権力意志」を持つ個人間の「闘争」を入れる余地がない。敵対抗争の力関係さらに媒介止揚の意志関係を含むことができなければ、相互に敵対する個人集団と個人の結合原理によって形成される特殊社会が対立抗争する関係は理解されえない。他において自己を見出すという交互性だけでは、「自」と「他」をその限定として含む全体は自他の相関に予想されるだけであって、全体としての存在を対自的に表すことがない。有限相対的な特殊社会の「対立性」を具体的に組織する論理が初めて「類」的な全体社会を媒介態において捉えることができる。

田辺の種の論理の奇怪な亢進は国家の導出に見ることができる。田辺によると「類」も「種」の統一を媒介として実存するほかない。「種」は「全即個」の無の転換に対する有的媒介としての基盤である。社会的には個体の本質はその個体の属する「種」的社会の伝統を媒介として、その絶対否定によって限定される。しかしそこでは「個」は否定的に対立するのではなく、絶対否定的に否定されることによって肯定される。他方「類」は「種」を基体として、かえってこれをこの反省によって否定し、同時に「個」もまた否定されてそのうちに我を失う「空の統一」である。これが「種」を止揚した「類」の特性であり、田辺はこれを「国家」の原理であるとする。この際「種」とは端的には「民族」である。

すなわち「個」の分立が止揚され、絶対媒介において「民族」の種を否定において肯定し、その「統制」を「自由」の共同に転じるのが「国家」の本質的機能である。こうした国家は全体即個体であり、そこでは「強制」は直ちに「自由」に転じる（「種の論理を明にす」）。種は個的主体を媒介するが、「政治」がこの転換媒介である。このように田辺は国家を「種」的基体と「個」的主体との対立契機の「類」における「実践的」な否定的統一として捉える。したがって個人は種的基体を媒介として「個即全」の媒介的存在である国家と相即し、「自己」は即「国家」であるという関係を「行為的」に実現しなければならない。「行為」とは田辺にあっては「意味」と「存在」との契機の対立と相即を媒介するものである。

また弁証法の「実践的」立場においては「存在」と「当為」の相即のみが現実を形づくり、弁証法的非同一的なところにこそ自由な「行為」の余地が存し、媒介的な「実践」の道が開かれる。「行為」的弁証法は倫理の絶対否定としての「信行」の転換に基づかなければならない。媒介を単なる「行為」から「存在」にまで「主体即基体」化する機構としての「国家」はこうした「信行」を要請する。かくして「強制」を「自由」に転じるというような大仰な課題を与えられた国家の否定的統一の政治的機能は実はただ「行」ぜられ、「信」ぜられるだけのものとなる。田辺の政治的国家哲学を基礎づける「種」の論理はこのように宗教的行為の論理のようなものとなる。

だが他方で種の論理を即自的に原理とする典型的意識は「トーテミズム」であったのであり、あるいはベルグソンの所謂「閉じた社会」に種的社会を見、さらにテニュエスのゲマインシャフトにその要素を見、端的には民族がそうであるとしていることはその一面を示すものである。つまり田辺の言う「種」的なものとは近代の自然法的な論理においては軽視されがちであった社会の原始的な要素あるいは主体に対する基体、一般的に言えば実体的なものを意味すると言ってもよいであろう。社会を考えるには「もの」（chose）としての「種的基体」を予想しなければならないのである。のみならず田辺の国家哲学はさらに、種は時間を自己否定的に潜在させる空間の構造を有し、時間の空間的固定は土地の永続的占有であるとして、種は「血縁的氏族」と「土地占有」に具体化されると言われるような素朴な面も持つ。

だが、というよりはまさに対立的契機の相即論に立脚するものであるために、対立抗争の契機や原始的種族社会の契機を考慮しようとする田辺の国家は、他面では普遍的な「類的国家」として浮上することにもなる。対立抗争性と原始性を持つはずの国家は、他面では種に媒介された類であるとされるために、一切衆生皆罪人として相悲しむ「菩薩国」であるというような楽観的で空想的なものでもある。「個」は権力意志であり、「種」が生命意志であるとするならば、「類」は救済意志であり、「類」は「種」と「個」の救済者である。類的国家は民族の「種的統一」を即自態として含む個別国民的な性格があるにもかかわらず、類的であるが故に「人類的国家」としても現出する。人類を個の「開いた社会」とするならば、人類の成員となった個人の形成する国家は、国際協調において成立する、類の存在としての「人類国家」である。勿論人類国家は民族国家のように直接存在するものでなく、人類は絶対否定態である。そこで否定即肯定された人類的個人は真の個人であり、真の国家はこうした類的個としての真の個人の形成する国家である。全と個との対立的合一が国家の類的媒介性であり、そうした「種」「個」の媒介を通じ「特殊即普遍」の国家結合が「世界」を形成する。

このように田辺の「絶対媒介」つまり「無媒介」の相即の論理に立つ国家は、一面では種的な「民族国家」であるとともに、他面では人類的かつ宗教的な「菩薩国家」という絶対に相反する二側面の相即物になる。「絶対媒介」という「無媒介」の弁証法によってトーテム国家即菩薩国家という全く相反する国家像が同時に析出し、弁証されることになるのである。こうしたところでは相反する二面を媒介する「政治」的な行為が曖昧なものとなるのは当然であろう。「政治」は「強制」と「自由」、「闘争」と「菩薩」を単に相即させるものにすぎない。ここから現実離れの抽象的な言い方も生まれる。曰く、個の発生は社会的正義なしにはありえず、社会的正義を破り個を否定して類を種へ逆転するのが「階級」である。曰く、「絶対類」の「個的平等性」を「種的限定」と否定的に媒介し、国家における社会的正義の実現を通して間接に個の平等を実現する強制統治が「権力」である。また曰く、歴史と宗教の乖離点が「政治」である（「論理の社会的構造」）。論理的にのみ考案された「類的国家」の「政治」が全く抽象的なものであり、荒唐無稽なものとなるのは当然であろう。

このような矛盾に満ちた国家であればこそ、それは論証することのできない「信行証」の統一に依存せざるをえないものとなる（「国家的存在の論理」）。あるいは原始性と普遍性を相即させようとする田辺の国家哲学の無理が宗教的な弁証法をもたらさざるをえなかったのである。その際行為は「意味」と「存在」の相即、つまるところ宗教的な実践つまり自覚にすぎないものであった。そうして「行」そのものは主体の自己矛盾に由来する「支離滅裂」に行き詰まって自己を投げ捨て、絶対現実的変化運動となるほかない。その主体である自己はただ「懺悔行」によって矛盾を犯しながら体系の主であることが許されるのみである。このように田辺の絶対媒介の国家哲学にあっては、「統治」即「自治」という空虚な形式的な国家像が導かれるとともに、そうした国家の自己矛盾性、国家と宗教が否定的に対立して相互に媒介されることは「懺悔」、「七花八裂」の絶対分裂というような反語や逆説でもって語らざるをえないものとなるのである（「種の論理の弁証法」）。

田辺のこうした国家と宗教との相即化の問題性はカント主義的政治哲学者南原繁の批判を受けることになったものである。同時に南原は田辺の社会の基体としての種の論理が民族の絶対化につながり、その絶対弁証法が国家絶対主義をもたらすことを批判していた（『国家と宗教』）。もっともこの時期の田辺の時局的論文に見られるように、田辺は必ずしも国家主義を唱えていたわけではない。「国家の道義性」で言われていることは四年前に同じ『中央公論』で矢内原忠雄が「国家の理想」で言っていたことと大きな違いはないものである。また「思想報国の道」という思わせぶりな論文でも、国家主義は歴史即永遠の理を無視して現実の国家をそのまま絶対化すると批判していた。しかし道義の秩序において国家が共存することは国民の自発性の組織と相即すると論じていた田辺の絶対弁証法が（「国家の道義性」）、その相即を何ら保証するものでなく、国家主義とも相即するものであったことは否定しえない。その意味で田辺の相即主義は最も抽象的なレベルで日本の超国家主義を弁証するものとなったと言いうるのである。彼もまた和辻哲郎や西田幾多郎とともに文部省教学局の参与に就任する。

ともあれ現実は田辺の志に反して天皇制ファシズムに突き進むことになる。田辺に特徴的なことは、彼がこうした日本の現実に対して自分の哲学の非力を感じ、自己批判的な試みをなそうとしたことである。だが事柄の本性からすれば田辺の支離滅裂な国家哲学は日本の支離滅裂な国家の現実を生み出すことに貢献しており、彼は自己満足してもよかったのである。ともあれ田辺の自己批判は代表的には敗戦の前年に講義し、翌年に出版した『懺悔道の哲学』に現れている。もっとも無は有に媒介され、絶対は相対に媒介されなければならず、それは自己において行信証されるものでなければならず、この行信証が懺悔であるという発想はすでに胚胎していたことであって、時局の展開とともにこの懺悔の要素が強調されるようになったとも見られる。

ここでは懺悔における理性の自己放棄が強調されることになる。理性批判は理性の絶対分裂、絶対危機としての絶対批判にまで至らなければならないのである。自力的理性の哲学は現実との対決において二律背反に陥り、自力の処理を許さないような絶体絶命の窮地において、「支離滅裂」、「七花八裂」の絶対の分裂に進んで身を任さなければならない。しかもその絶対の分裂矛盾が矛盾をも矛盾的に否定するところに絶対の転換が行われ、哲学が哲学ならぬ哲学として復活することが期待される。その道は理性の自律が必然に行き詰まることの無力性の自覚、自力の絶望的自己放棄としての懺悔を通じて転換され、自と他との対立を超える立場で、再び哲学へ復帰されなければならない。ここに自力と他力は転換相入相通し、絶対他力は自他を超える「自然法爾」に成立するとされる。このようにして絶対他力の懺悔道に進まざるをえなくなった田辺もまた静態的で無差別主義的な親鸞の教行信証に回帰することとなったのである。

弁証法の失墜

田辺の哲学が哲学とも言いがたいような懺悔哲学になったということは、いわゆる田辺哲学の破産であると言ってよいであろう。その破綻は現象的には安易に哲学と宗教を接合するところにあった。それは京都学派における対立物の相即論に根ざすものであるが、ここでの問題は理性の合理性を個物に則して追求することを早々に断念した非合理との縫合の問題となろう。田辺において問題なのは理性の過剰ではなく、むしろ直ちに宗教に急行する理性の不足なのである。そうしてこうした安直な相即論による非理性との接合はやがて科学と哲学と宗教の媒介統一、キリスト教とマルクス主義と日本仏教との媒介統一というグロテスクを生み出すことにもなる。政治的には「種族国家」と「類的世界」とが背中合わせに相即するというような支離滅裂な国家像を生み出したのであるが、これは田辺の国家哲学が現実には何らの関わりもない単に論理的にのみ捻り出された抽象であるにすぎないことによっている。現に田辺の国家哲学は現実の考察から出たものではなく、田辺自身数学の連続の問題をモデルとしていると認めているように、専ら論理によって基礎づけられている。だがその論理の実質は現実によって規定されており、田辺の国家哲学を特徴づける種は実体的には民族ということであった。しかし論理的な意味では媒体としての種が民族でなければならない必然性はない。もし類が国家的なものであるとすれば、それと個人との媒体となるのは、ヘーゲルが提示していたように、まずは家族であり、だが端的には市民社会がそれであろう。これに対して田辺にも市民社会の論理が全く欠けているのであり、まさしくそこに民族が埋め合わせに用いられたと見ることができる。

このように政治社会の論理としては種の論理は論過と呼ばれてよいようなものであるが、そうした論理の実質は論理以外のところから規定されている。つまり田辺の国家哲学にあっても個人自体の実体性は乏しく、あらかじめ民族と国家に決定的な意味が与えられていたのである。それは野蛮国家を人類国家に相即するものとして正当化するものでもある。田辺の一見大仕掛けな論理主義的な国家哲学は、結果的には時代の民族国家絶対主義の弁証に寄与している。戸坂潤が『唯物論研究』において、社会哲学者田辺教授の功績は世間にありふれた民族国家至上主義という常識(?)に種の論理を接種したところにのみあると指摘したのはけだし正鵠を射ている。

こうした田辺の国家哲学の核心にあるのは田辺的に理解された「絶対弁証法」である。それはヘーゲル的な同一性を斥けようとするものであったが、弁証法においてはあらゆる契機が媒介されていなければならないとする「絶対媒介」は実は否定即肯定、個即全、自由即強制というような相即論に帰着するものである。こうした「絶対弁証法」は弁証法的唯物論と弁証法的観念論とを止揚したものとされるように、唯物論の要素を媒介として包摂している。だがそれは何らの直接態を前提しない絶対の媒介、単なる相即である。そうした絶対弁証法は観想に終わる観念弁証法を斥け、行によって「自証」されており、その限りで実践的なものであるとされる。しかし田辺の弁証法的実践は二律背反が行き詰まって「支離滅裂」に懺悔的になされるものであって、政治的実践というよりも信行つまり宗教的、道徳的に行ずる、端的には懺悔的自覚にすぎない。そのようなものであるとすれば、言うところの弁証法はあらゆるものが相即していると観じるものにすぎないであろう。その意味ではこの弁証法は田辺の説にもかかわらず観念弁証法の性格が強いものである。

したがって問題となるのはこうした奇怪な弁証法が意味するものであろう。西田においてと同様、田辺の弁証法においても特徴的であるのは、弁証法の要諦である否定は即肯定であるとされ、それが絶対的であるとされる。そのようなものであるから西洋的弁証法と特色づけていた対話の論理はそこには存在せず、弁証法は個人において自覚自証される以上のものではない。そうした田辺の無媒介の弁証法の性格を示唆するのは、彼が自分はプラトン後期の弁証法の立場にあるとしていることであろう。プラトン後期とはこの場合、『国家』ではなく、晩年の『法律』を指している。田辺によれば『国家』の哲人王思想は統制的であって、最善を断念して次善にとどまっている『法律』こそが弁証法の精髄を示しているのである。通常『法律』はプラトンの現実主義化と理解されているが、田辺によれば、次善とは否定的媒介であり、絶対と相対との媒介相即を意味する弁証法的規定ということになる。だが『法律』では理想と現実はむしろ無媒介とも見られるのであって、このことは田辺の弁証法が無媒介なところに媒介を強いて見る論理であることを証するものであろう。

したがって問題はさらに田辺の弁証法を特質づける「絶対媒介」に収束する。「絶対媒介」は「否定」と「肯定」の相即であり、そこでは「非合理性」即「合理性」である。論理は論理を否定する非合理的直接態を媒介することによって始めて絶対媒介となることができる。しかしこれはマイナスの成果をプラスに逆転してうまい具合に肯定を手に入れる「肯定的否定」にすぎない（アドルノ『否定弁証法』）。媒介そのものが媒介されるという点では円環的媒介性と言われてよい。だが媒介の否定も媒介の媒介者であり、「絶対媒介」とは実は「無媒介」である。無媒介つまり差別に真相を見るという点では田辺はポストモダンに先行している。

こうした汎媒介主義つまり無媒介主義が彼の国家の性格に対応している。媒介とは政治においてはまさしく自由主義的、民主主義を特色づける主体の実践的関与にほかならない。だが田辺の絶対媒介は、まさしく肝心な点で実践というよりは、そのように見なすための相即の論理に化しているのである。田辺自身媒介とは論理的には推論であるとしていたが、事実単にそのように推論するにすぎない。田辺自身絶対媒介は他者との媒介であるが故に「無媒介」でもあるとしていたのであって、政治的には自由民主主義とは逆に一切の実践的メカニズムなしに個と全体の相即つまり実質的には無媒介の一種の全体主義を弁証する論理となっているのである。

確かにヘーゲルの弁証法には同一性の反面において過程性があったのであるが、そうした同一性を斥けた田辺の弁証法には分析的な徹底も発展もまたない、より一段と同一的つまり相即的なものとなっている。無媒介な現実に対してあらゆるところに媒介性を見るということは、あらゆるところに統一を見るということである。「絶対」の名のもとに否定が即肯定となる世界はゼロサムであって、現実は何ら変わりがないことになる。ヘーゲルにおいて「媒介」とは豊饒化であったが、田辺においては貧困化をもたらせている。こうしてあらゆる対立矛盾を媒介されたかのように見なす、つまり単にあらゆるものを分割するとともに繋いでいくだけの田辺の接着剤のような弁証法は、矛盾する現実に対して単に概念的架橋をするだけの弁証法であり、単に現実を糊塗するにすぎないものとなるであろう。これは弁証法の物神化と乱用であり、もはや弁証法というよりは弁証法の破棄に近い。近代日本は弁証法という名のもとで神秘的統一を弁証する「支離滅裂」な哲学を編み出さなければならなかったのである。主体的実践ではなく、矛盾するものを絶対弁証法の名のもとに統一的なものと見なす宗教的な自覚の論理に化することによって、田辺は弁証法の威信をも失墜させている。これは「弁証法の観念論的失敗の可なり堂々たる形態の一つ」（戸坂潤）と言うほかない。

だが田辺の弁証法がこのような現実的相即性の濃いものとなったことの背景には、巨大な矛盾を抱えて実践の通路を見い出しがたい日本の現実がある。もともと政治的な媒介とは市民の政治社会への実践的な参与でしかありえないであろうが、ここでは市民社会の未熟のために国家と市民との間に政治的、実践的な媒介はほとんどなかったのである。このためにあるいは民族を媒介項とするような奇怪な論理が持ち出され、あるいは宗教的教化によって政治主体の媒介を欠く近代日本にあたかも媒介があるかのように見なす論理が生まれる。そのとき「弁証法」は諸矛盾をあたかも統一されているかのように観じる原理となり、しかも強力な国家が要請されている現実にあって、それは国家を絶対的な契機とすることによって超国家主義をまさしく「弁証」する論理となる。こうしてあらゆるところに媒介を見、したがって現実には無媒介の田辺の絶対媒介の弁証法は、国家と市民が政治的に無媒介な近代日本の現実をあたかも媒介統一されているかのように見なし、民族国家絶対主義を正当化する論理であったのである。

したがって近代日本の政治社会の矛盾をそのまま弁証して論理的にのみ解消したかのように見なし、そのためには宗教的な要因をも動員しなければならなかった田辺の単に思弁的な、やせ細った論理を強いたのは神権的な統治者を要していた現実の貧しさであった。近代日本の矛盾に満ちた現実はこうした汎媒介つまり無媒介の相即論的弁証法を要請したのであり、そこに田辺哲学が一世を風靡した理由もあろう。総じて個別者の独立を斥け、空無な全体のなかに相即させる京都学派の絶対無と絶対弁証法は、天皇制全体主義を正当化する論理を提供していたと言ってよい。あるいはその論理はデモクラシーや自由主義の論理を流し去って、全体主義への抵抗の論理を失わせている。そこに日本社会の現実の「問題構成」を見ず、政治的展望を歪めたその論理的過誤とイデオロギー性も生まれるであろう。

こうした観想的な弁証法が触れられておらず、しかもそれを規定しているのは現実そのもの、およびそれを方向づけている志向である。媒介の中には媒介されるべき直接的なものがあるのであり、それは端的には物的なものである（アドルノ）。そこに現実それ自体に試金石を置いて、それを暴露し、ある場合は解体する唯物弁証法の意味あいも生まれてくるであろう。

戸坂潤のイデオロギー批判

京都学派には務台理作のような時流に流されない篤実な学者もいたが、彼は必ずしも個性的な輪郭を持つ物は残していない。他方で三木清は時流を見るのに敏捷であり、ハイデッガー的実存主義の興隆に際してはそこに参与し、マルクス主義の台頭にあってはシンパ的な発言をし、その後退期には日本主義に近づくというような変遷を見せ、大政翼賛会に行き着く近衛新体制運動にも関与するのであるが、最後には治安維持法違反で検挙され、敗戦の翌月に獄死し、大日本帝国という不祥事の犠牲になった。後輩の戸坂潤が「北斗星のように輝かないにしても、明星のように光っている」とややアイロニカルに批評したように、そこには流行思想家の悲哀を見ることもできる。

京都学派から出て京都学派の問題を衝き、それを越えていったのは戸坂潤である。彼の活動期はマルクス主義が弾圧され後退期に入った時期であり、戸坂は専ら唯物論を標榜した。そうした戸坂が中心的メンバーとして活動した唯物論研究会の機関紙『唯物論研究』は同時期のフランクフルト社会研究所の機関紙『社会研究時報』と並んで、ファシズム的な哲学に対抗する東西の代表的な知的活動の記念碑的な仕事である。もっとも研究所名が示すように、フランクフルト学派の中心となっているのは社会論であったのに対して、唯物論研究会の中心となっているのは技術論である。戸坂の場合はイデオロギー論において独自の境地を開くとともに、日本ファシズムのイデオロギー批判に拠点を与えていることにおいて注目されよう。

戸坂の『イデオロギーの論理学』は思想とりわけ理論の論理を探求しようとする。理論は任意的なものではなく、歴史的使命を持った「問題」を選ばなければならず、「問題」の選択は「問題」の解決を目的とするものである。初期の戸坂は歴史的使命を持った「問題」を「性格」的な問題であるという言い方をしている。「性格」とは事物の支配的性質であり、事物の歴史的運動において発生するものである。そうして彼は「問題」を単なる「立場」と対照させている。「問題」は歴史的であり、「立場」は非歴史的である。理論に向かって「問題」を提出するものは歴史的社会的存在の運動の必然性であり、この必然性が特定の歴史的段階に対して特定の「問題」を提出することができる。戸坂のこうした「問題」の理論は、理論は必然的な「問題構成」（プロブレマティック）を持つとする一世代後のアルチュセールの議論と重なるところがある。

さらに戸坂は社会的「事実」は個人的「当為」の内容であり基体であるとする。歴史的運動には「事実」と「当為」のこうした連関があり、ここに「理論」と「実践」との必然的な連関性が生まれる。すなわち理論の論理形態を決定するものは単なる論理でなく「情念」であり、「情念」は意識に属するが、個人意識の形態を決定するものは「社会」である。さらに現実は「実現」を待つ概念でなければ偽りであり、歴史の現実性はある意味における「実践」概念を待つのでなければ誤りである。しかるに実践概念は歴史的運動の実現であり、この意味における実践のもっとも優越的な形態は政治である。したがって「理論」と「実践」の論理形態は「政治的」に決定される。

ところで固定したものは、本来変化する歴史から「遊離」する可能性がある。そうして問題選択における「必然性」と「遊離性」は理論の「真理」と「虚偽」として現れる。理論も歴史的社会的存在として、歴史的運動において自らを遊離させる。歴史的運動の必然性は「台頭」的契機として現れるのに対して、遊離性は「没落」的契機として現れる。歴史的遊離性が理論に反映することによって、理論は「虚偽」となる。ところで「実践性」が理論の真理形態であった。かくして「台頭」的契機に基づく実践は理論内容的に真理形態として現れる。「台頭」的契機における実践は事実を歪曲する必要がなく、歴史的運動の必然性に従うものである。これに対して「没落」的契機における実践は事実を歪曲してのみ実践であることができる。

ここで実践と表現したものを戸坂は「政策」と表現している。「政策」とは歴史的運動に従う実践的変革を意味する。そうして「政策」と「理論」は二重の意味において一致する。第一に客観的な政策が理論自身の政策として理論計画に反映し、真理内容の構成の骨格となる。第二に理論が十分な権利をもって政策を決定し、政策成功の展望を与える。「問題」は歴史社会の客観的情勢に基づいて政治的、政策的に選択されるが、理論の展開性ないし批判性は理論の実践性として現れる。問題選択の可否は、これに動機づけられた理論の論理的真偽として突き止められうるのである。したがって「政治的価値」のもっとも代表的なものと、「論理的価値」のもっとも現実的なものとは同じである。したがってまた理論は常に批判的、止揚的なものである。ところで歴史的社会の歴史的運動こそ、もっとも批判的、止揚的であり、政治的なものによってもっとも優越に段階づけられる。こうして真理と虚偽との価値関係の形態は歴史的社会的必然性によって決定される。

このように理論の歴史的推移と理論内容とは相関的である。「没落」的契機における理論は論理的矛盾を含む被批判性として、「台頭」的契機におけるそれは、この矛盾を止揚する批判性として、一定の論理形態としてそれぞれ歴史的段階を反映する。ここからまた整合性にとどまる内在的批判に対して、理論を止揚する批判は超越的でしかありえず、批判とは常に超越的批判でしかない、という洞察が生まれる。だがまた他方では、いかなる「思想」も歴史的社会的意味において一定の諸思想と相関関係にある。他の諸思想との連関性に関して鷹揚な戸坂は、それを他の諸思想への歴史社会的責任を担う「連帯性」であるという言い方をしている。

このような戸坂の理論についての把握は歴史的社会的存在の構造と理論形態との実践的あるいは弁証法的な関係についての透徹した洞察であったと言える。理論の歴史的社会的制約性は単に消極的なものではなく、実践的な意味あいを持つものである。したがってこうした実践的な理論という視座は理論と実践についてのすぐれて統一的な把握であり、単に知識社会学に還元できない弁証法的性格のものである。それは政治的性格を持つ日常性の論理に立つことであると言い換えてもよい。であるが故に戸坂は日常的科学は大衆性を持つことによって真理となり、科学の大衆化は科学が真理であるか虚偽であるかの価値に関わると言う。

戸坂の理論の把握は広義には思想あるいは観念あるいは意識形態としてのイデオロギーに関する把握であったと言

ってよい。理論が真偽性を持つと同様、イデオロギーにも真偽性がある。そうして科学とイデオロギーを端的に対立させるアルチュセールとは異なり、科学的理論自体がイデオロギー性を持つとされる。イデオロギーとは、イデオロギーという一つのものが、いくつかの対立物に分裂し、そしてまたその対立が一つのものにまで解消することを理想とする弁証法的概念である。イデオロギーは存在から出発し、存在から分離し、そしてまた存在に一致するという、観念ないし意識の、必然的な運命を物語る概念なのである（『イデオロギー概論』）。

戸坂のイデオロギー論の核心は、イデオロギーは「論理」構造を持つということにある。観念や感情や意志もそれぞれの形態の「論理」によって初めてイデオロギーとして機能する。この際「論理」とは存在をめぐる観念の構造形態とそのメカニズムであり、理論においては概念形成として現れる。存在の構造は「論理」という機関によって初めて、立体的な構築として現れ、「論理」の機能によって、意識の形態にまで媒介、転化される。イデオロギーは単なる心理ではなく、イデオロギーの論理学にまで立体化されなければならず、意識は「意識形態」であらざるをえないのである。

イデオロギーはしたがって存在の単なる反映ではない。歴史的社会的存在の框《かまち》を通ってイデオロギーはイデオロギーの資格を得、意識形態はそれが反映しようとする対象の構造を通過させることによって形づくられる。それに関わる「論理」もまた、この形態の具体性に対応して、具体性を持たなければならない。この「論理」の形態がまず第一に「範疇」（カテゴリー）である。範疇はその社会的発生によって、また歴史的系統によって成長する。要するにイデオロギーは単なる観念形態ではなく、論理的、歴史的価値を負った範疇構造を持つものである。

こうして一切の意識内容や文化形態はイデオロギーの論理的範疇によって整序されうることになる。芸術、道徳、宗教といった一切の文化もまた範疇体系によって組織が与えられる。戸坂のイデオロギー論は範疇論に立脚することによって、理論や思想そのものだけでなく、政治秩序、文化といったイデオロギー現象に関して、現実に対応する諸観念等の論理構造を解析することによって、それらの思想的文化形象を批判する武器を提供したと言える。それは例えば自由主義の分析的論理やファシズムの実証的あるいは没論理、京都学派の「絶対弁証法」の論理や田辺の「種」の論理といった範疇がどのような現実把握と実践の方向づけの構造とメカニズムを持つかを解明することによって、そのイデオロギー的特性を明らかにすることができるであろう。

もっとも戸坂のイデオロギー論においては論理的範疇に過重な負担がかけられているようにも見える。それは端的には唯物史観によって規定されており、そこには現実と理念との一義的な関係が予想されている。だがイデオロギーは現実の諸関係が反映あるいは転化し、論理的価値を帯びることになったものであり、そこには真偽性があるというそのイデオロギー論の趣旨は、イデオロギーは任意的なものではなく、現実と観念の間には必然的な構造とメカニズムが備わっているということにほかならない。このイデオロギーのカテゴリー構造あるいは思惟の様式の有意味性についての認識はその後ほぼ丸山真男を最後として見失われるものである。

理論に関するならば、それは現実と実践との間の必然的な構成形態であり、したがってまたその構成から離れる諸思想との連関が生まれることになる。しかしそのように言うことができるためには現実と思想や理論の対応関係の実践的、論理的な可能性の解明が必要であろう。それが思想史と言われるものの本来の仕事である。しかし戸坂はその公式を提示するにとどまり、かならずしも十分に果たしえたとは言えない。

戸坂のイデオロギー論はイデオロギーの論理学とともに、イデオロギーの社会学を持つ。そこで彼が関心を示しているのはもはや知識社会学ではなく、ジャーナリズムとアカデミズムという社会的形態である。「ジャーナリズム」の特色は、その現実行動性、時事性にある。ジャーナリズムは歴史的社会の運動の本質において一つの必然的な役割を持っている。だが今日の資本主義制度下におけるジャーナリズムは、商品価値の点から無定見性の可能性を実現し、そうすることによって当面性、実際性を失い、世論指導能力を犠牲にすることになる。他方で「アカデミズム」は、歴史的社会の運動に必要と考えられる諸形式を与えることによって、これを独自に指導することに専念するイデオロギーの運動形式である。アカデミズムは伝統的、基本的、原理的なものを用意する。だが現代におけるアカデミズムは、主として大学の本質によってその実質を決定されており、その封建的出自からして、末期的資本主義の最後の武器となっている。「半封建的大学」は資本主義国家の完全な武器となり了わり、懐古的国粋的ないしファシスト的反動の役割を課されているのである。

戸坂のイデオロギー論が結実しているのは一九三五年に出された『日本イデオロギー論』である。ここでも当然ながら社会科学的なイデオロギー分析が出発点に置かれている。つまりイデオロギー現象がいかなる生産関係によって制約、対応されているかが分析される。時代的、階級的あるいは個人的な生活利害によって、イデオロギーの真偽関係が編成されていることが発見される。歴史的社会的諸構造分子の各々の立脚点から、歴史的社会の客観的現実が主観的に反映、模写されるが、そのされ方における制限と歪曲が、イデオロギー性として析出する。

戸坂のイデオロギー論の主たる対象となるのは当然ながら時代のファシズム現象である。戸坂によればファシズムは、帝国主義化した独占資本による社会支配が、階級的必要によって生じた絶対主義を媒介とすることによって、各種の立法、行政、司法を通路として成立している。ファシズムは帝国主義の矛盾を対内的には強権によって蔽い、対外的には強力的に解決できるように見せかけるため、社会意識の動揺を受けた広範な中間層を利用する政治機構である。すなわち無産者の独裁に対してもブルジョアジーの露骨な支配に対しても情緒的に信念を失った中間層が情緒的に自分自身の利害だと幻想するところのものを利用して、終局的には大金融資本の延命に資する手段とする。

戸坂の観察によれば日本ファシズムには軍国主義的な性格が強いが、それは農村中間層がファシズムの社会的地盤であり、封建的な意識を糾合するものであるからである。したがってそれは家族主義に代表されるような「原始化主義」に帰着する。こうした観念の原始化は遅れた社会層の特色であるが、社会的意識の動揺の甚だしい中間層一般をも捉えずにはおかない。ここに農本主義だけでなく、反技術主義、反機械主義、反理性主義、精神主義、宗教的神秘主義が生じる。だが軍国主義は精神主義だけでは足らず、復古主義とならなければならない。このようにして日本ファシズムを表現する日本精神主義、復古主義的な日本主義が登場したのである。

戸坂の観察によれば日本のファシズムはすでに議会に及んでいる。一般にファシズムは独占、金融資本の社会的政治的体制であり、現実的には大ブルジョアジーの利害を代表するものであるが、ファシズムに特有な性質として、現実的な地盤が観念上の地盤と社会層を異にしている。かくして政党ファシズムは中間層の利害を代表するかのように、中間層自身によっても考えられているのである。その他には官僚、軍部さらに右翼国粋反動団体がある。ここに封建的残存勢力を基礎条件とした日本固有のファシズムが成立するのであるが、戸坂はこの日本のファシズムの一般的な分析を企てる余裕は持ちえなかった。それは第二次大戦後の丸山真男を待つことになるのであるが、戸坂はすでにその基本特性を把握している。

戸坂が主な課題としているのは日本ファシズムのイデオロギーを代表している日本主義の分析と批判である。現在の日本は全く「行き詰まっている」と言われ、そこに各種の「愛国強力運動」が生じているのであるが、戸坂によればそうした発生自身が日本の「行き詰まり」にほかならない。そこに日本精神主義、農本主義、アジア主義といった様々な意匠が生まれる。だが日本主義ということは言葉自体に限界があるのであり、どこの国どこの民族とも、「範疇」上の移行の可能性を持っている思想や文化でなければ、本物ではないのである。伊藤証信、紀平正美、安岡正篤、鹿子木員信、橘孝三郎、権藤成卿、大川周明といった論者を一瞥した戸坂は、日本精神主義というものが空疎で雑然としたものであり、何らの内容もないと同時に、どんな内容でも勝手に押し込むことのできる「ガラクタ」であると論断している。

戸坂が日本イデオロギーとして注目しているのは自由主義的なそれである。戸坂によれば日本の自由主義のうち政治的自由主義としてはブルジョア唯物論に立つ長谷川如是閑がなお異彩を放っているものの、自由主義はほぼファシズム化している。そうして生き延びている自由主義は文化的自由主義にすぎないのである。この文化的自由主義のイデオロギーとして戸坂が注目しているのは解釈学である。つまり解釈学は哲学の名の下に、実際問題を回避する形而上学、観念論なのである。そこに著しいのは反科学主義、反技術主義であるが、それはブルジョア社会がその矛盾を自然科学のせいにまで転嫁しようとしていることを示すものにほかならない。こうした日本的な解釈哲学を代表しているのが和辻哲郎の日本主義倫理学である。この自由主義者は日本主義を援助しており、それは文化ファシズムとしての文化統制運動となって日本主義の側から感謝されるものとなっている。日本主義は日本型のファシズムなのである。

戸坂は解釈学の特定のあり方として文学的自由主義を挙げている。これは文学的表象をそのまま哲学的論理的概念に仕上げたものであり、こうすることによって、現実の秩序に基づく現実的な範疇組織(＝論理)の代わりに、イメージとイメージとをつなぐに適した範疇組織をもたらす。これは哲学の文学化という一種の観念論である。文学的自由主義は小林秀雄に代表される。だが戸坂によれば文学的自由主義者は政治的なものを機会主義としてしか理解しておらず、文学主義はひとつの「美人画」にすぎない。現実界の矛盾は人間的不安にまで還元され、それと取り替えられる。これほど「モラリティー」の欠乏した形而上学も珍しいのである。現に彼らはファシズムに対抗するよりもプロレタリアの抑圧に対して貢献している。この美的自由主義は世紀後半のポストモダニズムの先駆形態であるが、戸坂の時代においてはファシズムの先導者であったのである。

解釈学が「現実」を単に解釈するにとどまるものであるのに対して、条件となっている「現実」を突きつけるものとして唯物論がある。それはハイデッガーが神秘的な本来性を求めたのに対して、日常性が非本来的になっているとすれば、そうした日常性を問題としなければならないとしたフランクフルト社会研究所のアドルノの視点と重なるものである。現に解釈学の支配にあって戸坂が持ち出しているのは、「実際性」の原理であり、「日常性」の原理であった。「常識」とは単なる共通感覚ではなく、社会的な日常感覚なのである。「アカデミック・フール」とは違い、彼は「日常性」の原理の手近な証拠として、ジャーナリズムを挙げている。だが戸坂によれば「世論」は今では社会の一隅から起こる「私語」であるか、そうでなければ「統制的官衙」の石段を粛々として降ってくる声かであり、「常識はもはや地上のどこにも見当たらぬ」。

にもかかわらず、あるいはまさにそうであるが故に、戸坂はなおも「啓蒙」ということを強調している。明治以来今日ほど「啓蒙」が必要な時代は久しぶりなのである。しかも今日の啓蒙が打ち払うべき妖雲は、日本的「封建制」の基礎条件を目的的に採用することによって、意識的に導入されようとしているものである。したがって彼の啓蒙は自由主義的啓蒙、理性の自由な使用というカント的啓蒙、「福沢的啓蒙」と同じではありえないであろう。しかしそれに対して戸坂は、その内容は「機械論を脱した唯物論」であり、本当の合理性と自由はここで初めて実際的な問題になれるという以上には述べていない。そこには現実的かつ能動的な思想の提示が必要だったであろうが、そうした言い方しかなしえないところに、とりもなおさず戸坂の苦境が示されているであろう。

だが戸坂はファシズムが唯一の残された道であると言われるなかで、社会主義はこうした機会を利用してこそ、思想運動としての深度、身近さ、大衆性の素地を養うのだ、と語っていた。そうした幾分楽観的なその期待は裏切られ、一九三八年には彼もまた治安維持法違反で逮捕され、唯物論研究会は解散され、四五年八月、酷暑の長野刑務所で獄死している。享年四十四歳であった。戸坂は体制政党だけでなく、無産政党も労働組合も解体し、マルクス主義者は投獄され、自由主義的ファシズム批判は発売禁止となり、政治的のみならず言論活動も圧殺され、跛行的に展開してきた日本近代が断末魔を迎えた時代にあって、唯物論を論じただけで拘束され獄死させられた。彼は政治的には吉野作造が顧問をしていたことのある社会大衆党の党員だっただけである。ファシズムに透徹した認識をもちつつ、獄中にあっても諧謔精神を失わず、悠揚迫らぬ戸坂のような人物を殺したということだけでも大日本帝国の精神の闇を知ることができる。

一九三三年、当時高等学校生であった丸山真男は長谷川如是閑が会長をしていた唯物論研究会の第二回の講演会に出て検挙されている。そうしてこのことは偶然とはいえ、「啓蒙の弁証法」を被らざるをえなかった近代日本の再「啓蒙」を体現することになる丸山の思想的出自の確かさを予期させるものとなろう。

第二節　未完の日本デモクラシー――丸山真男――

近代というプロジェクト

昭和一桁時代に学窓生活を送った丸山真男には天皇制ファシズムを体験したということとマルクス主義によって鍛えられたことが前提的与件となっている。前者は彼にとって克服の対象でしかなかったが、後者に関しては、丸山はいわゆるマルクス主義者にこそならなかったものの、少なくとも吉野作造が社会主義者であった程度においては終生マルクス主義者であったと言ってよい。青年期に共産主義にかぶれ、後年には反共主義に転じるといったレベルの例が多い中で、丸山が決して反共主義者になることはなかったということは注目されることである。だがファシズムとマルクス主義の両方に欠けていたのはリベラルな市民社会の契機であり、丸山はその狭い道を通ってリベラルなデモクラシーを求めていくことになる。

丸山がマルクス主義に全面的にはコミットできなかったのは、第一にはそれが彼の本質的に政治的な関心と相容れないものであったからである。マルクス主義は政治的国家を階級的現象であるとし、したがって国家とともに政治を止揚することを志向しており、政治は否定的な意味あいを持つものにとどまるものであった。だが丸山はそうしたドグマには懐擬的であり、「政治」は経済から相対的に独立しているという以上に固有性の機能を持つものと受け止められていた。第二には彼にはマルクス主義のイデオロギー論が十全でないと思えたことである。物質が意識を規定し、土台が上部構造を規定するという基底還元的な唯物論は、現実が思惟を規定するとともに、思惟も現実を生み出すものであることからして、不十分であるとせざるをえないものであった。

丸山が理論と実践の統一を標榜するマルクス主義の楽観においそれと与しえなかったのは、彼が新カント派哲学に接触していたことも関係している。つまり因果連関と価値妥当との二元論の哲学である。意識は現実によって規定されるとするマルクス主義にもかかわらず、思惟主体は階級等に属しつつも、意識や主義や理論は自動的に懐かれるものではない。もっとも新カント派の事実と規範の峻別という原理自体は丸山にとって不十分なものであった。そうした彼にとって現実と思惟との連関、イデオロギーの把握の難問に対して打開の道を与えているように見えたのはカール・マンハイムの知識社会学であった。丸山はことにマンハイムの「事実」発生と「意味」発生の区別や遠近法的な視座構造についての見方に示唆を与えられている。それはマルクス主義と新カント派が共有していた「対象」と「認識」との一対一の対応関係を斥け、精神史の方法を与えるように見えたのである。つまり先行する思惟様式、諸範疇を継受しながら、意味転換が生じ、問題設定の移動が生じる「精神史」特有の発展形態をどのように解するかということである（「思想史の方法を模索して」集十）。

無論こうした知識社会学は正統的なマルクス主義からは退けられるものであり、思想をあたかも持ち運びできるかのように見る知識社会学への関心は丸山の学問にとっても幸いであっただけではない。現に戸坂潤は「思惟」と「存在」が間接的に「関数関係」にあるとするマンハイムの知識社会学はイデオロギー論を社会学にしてしまったと評していた。戸坂にとってイデオロギー論は、理論の問題を単に形式的にでなく、実質的に、つまり真偽対立の問題として提出しなければならないのである。しかし「台頭的イデオロギー」は真であり、「没落的イデオロギー」は偽であるという戸坂のイデオロギー論は、少なくともプロレタリアートの台頭をもたらしえなかったという点では、思想分析の公式にとどまり、必ずしも有効でなかった。その意味で丸山にとってイデオロギー論は脱皮を迫られており、少なくとも現実と思想の実践的対応関係の分析、まさしく思想史的分析が要求されていたのである。

そうした丸山の知的カタログの一つの特色は、現象学や解釈学、端的にはハイデッガーに代表される当時の急進的な哲学的潮流、日本においては京都学派、とりわけ風靡していた西田哲学には関心を示していないことである。このことは丸山に哲学的問題圏への実質的な目配りがなかったと言うことではなく、精神史的産物に対する彼の扱い方は決して知識社会学的なものでなく、むしろその逆であった。しかしそこには明らかに守備範囲の限定がある。とりわけ西田哲学には禅宗的な要素があり、したがってまた宗教的な要素があったことに対するならば、丸山には宗教的、ことに仏教的なものへの関心が乏しいことは注目されることである。そこには彼の形而上学的健全さが窺われるのだが、同時に彼に何らかの哲学的な制限を与えることになるのである。

丸山の学問上の直接的な与件となっているのは大学の最終年次に書かれた「政治学における国家の概念」である。ここで丸山はまず、マンハイムにしたがって思惟の存在拘束性を認め、思惟は歴史性とイデオロギーを持つとしている。この世界では一つの問題の設定自体すでに評価づけを含んでいる。政治化の時代には一切の政治的決定を避けること自体が一つの政治的なポーズなのである。存在拘束性は直ちに科学性を否定するものではない。認識の歪曲はイデオロギー性の認識に徹底することによって最大限度に回避されるのである。

思惟の「存在拘束性」という観点は、「思惟」は「存在」に拘束されるとともに、「存在」を生み出すものであるから、師とすることになった南原繁から思惟の能動性の把握において不十分なものであると指摘される。しかし第二次大戦直後に書かれた「科学としての政治学」においても、政治学者はまず認識と対象との相互規定性、存在拘束性を承認しなければならないと言われているように、丸山はその視座を全面的には捨てていない。だが同時に政治的闘争に対して単なる傍観者を任じるものは、それだけですでに政治の科学者としての無資格を表明しているとされる。したがって理念としての「客観性」と事実としての「存在拘束性」との二元の戦いを不断に克服しなければならないのである。丸山の学問的視座は最終的にはマックス・ウェーバー的なそれに近いものであったと言ってよいであろう。

丸山の学生論文に関して注目されるのは彼が当初は近代の「市民社会」を批判的に捉えていたことである。市民的国家観は独占資本時代に入って国家権力との接近をもたらし、市民階級はもはや自由主義の担い手であることをやめて全体主義の陣営に赴いていると判断される。十九世紀においてブルジョア自由主義を語るのはよいが、二十世紀においてなおそれを語るのは無知でなければ欺瞞なのである。だが近代の合理的な思考様式が無力となる一方で、神秘的なもの、根源的なものに「捉われない自己」を見出そうとする反動が生じ、ここに中世まがいの国家観やファシズム的国家観が登場する。これに対して丸山はファシズムは市民社会の本来的な傾向を究極にまで発展したものであると捉え、それは極度の現実主義と極度の観念主義との奇妙な同居であり、独創的なものは全くないと結論づけている。

こうした近代社会の見方は同時代の戸坂の見方と酷似しており、ともに三十年代のマルクス主義の影響を想起させるものである。しかし丸山は問題の解決を端的なマルクス的社会主義に求めようとしてはいない。そうして我々の求める政治社会は個人と国家の対立を前提する個人主義的な国家観でもなければ、個人が等族の中に埋没してしまう中世的団体主義でもなく、まして奇怪なファシズム国家観ではなく、個人は国家を媒介としてのみ具体的定立を得つつ、しかも絶えず国家に対して否定的独立を保持するようなものでなければならないとする。そこで同時代の政治的な全体主義とは区別される「弁証法的な全体主義」が必要であるとしているのであるが、この「弁証法的な全体主義」に具体的に最も近いのはヘーゲルの人倫国家であったであろう。ヘーゲルは吉野作造以来、近代日本政治思想においても一つの導線となる。

しかしマルクス主義の洗礼を受けた丸山はヘーゲル主義になりきることもできないはずである。当然に丸山の政治観や国家観にはアリストテレス的な共同体主義への志向性などは見られない。注目されることは丸山はマルクス主義そのものは取らないとしても、ある意味でマルクスを継承し、しかしある意味では近代市民社会の見方にも通じて、政治的国家を外面的に見ていることである。このことは戦後まもなく出された「人間と政治」という論文にも見えるところであり、そこでは政治の本質的な契機は人間の人間に対する統制を組織化することであり、人間の外部的に実現された行為を媒介として初めて政治が成り立つ、という言い方がなされる。このように政治の外面性、技術性を必ずしも否定的にではなく捉えようとすることは、当初の近代「市民社会」へのヘーゲル的、マルクス的消極視にもかかわらず、彼が批判的に捉えられた近代「市民社会」の原理を再評価していく背景となるものである。

丸山が大学を卒業した一九三七年は蘆溝橋事件が起こり、近衛内閣の「不拡大」方針にもかかわらず中国での戦争は拡大し、「国民精神総動員中央連盟」が成立するなど、全体主義的な体制が強化されることになる。またこの年には文部省から『国体の本義』が出版され西洋的個人主義が斥けられるとともに「天皇に絶対随順する道」が国民の道であるという完全に転倒した「近代」日本国家が宣教される。そうしてこの年に設置された文部省教学局には和辻哲郎等が参与に就任し、数年後には教学局から『臣民の道』が出版され天皇制イデオロギーの教化に寄与することになる。その反面で同じ年には矢内原忠雄の言動が東大経済学部長から反戦的であると非難され、大学を辞職せざるをえなくなり、翌年には河合栄治郎が大学を追われている。こうしたファシズム化の進行の中で反ファシズム人民戦線の唯一の雑誌であったと言ってよい『世界文化』の中井正一らも検挙されている。

法学部助手に就任した丸山に対して南原繁は和辻的な「日本精神」主義に学問的に対抗させるという意図の下に日本政治思想史の研究を指示することになった。西洋思想の専攻を志望していた丸山にとって、これは無茶な指示であったが、彼はこの期待に応えて、やがて日本政治思想史学の泰斗となっていく。助手時代の丸山は西洋との対比をべースにして近代以前の日本の政治思想研究に沈潜することになる。

丸山の最初の論文はヘーゲルの歴史哲学とマンハイムの視座構造論を導きとして徳川期の儒教政治思想の展開過程を解明しようとするものであった。そのテーゼは徳川期において教学としての位置にあった朱子学がいかに解体したか、そこに封建体制思想からの変容を見ようとするものであった。丸山によれば自然と人間を通じる原理があるとする朱子学の自然法思想は封建的な自然的秩序観を弁証するものである。この朱子学は古学派、ことに荻生徂徠によってその道徳的な自然法思想を破壊され、秩序は作為されたものであるとする見方にとって代わられている。本居宣長の国学はこうした徂徠学の影響を受け、朱子学的な自然法思想にさらなる変容をもたらしたと捉えられている。

丸山によれば徂徠の「道」は主観的な道徳ではなく、客観的、具体的な政治の道である。儒学の道がこのように政治的、客観的な道であると捉えられることによって、単に道徳にとどまった朱子学に対して、「政治」が発見されたと解される。それは西洋において政治を再発見して近代への扉を開いたマキャヴェリに通じるものであるとともに、あたかもカント的な道徳に対してヘーゲル的な人倫が発見されたことに対応するものである。「政治」の世界が発見されることは、他面においては「私的」な世界が解放されるということであり、ここに公私の区別が生まれる。この公私の区別は宣長にいたって朱子学的な道徳主義の解体を一段と進めるとともに、人欲の解放をもたらすことになった。このように丸山が徳川期の思惟様式の変容に見たのは、近代意識が徐々に芽生えているということなのである（集一）。

丸山の第二論文は同じ素材を対象にし、「自然」と「作為」という範疇で近代思想の論理的鉱脈を探ろうとする。すなわち封建社会の観念的基礎をなした朱子学の「自然」的秩序の論理に対して、荻生徂徠はそれを主体的「作為」の論理にまで転換したと捉えられる。「道」は聖人である先王が作為したものであったから「理念」に対する「人格」の優位が徹底され、政治的支配者の未来に向かっての作為が可能となる。無論徂徠は自然経済を復活させようとしたのであって、直接的には絶対主義をもたらしている。しかし丸山によればそれは西洋における中世的社会意識の近代への転換過程にほぼ対応するものであった。徂徠学は「秩序」に対する「人間」の優位を示すことによって、一切の秩序の人間意志による改変を教えたのである（集二）。

丸山の徳川政治思想研究は戦後『日本政治思想史研究』として刊行されるが、英訳版の自序でも認めているように、問題点がないわけではない。朱子学自体当初から何らかの程度において日本的に変容していたのであるが、より大きい問題は徂徠の作為説の評価にあろう。確かに徂徠は儒学の道を朱子学におけるような「自然」の道とは異なって、聖人が「作為」したものであるとした。しかしそれはあくまでも古聖人の作為したものであって、現実の支配者あるいは人民が主体的に作為するものではない。時代の人間にとって、それが外から与えられた規範であることは否定できない。したがって徂徠の説は絶対主義への適合性は持つとしても、必ずしも市民的社会に通じるものではなかった。そのいわゆる作為説は社会契約の論理とは差異を持つものであったのである。

したがって徂徠において西洋のマキャヴェリに対応するものを見るのはともかくとして、それがいわゆる自然法思想の解体に類似するということは簡単には言えないことである。丸山は自然法ということで主に中世的自然法を念頭に置いており、それはある程度においていわゆる朱子学的自然法に類似している。だが西洋においては中世的自然法は近代に至って主体的自然法に転換し、さらには自然権思想をもたらし、それはまさしく近代社会の原理となるものである。それは単なる「自然」から「作為」への移動ではなく、そこには「自然」概念の変容がある。このように見ると朱子学的自然法の解体のあり方には西洋近代の歩みとの差異を見ることができる。

このことは歴史的な推移に関しても言いうることである。徂徠以後の展開を見るならば、「作為」の論理は再び「自然」の論理の揺り戻しの前に後退する。一方安藤昌益によって急進化されるとともに自然回帰的な社会への志向を生み、他方宣長においては儒学的秩序の作為性が逆に斥けられるとともに、再び自然への復古的な道が求められることになった。また宣長における道学的合理主義と規範主義の否定は、そのまま価値化され、政治の文学化をもたらすことになった。そうして幕末に至って制度改革が大々的に唱えられながらも、それはいずれも上からの変革であり、庶民には何らの能動的な地位が認められていない。そこには「町人」的自然主義はあっても、「市民」が社会を作るという論理は存在しない。幕末における政治的転換が封建体制の原理そのものの転換ではなく、実践的あるいは多分に実用的な論理でなされたのは不思議なことではないのである。そのことがやがて来るべき明治維新の基本性格を規定することになる。

このように見るならば徳川期の儒学的思想の変容は単純に近代的な論理への転換であるというよりも、むしろ特殊日本的な近代に向けての変容のように見える。しかし丸山があくまでもそうした問題把握をなしたことには理由があった。それは時代が天皇制ファシズム期にあり、しかも前期的ポストモダンの論者によって「近代の超克」が叫ばれていた時に当たっていた。そこで丸山としては近代の原理を獲得するという問題意識の下で徳川期を検証しようとしていたのである。近代が課題であればこそ徳川期においてどのような近代の可能性があったのかという検証が必要であり、それが十全なものでなかったとすれば、またそれは明治以降の近代の課題の提示ともなる。したがってこうした仕事は丸山が日本の近代を「未完のプロジェクト」（ハーバーマス）として受け止めていたことを示すものであろう。

だが徳川期政治思想の推移は「自然」に対置される「作為」という概念で捉えられるかという問題があった。丸山は第一論文の終わりで、徂徠的な「規範的制約を排した歴史的事実」の独自的意義をいかに「価値」に関係づけるかという問題が残されているとし、その問題「だけ」が残されるとしていたのであるが、そうした実証主義的な精神態勢と規範的価値とは容易に関係づけ難いのである。しかも「作為」自体「自然」に媒介されなければ空虚なものとなる。「作為」あるいは「自然」は実証主義的に把握されるべきものではなく、両者は弁証法的関係にあると言わざるをえない。丸山は反面教師の田辺元とは逆に、弁証法に徹していないところがある。

この問題は戦後丸山が封建社会を特色づけた「ある」の論理に対して、近代の論理としての「する」を対置した際に引き継がれることになる。彼は近代化を単純に「ある」から「する」論理への移行とするわけではないが、その二項対置的な語法にはやや啓蒙的進歩観の趣があることを否定しえない。サルトル的に言えば、丸山が実践態に対する惰性態の意味を比較的軽く見ていることは、彼の近代論に若干の困難をもたらすことになるのである。

ともあれ丸山が近代への移行に当たって主観的道徳から即物的、技術的な政治観への変容を重視して徂徠に注目したことは、さらに幕末維新期における福沢諭吉への注目となって進展する。現に彼は一九四二年には「福沢諭吉の儒教批判」という論文を書いている。この論文では福沢の儒教批判が分析されるとともに、しかしそのあとがきでは、福沢の日清戦争への強硬論は彼の反儒教主義に由来するものであるという理解を与えている。だがこの福沢への理解は福沢の知的合理主義の政治的一面性つまり啓蒙専制主義に通じる一面に十分に目配りしていないように見える。日本精神主義への違和感からか、技術的思考者である徂徠や福沢に眩惑されることになったのは、戦後啓蒙に立ち向かわなければならない丸山にある種の難問をもたらすことになるのである。

しかし丸山は徂徠はもとより福沢と同じではない。それは一九四四年の論文「国民主義の「前期的」形成」からも窺うことができる。この論文の主題は国民主義つまりナショナリズムの問題である。丸山は国民主義は近代国家が存立していくための不可欠の精神的推進力であるとしている。マルクスのインターナショナリズムの影響を受けたはずの丸山は必ずしもナショナリズムを全面的には否定しておらず、その一定の意味を認めているのである。しかし徳川封建社会のナショナリズムをたどってきた丸山は、政治力の「国家的凝集」と「国民的浸透」の二つの方向のうち終始圧倒的な役割を与えられたのは政治的集中の契機であったことを指摘する。このために政治的混乱を克服すべき政治力はついに「庶民」の間からは成長せず、幕府消滅後に出現した政治形態は朝廷の下における雄藩の連合であった。それは近代的国民国家を形成すべき明治維新の性格を決定づける（集二）。丸山は必ずしも認識していなかったのだが、その後の歩みを主導したのも福沢的な「国家的凝集」の論理であったから、自他とも独立した「国民」を形成するという福沢自身のプロジェクトが頓挫したのは不思議なことではない。したがって丸山の福沢理解のいかんにかかわらず、福沢が果たせなかった課題は丸山自身に引き渡されることになるのである。

天皇制ファシズムの精神構造

敗戦の年末に丸山は「近代的思惟」という宣言的な文章を著している。そこで彼は「近代的精神」が早々と悪名高いものとなり、あたかもそれが現代の諸悪の根源であるかのように、その「超克」という言葉のみが支配的となった過去数年間を顧て、日本における近代的思惟の成熟過程の研究に腰を据えて取り組みたい、と書いている。日本においては近代的思惟は「超克」どころか、真に獲得されたことすらないのである。

だが彼は過去の日本に近代思想の自生的成長が全く見られなかったというような見解も決して正当とは言えないとする。それは国民自らの「思想する力」についての自信を喪失させ、結果において近代思想即西洋思想という安易な等式化へ逆戻りする危険を包蔵している。そういう一刀両断でなく、展開過程において隠微のうちに湧出しつつある近代性の源泉を探り当てることが大切なのである。丸山の国民の思想に対するこうした基本姿勢は、徳川思想史研究以来、終生一貫している。

そうした丸山にとって、ファシズムを経験したことは、まずこの現象が解明されなければならないテーマとなる。『現代政治の思想と行動』の前半に置かれた諸論文は「ナショナリズム」「軍国主義」「ファシズム」等のイデオロギーを解明しようとするものである。大衆の自主性に根ざした「民主主義」や「社会主義」のイデオロギーが敏速な適応を欠き、大衆の解放を阻止する「ファシズム」等のイデオロギーがこの状況を全面的に利用したということは現代史の大きなアイロニーである。したがってそれらに伴う非合理的な要素を軽蔑することなく、非合理性を非合理性として合理的に観察の対象とすることによって、それをコントロールすべきなのである。

丸山はファシズムを反革命体制であるというような問題のある言い方もしているが、彼においてもファシズムは、広義には危機に立たされた独占資本の支配体制であり、狭義には極右政党ないし軍部・官僚のなかの反動分子による独裁である。それは立憲主義と議会主義の否認、自由主義・共産主義・国際主義の排撃、全体主義・民族至上主義・軍国主義の高唱を特徴とし、多くの場合、独裁者の神化と指導者原理に基づく社会の権威主義的編成を随伴する（「ナショナリズム・軍国主義・ファシズム」集六）。こうしたファシズムが生じた背景には第一次大戦後の資本主義が陥った一般的危機があり、資本主義の最も反動的な部分が示すヒステリックな痙攣として立ち現れる。

ファシズムに関して丸山が主に注目しているのは、かつてファシズムをデモクラシーの危機として捉えたヘルマン・ヘラーと同様、デモクラシーに対立するその政治的側面である。そこでは民主的偽装のもとで「強制的同質化」（グライヒシャルトゥング）と「セメント化」が大衆の非理性的な激情を動員することによって遂行され、「合意による支配」という近代的原理をいつしか「画一性の支配」にすりかえる。無論ファシズム自体は積極的目標と理想を欠いており、最後には戦時体制を維持し再生産することが唯一の目的となるようなものであるが、大衆が自己の自由と権利の喪失を歓呼することはありえないというオプティミズムは、「マスの制度化」という「魔術」の前にもろくも崩壊したのである。ヒトラーの『わが闘争』は、大衆には中途半端なものはアピールせず、大衆は宣伝によって自分の自由が蹂躙されても、そのことに気がつかないものであるとして、冷徹にその対象を捉えている。この意味ではファシズムは単にファシズム期の現象ではなく、大衆社会に内在している。

丸山が主として対象としているのは日本のファシズムである。彼によると民衆に基盤を置くとともに直接的な暴力的独裁として登場したイタリアのファシズムやドイツのナチズムと比較した場合、日本のファシズムは「上から」のファシズムの特徴を持つものであった。一般にファシズムは資本主義の暴走と社会主義の脅威に動揺した中間層を主たる担い手として巻き込んだ運動であるが、中間層が不安定な日本においてはファシズムは必ずしも国民的基礎を持ちえなかったのである。同時代人として観察した丸山によれば、日本のファシズムの担い手となった中間社会層（旧中間層とも言われる）は小工場主、土建請負業者、小売商店主、小地主、学校教員、下級官吏、僧侶、神官の層であった。他方で都市サラリーマン、文化人や学生といった中間層（新中間層とも言われる）はファシズムの積極的な担い手とはならなかったが、彼らは知識的、文化的に孤立した存在であり、またその教養は頭からきた知識であったから、ファシズムに対して敢然として内面的個性を守り抜くといった知性の勇気には欠けていたのである。日本ファシズムの社会的基盤についての丸山の観察は大衆の受動的随順の面を軽視しているように見えるが、能動的運動の要素に乏しかったことは否定できない。ファシズムが一般的にそうであるが、特に日本のそれが市民社会の脆弱性に深く関わっていることは言うまでもないことである。

こうして、日本のファシズム運動では各種の右翼団体、暴力団、青年団等々の半官半民的な団体が前衛をつとめつつも、これらは最終的には脱落する。二・二六事件以後は日本のファシズムは「合理化」され、支配機構の中に合法的に前進していく。ブルジョア民主主義革命を欠いた日本では明治以来の絶対主義的・寡頭的体制がそのままファシズム体制に移行しえたのである。こうした「上から」のファシズムはまたファシズム「革命」を持っていないことにおいて特徴的である。民主主義革命を経ていないところでは、ファシズム運動の「下から」の成長もありえないのである。このように体制化、管理化された日本のファシズムはヨーロッパの独裁的ファシズムに対比するならば、民族社会主義的な要因は共通に持ちながらも、すぐれて主体なき全体主義と呼ばれるにふさわしいものであった。

丸山はこうした日本ファシズムの支配構造に注目しているが、その行動は最下位の「無法者」（アウトロー）から発して漸次上昇し、文武の「役人」が実権をふるう。しかし彼らは最上層の「神輿」から下降する正統性をもとにして無力な人民を支配するものの、「無法者」に尻尾をつかまえられて引き回される。日本の最高権力の掌握者たちは実は彼らの下僚のロボットであり、その下僚はまた出先のゴロツキなどに引っ張られて、匿名の勢力の作った「既成事実」に追随していかざるをえなかったのである。「既成事実への屈服」とは、現実がすでに形成されているということを是認の根拠とする態度である。

丸山の指摘する日本ファシズムにおける「既成事実への屈服」や「権限への逃避」それ自体は官僚制一般の特徴であろう。だが決定当事者の主体性の乏しさと責任意識の欠如という官僚主義の特性は、没主体的主体としての天皇を戴いた日本の全体主義においては増幅されて現れる。ここでは「政治家上がりの官僚」はやがて「官僚上がりの政治家」となり、ついに「官僚」のままの、つまり形容矛盾的な「政治家」が氾濫することになる。であるが故にそこでは独裁そのものが生じるというよりも、その観念に代わって「抑圧の移譲」による精神的均衡の保持とでも言うべき現象が生じる。しかももっぱら上からの権威によって統治されている社会においては、統治者は矮小化するとともに恐々として部下の動向に引きずられる。他方「抑圧移譲」原理が行われている世界では、最下位に位置する民衆の不満はもはや委譲する場所がないために、必然に外に向けられることになる。日本のように非民主主義国の民衆が熱狂的な排外主義の虜になりやすい所以である。かくして外交交渉において対外硬論は必ず民間から出るというメカニズムになる。

こうして日本ファシズムは天皇制官治主義の病理現象ということになるが、この体系を特徴づけるとともに、それを規定しているのは、その頂点にある「神輿」としての天皇である。それはその精神構造の問題に行き当たらざるをえない。一般に日本ファシズムのイデオロギー的な特質としては家族主義的傾向や農本主義のような復古主義的傾向が挙げられる。だが他方で生産力拡充の要請がある。そこに日本資本主義の矛盾があり、このために思想運動は少数者の観念的理想主義として展開されるほかないことになり、日本ファシズムの神話的なオプティミズム、空想性、観念性、非計画性をもたらすことになる。これがつまるところ凡百の天皇制イデオロギーの問題である。しかし丸山はそうしたイデオロギーを弁証する京都学派的な議論には直接的な関心を示しておらず、もっぱらその社会的メカニズムを分析するという方向を取っている。

注目されることは日本ファシズムにおける権威の中心的実体である「天皇」も価値の創造者ではないことである。天皇もまた無限の古えにさかのぼる伝統の権威を背後に負っている。その中心は確固とした「点」ではなく、これを垂直に貫く一つの「縦軸」のようなものである。この天皇の空洞性は皇祖神が通過の神であることの現れであり、中心からの価値の無限の流出は、縦軸の無限性によって担保されている。天皇制の無限性、「天壌無窮」が価値の妥当範囲の絶えざる拡大を保障し、逆に天皇制国家の拡大が中心価値の絶対化を強めていく（「超国家主義の論理と心理」集三）。丸山はこのように天皇制イデオロギーと対外拡大との呼応を解釈している。かくして天皇制ファシズムは「軍部」ファシズムという特性を持つことになる。もともと軍国主義は技術的知識と政治意識の成長がシェーレを描いているところほど成長しやすいものであり、その意味では天皇制ファシズムを特徴づける軍国主義は大衆国家と民主主義のギャップから生まれた畸形児なのである（「ナショナリズム・軍国主義・ファシズム」）。

だが「絶対君主」と「立憲君主」とのヤヌスの頭を持った「三代目」の天皇自体神秘化されるとともに矮小化していた。したがってその下にはますますもって小心翼々たる「臣下」意識が蔓延する。天皇制をイソップ物語にある「禿頭」にしたのはその臣下達だったのである（「軍国支配者の精神形態」集四）。こうした天皇制的支配様式の構造的無責任は権威と権力が単に分離しているというだけの問題ではない。ここでは支配の正統性が依存している天皇自体が空虚な主体として責任を負わないものとなるだけでなく、最高権威が実質的決定者でないから、そこでは最高権威を持たない、したがって責任も持たない臣下としての役人が恣意的に権力を振るうことになる。ここに誰も責任をとらず、ズルズルべったりに盲目的に進行する政治体系が出来上がる。それは責任主体不在の官治主義による他律的な全体主義と呼ばれてもよいであろう。丸山はこうした日本ファシズムを膨大な「無責任の体系」によって特徴づけたが、それは「神輿」「役人」「無法者」の循環によって形づくられていたのである。

こうして見るならば丸山も言うように、明治藩閥政府が自由民権運動をあらゆる手段によって抑圧し、絶対主義を糊塗する「明治憲法」が作り上げられたときに、その後の破綻の素因は築かれていたと言ってよいであろう。帝国議会は一貫して政治的統合が最終的に行われる場ではなく、没主体的主体としての天皇の下で本来的に没主体的な官僚主義が蔓延する。他方で国家が価値を体現しているかのように見なされ、「教育勅語」は日本国家が価値内容の独占的決定者であることの公然たる宣言であった。かくして国法は絶対価値である「国体」から流出するものとして、いかなる精神領域にも自在に浸透することになった。ここでは国家秩序によって補足されない私的領域というものは本来一切存在せず、官僚体制を通して「国民精神総動員」というやり方が容易にもたらされる。そうしてつまるところ天皇という「究極的価値」への接近度が全国家機構を運転する精神的機動力であるという帰結がもたらされる。しかしこうして「倫理」が「権力」化されると同時に、「権力」もまた「倫理」的なものによって中和される。こうして近代の市民的デモクラシーとは反対のシステムが他律的に逆走する。

丸山は日本ファシズムの指導部の矮小性や無責任性に強く印象づけられているが、主体的決断というその視座は彼におけるようにデモクラシー原理が前提されていない場合は、ナチズム的な権力主体の決断主義の容認をもたらしかねないものである。だが丸山の主題はまずは構造とメカニズムの問題である。それは主体不在の相互依存の全体主義システムであり、であればこそ、あれだけの戦争をしておりながら、当事者には戦争を起こしたという意識自体が欠落することになる。

丸山が日本ファシズムを論じていたのは第二次大戦後、数年内のことであり、関心に偏りがあるのは当然とも言え、今日では補完も必要であろう。まずイデオロギーの範疇構造に関しては、京都学派と没主体的無責任体制との関係が注目されてしかるべきであろう。そこでは「個」と相即する「全体」は絶対無の「場」であり、このシステムの頂点にある天皇も没主体的「場」であるにすぎないという特性である。この「個」が消尽する「場」は「場」であることによって、あらゆるものを包摂することになり、この無限抱擁のシステムは一面では子供に対する親の慈愛の体系であるが、個には独立的人格は否定されており、この情緒的体系にも権力の論理は貫徹している。この「場」は磁場でもあり、磁力の場を離れる試みには呵責のない制裁が与えられる。直径の短い天皇制という星においても重力場が働き、崩壊過程においてはブラックホールとなり、合理性が通用しないこのシステムのメカニズムは外部からはもはや観測されえないものとなる。つまりこの他律的全体主義においては権力はぼかされ、責任の所在は不明確になる。

他方でイデオロギーの基盤としてのエートスの面では、そこにもある程度の自発的メカニズムがないわけではない。無論没我的忠誠を称賛する教化があったことは当然である。だがそこには大勢追随の保身だけでなく、不安定な社会にあって自由から逃走する盲目的服従の快楽もないわけではない。そこに何らかの能動性も発揮されることは死ぬことを美化してきた靖国神社にある程度の自発性をもって動員された庶民の存在が示すとおりである。それはあたかも高温化された海水から立ち上る蒸気の渦が台風のエネルギーとなるように、市民ならぬ臣民が自ら意志せず、だがそれなりに心情的に発情して同調し、盲目的に進行する他律的な運動に巻き込まれるようなものであった。

この天皇制的精神構造に対して、後に丸山は日本精神史の「古層」という紛らわしい表現を与えることになる。それは生成活動の価値化に根ざし、したがって普遍的規範よりも状況を優先させるものであり、政治的には共同体に利益になるものが善であるとする集団的功利主義をもたらす。徳川時代には習性化し、近代の危機にあっては市民不在のこの土壌は天皇制的ファシズムをもたらしたのである。いずれにしてもこの没主体的なファシズムは他律的な全体への随順であり、それはヨーロッパのドライな独裁的ファシズムに対するならば、ウェットな共同体的もたれあいの全体主義と呼ばれてよいであろう。

丸山は天皇の政治責任には直接的には言及していないが、後年「天皇のウヤムヤな居据り」は戦後の「道義頽廃」

の第一号であると断じ（「戦争責任論の盲点」集六）、天皇制が日本人の「自由な人格の形成」に致命的な障害をなしていると認識するようになっている（「昭和天皇をめぐるきれぎれの回想」集十五）。早々と天皇制打倒を掲げていた共産党に比較すると、丸山は遅まきながら天皇制と思想的に決別したと言ってよい。

ファシズムはウルトラ・ナショナリズムと称されたから、ナショナリズムについて付言しておこう。「ナショナリズム」（国民主義）それ自体に関するならば、丸山はそれをネーションの統一、独立、発展を志向し推し進めるイデオロギー及び運動である、と捉える。それに生命力を与える主体的契機は民族意識である。ナショナリズムの運動形態の特徴としては、一般に大衆の無定形な感情を基盤とし、そこにナショナリズム運動の強みと同時に弱みがある。

ナショナリズムにもヨーロッパとアジアにおいては発現形態の違いが観察される。ヨーロッパの古典的ナショナリズムにおいては「人民主権」や「ブルジョア・デモクラシー」との結合も生まれたが、東洋諸国の民族意識はヨーロッパ勢力に対する反動という形で起こり、それに最も敏感に意識したのは「特権的支配層」であった。中国では支配層が近代化に失敗したためにナショナリズム運動は旧体制を根本的に変革せざるをえないことになったのであるが、日本においては旧体制を打倒したのは旧支配層の構成分子であり、この「上からの近代化」は目覚しく成功した。しかしこのことはまた「ナショナリズム」を「国民の解放」と決別させ、その諸シンボルを支配層ないし反動分子の独占たらしめることになったのである。

日本のナショナリズムは自発的というよりも対外的な危機感からする「愛国心」の喚起に迫られ、国民教育によって「上から」作り出されるという傾向を持つようになる。日本の近代化は伝統的な家父長制的忠誠を大々的に動員することによってなされたのである。その結果は近代の市民の代わりに、万事を「お上」に預ける「忠実だが卑屈な従僕」を大量生産することになった。頂点は常に世界の最先端を競い、底辺には伝統的様式が残る日本社会の不均等構造は、「ナショナリズム」というイデオロギー構造のなかにも貫徹し、表面的には強靭さを発揮したように見えながら、「デモクラシー」との結合を放棄することによって、近代日本の克服しがたい脆弱点をなしたのである。それが天皇制ファシズムの肥沃な壌土を提供したことは言うまでもない。

しかし丸山は日本においても「国民的な誇り」と「自由への誇り」が同義であった時期があったことを指摘している。明治初年には「愛国心」と市民的共同性の連携がなかったわけではなく、「自主愛国」の四字が彼らの合言葉であったのである。丸山は単なる「愛国心」を鼓吹する過去型のナショナリズムは民主革命と結合する来るべきそれとはなりえないであろうとし、求められるのは「ナショナリズム」と「デモクラシー」の結合であるという言い方をしている。ここで示唆されている市民的愛国心は後にハーバーマスが「憲法愛国主義」と呼ぶものと同じである。

旧来型のナショナリズムは大衆の自主的組織の成長をおしとどめ、その不満を国内国外のスケープゴーツに対する憎悪に転換することにあった。丸山は今後動員されるナショナリズムは、おそらく国際的な政治力の手段として利用性をもつ限りにおいて存立するであろうと予測していた。「日の丸」掲揚や「君が世」復活、さらに「神社」参拝、特に教育における旧シンボルの再台頭といった現象は、「溝を流れるよう」にかつての反動的な方向を辿りうると予想されている。もし国民の「愛国心」がこうした外からの政治目的のために動員されるならば、「国民的独立」という至上命題を放棄するだけでなく、日本は決定的に他のアジア・ナショナリズムの動向に背を向ける運命にあろう、と。

それから半世紀たって歴史は一巡し、中国のナショナリズムが低滞する一方、日本では国旗国歌法が成立するだけでなく、それらが強要され、まさしくファシズム的な「強制的同質化」が現実となり、再び「忠実だが卑屈な従僕」を大量生産するような様相を見せる。そうした政策を進めてきた「政治家」が「平和」を祈願するという名目で天皇制ファシズムの精神的、軍事的バック・ボーンであった靖国神社を参拝するようになる。事態は丸山が危惧した方向で推移しているわけである。その意味では天皇制ファシズムの問題は今日的な問題であり、したがって丸山も言うように、「これは昔々ある国に起ったお伽噺ではない」（「軍国支配者の精神形態」）。

マルクス主義の止揚

丸山の論文「軍国支配者の精神形態」はナチズム指導者に関して「悪の陳腐さ」というような表現を与えてユダヤ人社会に波紋を生じさせたハンナ・アーレントの『エルサレムのアイヒマン』に似たところがある。だがアーレントがナチ指導者の陳腐さと言う場合、それは文字どおり彼らが知的にも道徳的にも劣っていることを意味していたが、丸山の言う矮小性とは精神的な脆弱性ということであり、議論は屈折している。丸山の『戦中と戦後の間』というタイトルはアーレントの『過去と未来の間』から得ているのであるが、彼とその「尊敬する思想史家」の肌合いは相当に異なっている。

ところでアーレントはファシズムの暴力的支配はスターリン体制のような社会主義のある形態にも共通するものがあるとし、これらを全体主義というカテゴリーで論じようとしたのであるが、丸山はこうした見方にはあまり賛成していない。丸山からすると暴力的支配を本質とするファシズムと、人間の解放を目ざしつつ逸脱形態をもたらせたスターリン主義を同列に扱うことは妥当でない。ここには正統的マルクス主義者でこそなかったものの、生涯社会主義者であったと言ってもよい丸山とアーレントの異なった姿勢が見られる。

ともあれ天皇制ファシズムとマルクス主義は丸山が思想的に対決した二つの主要な問題群である。しかし丸山はマルクス主義あるいは社会主義に対して正面から論じたものはあまり残していない。論文化されたものはラスキに関する紹介論文的なものとスターリン批判に関するものくらいであり、それ以外は座談会でなされていることが特徴的である。このことは丸山がマルクス主義あるいは社会主義に関する独自の理論を構築するというようなことは自分の仕事と考えていなかったことを示すものであろう。

丸山のマルクス主義あるいは社会主義との関係は、マルクス主義に接近したラスキと少なからず重なっている。丸山の接したラスキの共産主義はキリスト教にも比較される信仰のようなものであり、エートスの面から捉えられたものであった。丸山はラスキのように共産主義あるいはマルクス主義を宗教のようなものと考えていたわけではないが、精神面への注目、その反面において政治的にはプラグマッティクな態度を取っていた点では通じるところがある。やがてラスキは目的は社会主義、手段は民主主義という社会民主主義の立場を取るに至る。歴史的に社会民主主義は反革命的な役割もすることがあったことから、丸山はマルクス主義よりは社会民主主義に点が辛いのであるが、こうしたラスキのプログラムそのものには賛同している。確かに同意による革命、議会制による社会主義化には、形容矛盾のところがある。しかしそれ以外の革命は必ず裏切られるという点では、それ以外の選択肢はないのである（座談２）。

しかしマルクス主義には哲学的な問題があり、第二次世界大戦後、唯物論と主体性の問題として大々的に論議になったところである。これは教条化された弁証法的唯物論を再考しようとするものであり、丸山もその代表的な討論に参加している。そこで丸山は唯物論においてまま軽視されてきた主体性とかエートスを強調するのであるが、その議論は強硬な唯物論者の前にやや旗色が悪いところがある。

ここで丸山は社会主義運動の前提になっているのは、動物的に生きていくだけの問題でなく、人間の全面的解放であり、それは内面的自我の実現であるというような言い方をしている。それは人間を人間たらしめている精神的なもの、人間性と呼ばれてよく、マルクス主義にもそうした価値意識がある。プロレタリアートの使命感のようなものも下部構造と上部構造との決定関係だけでは理解できないのであり、そこには価値基準あるいは必然的に予想せざるをえないエートスがあるはずである。それを明らかにしないと異なった立場への寛容や連帯も不可能であるとされる。しかし人間の「存在」とは別に考えられる「価値」というものは新カント派的な二元論を予想させるものであり、宮城音弥からは価値という言葉は非常に不適当であると批判されている。丸山はなおも科学は人間性を覆いえないから、世界観が別に要求されるとし、それは弱い精神、「テンダー・マインデッド」かもしれないが、その方がまだ大多数だとすれば、それを無視するのは「科学」的ではない、といった弁明をしていた。

だが丸山の主な関心となっているのはマルクス主義哲学でなく、マルクス主義の政治観である。そこでまず問題となったのはソ連におけるスターリン批判の問題である。しかし「「スターリン批判」における政治の論理」という論文はスターリン批判の批判であるとされているように、スターリン批判に現れた政治の見方に対する批判である。それはまた同じ問題に関与して、フランス共産党の非スターリン化を要求するとともに、左翼の人民戦線を提唱したサルトルの大論文「スターリンの亡霊」とも趣をことにしている。

スターリン批判に関して丸山が主に問題にしているのはマルクス主義の「本質顕現」的な思考様式とされるものである。これは運動を、その置かれた社会的、政治的状況との相互作用から見ないで、すべてを世界観とその「本質」からの帰結と見るという傾向性である。「本質顕現」的な思考とはすべてを経済という基底体制へ還元する「基底還元」的な思考でもある。国家機関の集権と分権の問題や「抑制と均衡」の問題などはブルジョア民主主義国家だけの問題で、社会主義体制は人民の国家であるから、そういう保障は必要としないとされる。コミュニストにまま観察される立憲主義への軽視は、こうした還元論によるところが大である。

これはマルクス主義国家論の問題につながるものである。マルクス主義においては国家とともに政治はやがて止揚され、その限りで「政治的なもの」は本来否定的な意味しか持たなかった。政治がそのように消極的な意味しか持たないために、政治的なものの軽視による逸脱も生じ、スターリン体制はそれを体現したのである。丸山はそこにマルクス主義の「政治」の問題を見たわけであるが、厳密には「政治」の欠如の問題である。

ハンガリー事件をめぐって行われた「現代革命の展望」という座談会で丸山は問題をイデオロギーの正当性にかかった共産主義指導者の自己正義感の危険性という形で指摘している。「権力」という政治の手段に共通に内在する問題を共産主義という「目的」によって正当化するということの問題である。共産主義においては「政治」の自立性が失われ、目的の正当性だけの問題になることによって、まさしく「政治」の問題が生じるのである（座談2）。

マルクス主義の影響を受けつつ、「政治の論理」を承認する点において丸山の観点は、マルクス主義は「政治」の論理を知らないとしたヘルマン・ヘラーに共通するところがある。

六十年代になるとこれまでの教条化されたマルクス主義の喚起力が乏しくなり、そこからの脱却として英米ではニュー・レフトの流れが出てきたりする。日本でも急進的なスローガンを掲げるだけで、日常的な活動にほとんど見るべきものがなかった社会党に「構造改革」の路線が出てくる。この構造改革路線が実を結ばなかったところに戦後の日本の社会主義の後退の基本原因があったであろう。こうしたなかで丸山が佐藤昇となした「現代における革命の論理」という対談では、丸山は従来型のマルクス主義からの脱却の方向を示している。その基底にあるのは「国家の死滅」というドグマであるが、丸山はこれはアカデミックな問題としては面白いが、現実の革命の課題にはならないと言っている。無論これは単にアカデミックな問題どころではなかったのであり、そのユートピアがあればこそ国家を死滅させる権力が悪になりうる可能性に鈍感になるという由々しい現実をもたらせたのである。

注目されるのはここで丸山が「市民」というものを再考し、マルクス主義的政治観からの脱却の方途を示していることである。マルクス主義の影響を残す敗戦後すぐの丸山の言い方では、自由の担い手はもはやロック以後の自由主義者が考えるような「市民」ではないとされており（「日本における自由意識の形成と特質」集三）、「市民社会」も過去のものと捉えられていた。だが丸山はブルジョアという意味ではない「市民」の可能性を求めるようになる。彼はなおかつ「市民」を組織労働者が他の国民と共有している「民主主義の担い手」であるというような言い方をしているが、その含意は明らかに近代市民社会におけるブルジョアに限定されない、その意味では市民社会に汎通する政治的な主体としての市民、つまりシトワイアンのことであったと言ってよい。

いわゆるブルジョアという意味に尽きない「市民」の把握は近代国家の見方と平行している。後にフーコーも指摘するように、近代の国家権力は単にブルジョアジーが所有しているのではなく、力関係から成立している。このように国家権力自体の関係的モメントを見なければ、すべては上からの過程に還元され、また権力奪取後における体制へのもたれかかりになる。国家の機構を具体的機能と関係させて検討しなければならないのである。特に現代では政治のシステムと社会との相互作用が強くなり、各部門の有機的連関が高度になっているからなおさらそうである。それに関わる主体としての市民や、極限的には「市民的不服従」という伝統は社会主義社会になっても必要なものである。丸山はこのようにしてかつての「市民社会」の否定的な見方から脱し、シトワイアンの現代的可能性に思い至っているのである。

すぐれて丸山らしいことはさらに、「市民的意識」というのは、各人が職業的、身分的等々の所属から不断に自分を引き離す思想的操作のことであると、主体的、能動的に把握されることである。「秩序」ということを言うとすれば、それは参加している人間の連帯感とか分業意識の中に不断に生み出されていく、内的な目に見えないものである。このように考える彼は、「マス」的になった「市民」の行動様式の中にある曖昧な要素、どっちにでも向く可能的な要素をもっと重視すべきであるとする。大衆の行動様式それ自体を、アプリオリに良い側面と悪い側面に分けず、多様な方向の可能性として捉えるべきなのである（座談4）。

このようにして丸山はマルクス主義の隘路を潜り抜けて、リベラルな市民の政治社会への視点を獲得していく。その際政治的リベラリズムに共通の価値体系があるとすれば、それは「個人」が首尾一貫した体系の樹立を目指すということと、政治「集団」がそういう体系を持つということとの質的な違いを認めることである。「論争」と「闘争」は質的に異なる。政治権力が一つの哲学を正統化してはならないというリベラルな立場においては、かつて吉野作造も言っていたように、権力は究極的真理については不可知論でなければならない。哲学的真理問題や歴史観の領域まで、政党や国家の決定は立ち入るべきではないのである。他のイデオロギーに対しても自己主張の権利を平等に認めるという点に自由主義の道徳的優越性があるのである（「現代自由主義論」集三）。

だが丸山の自由主義は古典的な消極的自由主義と同じものではなく、ヘルマン・ヘラーの社会的法治国家と同様、社会的自由主義あるいは批判的自由主義である。つまり丸山は価値原理的には自由主義的であるが、政策的には社会主義的であり、根本的にはデモクラットであることになろう。それは簡単にはリベラル左派と呼ばれてよいものであるが、むしろラディカルなデモクラシーと言った方がよいであろう。そうした批判的民主主義の精神として丸山は「抵抗の精神」を強調しているが、それは「革命」の次元に解消されるべきではない社会主義のエートスに汲むところが大きい。そうして七十年代に至るとマルクス主義、ひいては社会主義は後退し、やがては丸山の予想しなかったソ連の崩壊までもたらすことになる。しかし社会主義の後はラディカル・デモクラシーだと言ったハーバーマスに先駆けて、丸山においてはマルクス主義はラディカルなデモクラシーに向かって転生していたと言ってよいのである。

一九五七年に出された『現代政治の思想と行動』の追記で丸山はマルクス・レーニン主義について見通しを述べている。そこで彼はマルクス主義がいかに大きな真理性と歴史的意義を持っているにしても、それは人類の到達した最後の世界観ではないとし、マルクス主義もやがては思想史の一定の段階の中にそれにふさわしい座を占めるようになり、ドグマと真理とが判然とし、その不朽のイデーと科学的真理とは人類の共同遺産として受け継がれていくであろう、と述べている。その不朽のイデーとは「人間の自己疎外からの回復とそれを遂行する歴史的主体という課題の提示」である。だが丸山はすでにマルクス主義をそうした共同遺産として援用していたと言ってよいであろう。そうしてマルクス主義それ自体は採用しないとしても、そのイデーはまさしく彼の政治学に流れ込んで行っていたのである。その意味で丸山にとってのマルクス主義の意味は本質的であったと言える。

そうしてそこから出てきた能動的な市民によって構成される市民社会の視座はマルクス主義の欠陥を止揚するだけでなく、またまさしく市民社会の未熟さによって規定されていた日本政治に対する丸山の基本スタンスとなる。それは具体的には歴史的具体的な状況において近代化を実質的に推し進めていく力はどこに相対的に最も多く見出されるかということをリアルに認識することであり、その力を強める方向に賛成するということによってのみ果たされる。その際日本では秤の右に重石がかかっているために、具体的政治判断と行動では彼は左に近くなるでもあろう。現在の状況においては共産党もその役割を果たすと見ているから、丸山のようなコチコチの個人主義的な自由主義者もこれを権力で弾圧することに反対したのである。

いかなるイデオロギーにも先天的に絶対真理を容認せず、その具体的な政治状況における役割によって是非の判断を下すというのは福沢にも通じる政治的プラグマティズムとも言える。しかし「秩序」と「正義」のどちらかを選ばなければならなくなったら、丸山はメリアムとともに後者に与すると述べている。それはアメリカと異なって「革命」の伝統を持たず、戦時言論集会結社取締法等々の警察国家の伝統を持っており（「ある自由主義者への手紙」集四）、さらについ一昔前までは「天皇に絶対随順する道」が教え込まれていた国であればなおさらのことなのである。

ラディカル・デモクラシー

マルクス主義に抵抗して丸山は「政治」の持つ固有の法則性を擁護し、自ら多少のアイロニーを込めてブルジョア政治学者であるとか近代政治学者であると称していたのであるが、マルクス主義をいわば換骨奪胎した丸山は単純な自由主義者ではない。しかし戦後に出された「ジョン・ロックと近代政治原理」という論文では近代政治の基本原理を承認している。この際近代的政治の原理とは「自己立法」の観念、政治権力は人民の「信託」に基づくこと、政治的支配の唯一の正当性根拠は人民の「同意」にあること、さらに力は権利を生まないこと、いわゆる三権分立、法による行政、人民主権に基づく革命権、思想信仰の自由と寛容の原理であり、簡単に言えば大日本帝国憲法とは反対のリベラルなデモクラシーの原理である。そうしてこの原理は以後の丸山の政治的思考の基底原理となるものである。

こうした近代の政治原理に立つということは丸山が政治の固有性を否定するマルクスのみならず、アリストテレスのように政治が倫理の完成であるとする見方を取らず、またハンナ・アーレントのように政治が人間の最高の活動であるというような見方をしていないということである。丸山の政治学はあくまでもマキアヴェリ、ホッブズ以後的なものであり、道徳哲学ではない。言うまでもなくそれはアリストテレス的共同体主義だけでなく、師の南原繁の民族共同体の意味を強調する政治観と同じでもない。こうした政治観は「政治とは人間の人間に対する支配である」（「日本人の政治意識」集三）という表現に見られるように、多次元に個人が析出する近代社会への醒めた認識を前提にするものである。

しかし政治を支配であるとすることは、政治が価値理想に無関係であるということではない。もしそうであるとすれば、政治とはニヒリスティックな権力追求の場になるほかないであろう。そうした政治への見方は一九四九年に出された『政治学入門』にも現れている。ここで丸山は政治というものを「権力」「倫理」「技術」の次元から見ているのであるが、「倫理」が政治のイデアルな「契機」として捉えられており、それは「権力」がリアルな契機であるのと対比される。イデアルなものは政治的正義のように政治の究極の価値基準になるものである。権力が政治の「現実」であり、倫理が政治の「理念」であり、技術は現実を理念に媒介する「機能」である、というような言い方もなされる。だが丸山は近代の政治的価値を提示するだけでなく、あくまでも経験的な政治学者としての側面を持っている。そうしてこのことは政治を支配であると捉える自由主義の視点と無縁ではない。つまり政治に規範原理があればこそ、それを可能にするためにその条件を経験的に解析することも要請されることになるのである。また逆に経験科学としての政治学は政治的な原理に投げ返される。

政治学者としての丸山はメリアムやラスウェル等のアメリカの政治学をいち早く摂取し、戦後の日本の政治学にとってもパイオニア的な役割をした人物であるが、その政治学は常に実践的な連関の下で行われていた。イデオロギーということを言うとすれば、イデオロギーの終焉が喧伝されようとしている中で、丸山は必ずしもそうした見方に賛同していない。そもそも政治過程からイデオロギーをすべて捨象し、理念の指導性を全く否定するならば、革命と反革命を識別することすら困難になろう。特に日本のように「制度」が「イデオロギー」ぐるみで輸入されたところでは、政治の問題が思想の問題と連関して登場するのは必然的なことであったのである。したがってわれわれは、「価値」から自由な観察と、積極的な「価値」の選択の態度を、ともに学ばなければならない。彼は政治というものを支配であるとザハリッヒに捉えつつ、被治者の参与と政治的服従の精神的自発性をデモクラシーの特徴として要請する（「支配と服従」集五）。

政治を価値に関わりつつ即物的に捉えようとする姿勢は一面では政治的リアリズムの強調として現れる。そうしたリアルな状況認識を可能にするものはウェーバーの言う「目測力」である。目測力とは、内的な精神の集中と平静をもって現実に立ち向かう能力、つまり物事と人間に対して「距離」をおいて見る態度である（講義録三『政治学』）。同様な姿勢は政治学の主題の一つである権力の把握において現れる。丸山の見方は権力を実体というよりは、機能と捉える方向に近い。しかし権力関係は相互作用関係から抽象されて凝固する傾向があるから、この面を無視した関係概念は虚偽意識に転化しやすいことを見る。これは極端な権力の関係概念をもたらすことによっていささかニヒリスティクな権力の実証哲学のようなものを生み出していったフーコーの権力観との違いである（『政治の世界』集五）。

こうした視点に立てばこそ丸山はウェーバーの権力の「正当性」論は人民の承認という根本的な観点を欠いていることを指摘するとともに、しかしその一方で承認による正当性とか、いわゆる「合意による政治」という言葉には多かれ少なかれ神話が含まれていることを見ている。そうして問題は近代社会の必然として出てきた集中権力を大衆の福祉と自発的参与に結合させ、官僚化による社会的パイプの閉塞を防止することに収斂していく。まさしく「権力は腐敗する」というアクトン卿の言葉にはリベラリズムの歴史的要請にとどまらない真理が含まれており、権力の実態をみきわめるにはいつの世にも、裸の王様を裸の王様と認識する眼と「静かな勇気」を必要とするのである（「政治権力の諸問題」集六）。

このように複眼的でアクチュアルな丸山の政治学にはそれに対応する方法が予想される。戦後まもなく出された「科学としての政治学」においては、政治的思惟の特質は方法の問題が対象の問題と不可分に絡み合っていることである、と表現される。各国の政治組織の比較政治学的な研究も自分の国の政治をどうするかという問題につながっていなければ、「閑人の道楽」と選ぶところはない。これが彼が政治学は「現実科学」でなければならないと言う意味である。丸山の言う「現実科学」はそれを精神科学に対置したヘルマン・ヘラーとは違い、実践的科学という意味である。しかしこのことは政治理論がイデオロギー的武器とならなければならないということではない。政治的思惟には無色な認識はありえず、理論と実践の連関という厄介な問題があるが、ひとたび科学的な分析の立場に立つ時には、認識の要求に従う「禁欲」がなければならない。

とすれば政治的認識はどういうものとなるか。丸山の言い方では、ここでは主体の認識作用を通じて客観的現実が一定の方向づけを与えられるのであり、主体と対象の間には不断の交流作用がある。問題の設定自体にすでに評価づけが含まれているのである。こうした条件にあって政治的思惟はまず「存在拘束性」を承認しなければならない。しかし一切の世界観的闘争に対して単なる傍観者をもって任ずる者は、それだけですでに政治の科学者としては失格である。したがって政治学者は、理念としての「客観性」と事実としての「存在拘束性」の戦いを不断に克服しなければならない。こうした政治学の見方は、主体に対置された客観性への志向という視座の制限を含めて、マックス・ウエーバー的な社会科学の見方に近いものである。

しかしすでに明らかなように、丸山のきわめて実践的な政治学は単なる実証科学の範疇には収まらないものである。そこにはいささか新カント派的な「価値」原理が想定されているが、その眼目はそうした価値原理を現実のものとするダイナミックでリアルな認識にある。その視座は比類のないほど政治的なセンスに貫かれており、理論と実践、価値理念と現実をトータルに捉えようとするその論理的な視座はまさしく弁証的な精神と言うほかないものである。

　丸山にとってそうした価値原理となっていたものは民主主義にほかならない。そうして彼にはデモクラシーについての独自の理解があった。デモクラシーとは人民（デモス）が支配（クラトス）するということであるが、そこには本質的に矛盾あるいは逆説がある。なぜなら支配とは本性的に少数者の支配になる要素を持っているからであり、デモクラシーはこのパラドックスを越えていかなければならないからである。デモクラシーが、これまでの政治体制を別にすれば、最悪の政治体制とされる所以である。

　このように民主主義は、本来、政治の現実に反するパラドックスを含んでいるところから、丸山は民主主義は現実には民主化のプロセスとしてのみ存在し、いかなる制度にも完全に吸収されず、逆にこれを制御する運動として発展してきたと理解する。それは特定の体制を超えた永遠な運動であるから、民主主義には「永久革命」の名がふさわしいものとなる。丸山の「永久革命」は無論ブルジョア革命や社会主義革命、あるいは両者をつなぐトロツキーの連続革命に収束するものではない。人民の支配という場合の人民というものも、水平面においてはいつも個と多の緊張をはらんだ集合体であって、即自的な一体性を持つものではないのである（『現代政治の思想と行動』追記）。

　民主主義には本来矛盾があり、永久革命でしかありえないと捉えることは、丸山がラディカル・デモクラシーの視点に立っているということである。この際ラディカルということは急進的というよりも原理的、根源的ということである。丸山の言い方では本当のラディカリズムというものは、人間を社会の自由な創造者と見ることにある。民主主義が民主化のプロセスとしての運動としてのみあるということは、無論ファシズムと同じであるというようなことではなく、民主主義を単に制度としてではなく、機能として捉えるということである。永久の運動ということは、サルトル的に言えば「惰性態」でなく、「実践態」ということである。あるいは民主主義を「ある」ものではなく「する」ものであると捉えることである。そうした永久革命を支えるエートスはおそらく自立的精神ということであり、それは抵抗と言い換えてもよいであろう。

しかし常に意識的な主体でなければならないことは困難なことである。ここに丸山の民主主義論の難問も浮かぶことになる。民主主義には古来構成員の特性が要求されてきたのであるが、モンテスキューは民主主義を動かすものを「原理」と称して、何らかの情念のようなものと考えていた。彼は民主主義に要求される政治的特性としては法、平等、祖国への愛というようなものを考えていたのであるが、民主主義もこうしたエートス（習俗）に支えられるのでない限り、困難なものとならざるをえないであろう。政治体は「実践態」だけでなく、「惰性態」の持つ意味あいも考慮しなければならないのである。それは政治理解において習俗化や歴史的所与がどれほど考慮されているかということでもある。この問題はかつての「自然」と「作為」という問題構成の問題につながるものである。

確かに丸山は「する」論理に対する「ある」論理に一定の意味を認めていた。だがその場合「ある」ものの価値は学問や芸術のような文化的精神活動において考えられていたようである。そこでは休止は必ずしも怠惰ではない。したがって政治化の時代にあっては、こうした文化的な立場からする政治への発言と行動が生きてくるとされていた。しかしそれは政治そのものにおける「ある」という契機の評価ではない。そうしてこのことは政治にはそれ自体としての価値はなく、どこまでも「果実」によって判定されなければならないとする丸山の政治理解の反面である（「「である」ことと「する」こと」集八）。しかしこうした見方によれば、民主主義を永久革命として捉えようとするラディカルな民主主義は精神的貴族主義に収束せざるをえないものともなろう（「近代日本の思想と文学」集八）。

しかし丸山が民主主義を「永久革命」とすることは日本においては独自の意味を持つことになる。敗戦後の日本は民主革命によって民主主義体制を持つようになったとされることもあるが、しかし日本に「民主革命」は生じなかったのであり、民主主義は外から挿入されたものであった。このことが第二次大戦後の日本の民主主義の脆弱性の根本的な背景となるものである。したがって「革命」はいわば事後的に続行されなければならないものとなる。日本の民主制はそうした入力が常になされない限り頓挫する可能性を潜在させており、ここには政治家だけでなく、丸山等の学者による言論的、思想的な介入を不可欠としたのである。だがそれは事実的な革命よりもある意味ではより困難な持続的抵抗の精神を要するものだったのである。

この難問を前に丸山は次のようなトクヴィル的な見方を提示する。つまり、もっと民衆の日常生活のなかで政治的社会的な問題が討議されるような場、民間の自主的な組織が活発に活動することが大事なのである。民主主義の根を真に欲する人々には、組合に代表される横のグループを作ることが求められる。だがそれが結局は国民の「決意」にかかっているとされる場合、この問題は「どうどうめぐり」に逢着する趣もある。それも丸山は国民の「選択」にかかっているとするのではあるが。しかし「革命家」が大衆を扇動して平地に波乱を起こす可能性と、「支配階級」がそうした扇動を口実に民衆の政治批判を抑圧して特権の温存を図り、あるいは民衆の不満のはけ口を特定の「外国」への憎悪に振り替えさせる危険と、どの危険が大きいかと丸山が問う時、そこにはあえて市民のイニシャティヴ、参加デモクラシーに加担しようとする彼の方向が示されていると見てよいであろう。

だがまさしくそこにおいて表面化するのが政治的無気力（アパシー）の問題である。丸山はそれは基本的にはテクノロジーの発達によって、権力中枢と個人の日常生活との距離が縮められた反面、大衆の権力に対するコントロール感覚が政治機構の複雑化と拡大によって減少したということの問題であると捉えている。それはまた「政治化」の時代が指摘される一方で、「非政治化」が生じるという現象として現れる。原子化によって人格的な全体性を解体された「部分人」に、非政治的受動的な態度をとる以外に、どうして政治の全体を見渡す識見と判断が期待されるであろうか。大衆に依拠している形式的な民主主義に実質的な独裁制が成立する所以なのである。

大衆民主制を機能不全にする現代社会の脱政治化の現象に深く関わっているのは、民衆と政治の媒体であるメディアのあり方、つまりデモクラシーの条件である公共的コミュニケーションの問題である。例えば「人間と政治」という講演では、丸山は政治は人間の外部的に実現された行為を媒介として初めて成り立つものである以上、政治家の言動は絶えず「効果」によって規定されるべきであるとしつつ、今日では近代国家によって一旦は分離された「外面」と「内面」が再び区別できなくなってきていることに注意している。政治権力はマスコミの作用を通して人間を政治の鋳型にはめ込もうとし、「政治化」の傾向のなかで個人的「内面性」は侵害される。デモクラシー国家において人格的統一性には解体の危険性が生まれている。このために今日では内面性に依拠する立場自体が、好ましからざる政治的「組織化」に対抗して自己を政治的に「組織化」せざるをえない。あらゆる政治的動向から無差別に逃れようとすることは、かえって最悪の政治的支配を招く結果になる。

大衆の生活の多様化と私生活化、マスコミが大衆を非政治化させる機能を持つことなどはしばしば指摘されていることである。マスコミは往々にして事件や問題を歴史的社会的文脈から切り離し、総合的な認識や判断を与える代わりに細切れに断片化してしまい、集団的方法によって集団的目標を達成するような取り上げ方はほとんどされない。こうしたマス・メディアが作り出す世界は隠微のうちに大衆の自主的な選択力と積極的な行動力をすり減らす機能を営んでおり、大衆の関心を非政治化する役割を果たしている。それは一方において「支配的象徴」の頻繁な繰り返しによって大衆の忠誠を因習化し、他方において「対抗象徴」を黙殺することによってその吸引力を封鎖する（「政治的無関心」集六）。丸山はリップマンがステレオ・タイプとして指摘していたことや、アドルノが消費文化とファシズムの関係において指摘していたことと同じ観察をなしていたのである。

勿論こうした現実において、パブリックな事柄へ日常的な生き生きとした関心を持続させることは容易でない。しかし個人的なコミュニケーションが可能な小集団が、個人あるいは家庭を大きな政治集団へリンクする媒体になると見られている。さらに常に主体の能動性を掘り起こそうとする丸山的なことは、アパシーの問題には組織や制度の条件とともに、「思考法」の問題があると指摘されていることである。現代において「知性」が果たす役割は自己に属する集団に埋没せず、絶えず横に視野と関心を広げていくことなのである。デモクラシーの条件としての市民的公共性をクローズ・アップしている点において、丸山は後年のハーバーマスの視点にきわめて近いところにいる。

これが戦後啓蒙と呼ばれるものであり、それはいわゆる公式的原理の教化（インドクトリネイション）とは異なるものであった。それはラディカル・デモクラシーを志向するものであり、問題は民主主義の条件としての公共空間をいかに形成するかにあった。しかしすでにマス・コミによる思考の画一化、平均化が進行しており、マス・コミュニケーションのまっただなかに、ディス・コミュニケーションが生まれている。かくして丸山にとって思想がただ思想として論じられていればよいということではなく、コミュニケーションと公共性をいかに有効なものとするかということが中心的な問題となっていくのである。

こうして例えば一九五七年の論文では丸山は「思想」という言葉でなく、「イメージ」という言葉で議論している。われわれと環境との間に「イメージ」の膨大な層があり、しかも組織のなかで通用している言葉や「イメージ」が、組織の外でどれだけ通用するかということについての反省が欠けがちになる。したがって一つの組織の思考法が固定し、沈殿するのを防ぎ、いろいろな「イメージ」を合成しながら、もっと流通度の高い言葉を見出していくことが必要なのである。われわれの社会における言語は組織の多元化と平行して複数的になり、「イメージ」自身が、元来の対象から離れていても、その「イメージ」なりに通用して、独自の力になっていく。ここから全体状況についての鳥瞰をいわば「モンタージュ」式に合成していくような思考法が要求されている。それは硬直する啓蒙的知性とは異なった活力のある知のあり方への模索であったと言ってよいであろう。「イマージュに即してこそ、思考は、真なるものとの類縁性のうちにあり、真なるものを形相的に所有し、真なるものを質料的にも望むものである」（ドゥルーズ『差異と反復』）。

「イメージ」とはかつて戸坂潤によって理論の美学化であるとして批判されたものであるが、今や理論的想像力の問題であり、それは社会科学の問題でもある。つまり社会科学も原理原則や真理性というものに寄りかかっていることはできなくなる。「真理」以外は「イリュージョン」であるとしていても、仮想の「イリュージョン」がどんどん新たな現実を作っているのであり、「真理」の旗を守るだけではやっていけない。かくして丸山はどういうふうに人々の「イメージ」を合成していくか、組織内の言葉の沈殿を打破して自主的なコミュニケーションの幅を広げていくかというのが、これからの社会科学の当面する問題であるとする（「思想のあり方について」集七）。丸山はデモクラシーに対応した、モノローグ的でない、流通性のある公共的な知のあり方を求めていたことになるであろう。創造的「イメージ」の要請にはフーコーの非統合的知、デリダの脱構築的な知や仮想現実的な知といったポストモダン的な要素も関わっており、しかもその発想は彼らよりも柔軟であるように見える。

だが一九六一年の「現代における人間と政治」という論文では、思想のあり方についての見方はより複雑あるいは屈折したものとなっている。すでに思想の自立性は疑われていたが、イデオロギーの終焉が叫ばれていた頃であり、丸山はここでも思想やイデオロギーではなく、知性と感性の二分割を越えた「イメージ」という言葉で議論をしている。イデオロギーの空間を埋めるものは、私たちの「擬似環境」としてすでに定着し、自我の分かちがたい一部となっているような「イメージ」である。現代における選択は「虚構」の環境と「真実」の環境の間にあるのではなく、様々な「虚構」や「意匠」の中にしか住めない宿命にある私たちは「虚構」の中の選択力を磨き上げるほかないのである。丸山は思想や理論というものにかなりクールな見方をするようになっていると言ってよい。

そうして「虚構」のなかで選択力を持つということを丸山は「境界」に住むことであるとする。それは内側の住人と実感を分かち合いながら、しかも不断に外との交通を保ち、内側の「イメージ」の自己累積による固定化を絶えず突き崩すことである。それがまた丸山のデモクラシーをラディカルなものとさせるものである。それはまたイデオロギーの大義名分にあらかじめ一括して委ねるような怠惰な思考に対する懐疑、あらゆる組織は辺境から中心部への反対通信によるフィードバックがなければ腐敗するという信念とつながっている。ここには言うまでもなくディレンマがあり、そこに知識人の課題もあろう。知識人の困難だが栄光ある現代的課題は、このディレンマを回避せず、丸ごとのコミットと、丸ごとの無責任の狭間に立ちながら、「内側を通じて内側を越える」展望を目指すところにしか存在しない。

こうして丸山のデモクラシー論は最後には知識人論になったように見える。しかしそれはイデオロギーから自由な知識人というマンハイムの知識社会学の再浮上ではない。およそいかなる信条に立ち、そのためにたたかうにせよ、「知性」を持って奉仕するということは、つまるところ他者をあくまで他者としながら、しかも他者をその他在において理解することをおいてはありえない。他在において自己のもとにあるということはまさしくヘーゲルの「精神」の定義である。そうした知識人は民衆の感覚を取り上げて精錬し、それを再び民衆に投げ返す位置にあり、またそこにのみ意味がある。一見狭隘な「知性」は不十分のように見えるが、実は民衆におけるデモクラシーの習慣を形づくっていこうとするものであったのであり、それは現にある程度は習慣になったと言えるのである。

平和と憲法

第二次大戦後の丸山の活動は、満州事変以後、善意の知識人が「結果」においてファシズムに一役買うようになってしまったことへの「悔恨」に支えられたものであったから、彼が具体的に取り組まなければならないのが民主化の問題とともに平和の問題にあったことは不思議なことではない。明治以来の国内的「デモクラシー」の問題と対外「平和」の問題は丸山においても分かちがたく結びついており、いわば行き着いた連関性が見られる。そうした丸山が当面しなければならなかった現実の問題は、まず第一に第二次大戦の講和の問題であった。時代はすでにアメリカとソ連との冷戦が始まろうとしている時に当たり、講和は全交戦国となすか、あるいはソ連等を除いた片面講和とするかということで国論は分裂することになった。当時の吉田内閣は片面講和に傾いて行ったのであるが、丸山等は平和問題懇談会を組織して全面講和を提唱している。この談話会の「三たび平和について」という提言の前半部分は丸山の起草になるものである。

この提言の基本的な考え方は原子力戦争の時代は最も「現実的」たらんとすれば「理想主義的」たらざるをえないということにある。また政治権力においては両極性が顕著になればなるほど衝突の危機が亢進するという法則がある。ここから二つの世界が対立する中にあって、イデオロギー的対立の固定的な理解に反対し、日本は二つの世界からの「中立」の態度をとるべきであると主張される。同時にそれは日本国民が新憲法において厳粛に世界に誓約した戦争放棄と非武装の原理から必然的に導き出される態度でもある。

こうした全面講和の主張に対しては「理想主義的」であって、「現実的」でないという陳腐な批判があったのであり、それに対して丸山は「「現実」主義の陥穽」という文章を書いて応答している。すでに明治年間に植木枝盛も指摘していたように、日本人が現実とか非現実とかいう場合の「現実」には「所与性」として理解されるという特徴がある。現実は与えられたものであると同時に、他面では日々作られるものであるにもかかわらず、現実はもっぱら既成事実と等置され、可塑的なものであることが無視されているのである。だがサンフランシスコ平和条約はソ連等を除外した片面講和となり、同時に日本はアメリカと安全保障条約を結んでアメリカ陣営に組み込まれることになった。それとともに戦後の日本は、政治的主体性を欠いた、あたかも江戸の町人国家の道を辿ることになるのである。

一九六〇年には日米安全保障条約の改定問題が生じることになったが、丸山はこの問題に全面的に関与することになる。この間日本国内では戦後の民主化政策が早くも反転することになり、それは憲法の改正問題に収斂していく。そうして内閣にできた憲法問題調査会に対抗して、丸山等は憲法問題研究会を組織し、単に学問的だけでない、実践的な活動をなすことになる。日米安保条約の改定は両国の軍事的協力を強化するものであり、岸内閣が五月十九日に警官隊を国会に導入し、強行採決して成立することになった。この時点を転機として議会制民主主義の擁護の名のもとに第二次大戦後空前絶後ともいうべき市民運動が展開することになる。

丸山は不本意ながら安保反対運動のリーダーに押し上げられたのであるが、この年の憲法記念日になした憲法問題研究会での講演「現代における態度決定」においては、デモクラシーの本当の基礎は、どんな壮大なイデオロギーや整備された制度にもまして、政治行動というものを「ごく平凡な小さな社会的義務」の履行の一部として考える「習慣」であるとする持論を実践している。憲法擁護というものも、ただ書かれたものをありがたがることではなく、それを生きたものにすることにあるのである。

五月末の東京大学の全学教官研究集会における「この事態の政治学的問題点」という講演では、「院外からの圧力」を不当であるとする議会主義の「院内主義」的な理解に疑問が出されている。国民と議会のずれに対して反応や抵抗が起こること自体はむしろ民主主義の健在の証明なのである。さらに彼は議会に理想的な討議が存在しないということは直ちに議会の機能が失われたということではなく、「討議による政治」は討議のレベルが社会的に多層でなければならないということであるとする。国会の統合機能や教育機能も、院外における無数の場所、無数のレベルで行われている討議をバックにしてはじめて可能となり、国会の討論が国民を代表する討論となるのである。

こうした議会主義の理解は丸山のラディカルな民主主義の理解に根ざすものであって、後のハーバーマスの知性主義的な討議デモクラシー論よりも円熟したものであると言える。であればこそ安保改定が成立しても、彼は必ずしも安保闘争を失敗だけとしては捉えていない。少なくともそれは日本の集団の封鎖性を破れさせることになったのであり、この闘争を通じて日本国憲法は単なる条文ではなく、初めてわれわれの行動を通じた血肉の原理になるであろう（「安保闘争の教訓と今後の大衆闘争」集八）。このような視点からするならば、その後の日本は安保闘争より後退したことになるであろう。

安保条約が強行採決された後の憲法問題研究会で丸山は「復初の説」という講演を行っている。「私たちが廃墟の中から、新しい日本の建設というものを決意した、あの時点の気持ちというものを、いつも生かして思い直せということ」である。かつての日本は「もうできてしまったものは仕方ない」の連続で谷間に落ちてしまったのである。ことほどさように六〇年安保は安全保障とデモクラシーのあり方が不可分の関係にあることを直接的に示すものであり、平和を追求するためにはそれに相応するデモクラシーが条件となる。ここにラディカルなデモクラシーを支える抵抗の精神の意味が明らかになってくる。丸山の言い方を借りれば、そうした抵抗は事実に対する「原理」、権力に対する「権利」、存在に対する「存在理由」、総じて「精神の独立性」のためのたたかいである。それが同時に抵抗者自身の「事実主義」とのたたかいであって初めて、本当の意味で「ラジカルな」抵抗になる（「八・一五と五・一九」集八）。事実主義とのたたかいとは、常に正当性を求めていくということである。原点に戻るという発想には時間の経過とともに衰弱する復古主義的な欠点もないわけではないが、本来は再創造ということであり、やがて丸山自身八月十五日に死去し、後続者が追想することの意味を身をもって示すことになる。

安保闘争後の丸山は一九六四年に同じ憲法問題研究会で「憲法第九条をめぐる若干の考察」という有名な報告をなしている（集九）。この報告で一九五〇年の警察予備隊の設置、五十四年の自由党の憲法改正案要綱」、五十五年の自民党の現行憲法の自主改正をはかるという政綱、五十六年の内閣憲法調査会の設置とたどってきた丸山は、憲法改正問題は要するに第九条の問題であり、それは基本的にアメリカの戦略体制の一環として政治的に問題になってきたものであると押さえている。

そのうえで丸山は日本国憲法の平和主義の意味を再確認しようとする。丸山によれば戦争放棄ということ自体は理想としては画期的な意味を持つものではなく、国際連盟規約にはじまる戦争違法化の歴史の中にあり、一九二八年の不戦条約においてはすでに「国家政策の手段としての戦争を放棄すること」が宣言されている。第九条の問題はむしろ戦争放棄と「第二項」の戦力の放棄とをどのように連関させて捉えるかということにある。

一つの考え方は、今日もしばしば見られるところであるが、戦争放棄を単に政治的宣言として理解しようとするものである。しかし丸山によれば第九条の戦争放棄の規定はそのような単なる「マニフェスト」として理解されるべきではない。「マニフェスト」としてはそれはもはや陳腐なものである。そうではなく戦争放棄の規定は現実の政策を方向づける「原理」として理解されるべきものであり、現実の中にあって現実を動かす一つの契機として見なければならないのである。

第九条を静態的でなくダイナミックなものとして捉えるべきであるということは、また第九条は国際政治の発展傾向を睨んで理解しなければならないということである。国際政治は戦争形態においても外交の性格においても質的な変化を受けているのである。戦争手段や戦争形態という面では、一方では「超国家化」、他方では「下国家化」という両極分解現象が生じている。一方では核兵器に象徴されるように従来の主権国家間の戦争概念をはみ出るものが生じるとともに、他方では常備軍などによらない「ゲリラ」的抵抗のようなものが巨大な役割を演じるようになっている。外交に関しても同様に、外交の上昇化と下降化傾向によって、伝統的な外交機構の変貌が徐々に現れつつある。こうした現象はとりもなおさず、「主権国家」の制度を前提としてきた旧来の「国際法」の概念枠組みが再検討を迫られているということにほかならない。

しかるに「第九条」を論じる人々のイメージにあるのは、未だに旧来の「主権国家」観に基づく戦争概念に止まっている。人間は恐怖にとらわれるほど、過去になじんできた引照基準や概念枠組みを神話化してそれに取りすがろうとする。しかも国際関係では集団的な恐怖心が強く働くので、そうした観念上の「退行現象」が起こりやすい。それは四十年後のアメリカが、戦争が原則的に禁じられている時代にあってなおも無造作に「テロに対する戦い」という政策に退行し、何らの安全保障についての概念を持たない日本が何らの思慮もなく、そうしたアメリカの軍事体制に加担する場合に再び繰り返されるであろう。であればこそ丸山は、国際社会の発展傾向に照らして、われわれの既成のイメージや概念枠組みが遅れをとらないかどうかを、もう一度吟味し、そこで改めて憲法第九条を見直してみることが必要である、としていたのである。この種の問題の専門家でないとする丸山は、すでに四十年以上前に、過去の概念枠に取りすがるだけの専門家が今も十分に捉えきれていない、「主権国家」体制の変貌に対応する安全保障のあり方についてのより原理的な洞察を示していたと言ってよい。

平和が国際社会の構造変化に対応すべきであるということは、国家とされるものの構造変化に対応しなければならないということである。マックス・ウェーバーも言うように国家というものを警察や軍隊という物的暴力装置の合法的独占体と捉えるならば、ウェストファリア条約以来の主権国家体制が多元化の方向で変貌する場合、それぞれのいわゆる国家が排他的に軍隊等を占有するということは自明ではなくなるはずであろう。政治社会の現実がなお何らかの暴力装置を必要としているとしても、新たな国際的な強制装置の合法的なあり方が求められなければならないはずである。安全保障のあり方と国際的な国家体制のあり方は必然的に関係しているのである。しかも国際社会の現実は丸山が論じていた時よりも一段と「主権国家」体制の後退を示している。そうしてこうした事態に取り組んでいるのは現代においても、古典的な「国際法」を憲法化し、「世界市民法」に転換させようとしているハーバーマスのようなごく少数の先端的な理論家だけなのである。

近代の隘路

安保後の丸山は本来の守備範囲である日本の政治思想史的研究に重点を移しているが、それはデモクラシーという同時代の問題への対象を代えた対応でもある。中心課題は敗戦直後に宣言していたように、日本における近代的思惟の成熟過程の究明にあった。丸山は「開国」という論文で、日本はこれまで室町末、幕末維新、第二次大戦後に、三度の開国のチャンスを持ったとしているが、近代的思惟についてもほぼ同様のことが言いうる。「開国」には文字通り鎖国を解くという意味だけでなく、開いた社会をもたらすという意味あいがあり、それ自体近代化と相関的である。そうして近代化は政治的には民主化と密接に関係している。この点で明治維新は絶対主義をもたらせながらも、何らかの程度において開かれた社会をもたらすものではあった。そうして日本は敗戦を契機として、なお持ち越されていた民主化の問題に当面することになったわけである。したがって丸山が戦後日本の民主化を論じる場合、そこには常に前の近代化の機会であった明治維新のことが頭にあったはずである。明治維新と戦後日本の再近代化の問題はあたかも対位法的に相関している。

幕末維新期の近代化の問題を扱ったものとして、丸山には佐久間象山を素材とした「幕末における視座の変革」という講演がある。この講演で彼はまず過去の思想家に学ぶということはどういうことか、丸山の思想史への基本態度から述べ始めている。丸山の言い方では、歴史的過去は直接に現在化されるのではなく、過去を媒介として「現在化」されるものである。したがって思想家が当時の言葉と価値評価で語ったことを、彼が当面していた問題は何であったか、という観点から改めて捉えなおすことが肝心であり、またそれを当時の歴史的状況との連関において、今日あるいは明日の時代に読みかえることによって、われわれは思想家の当面した問題をわれわれの問題として主体的に受けとめることができる。これは解釈学の常識でもある。丸山がかつての思惟の「存在拘束性」という視座からかなり自由になっていることは明らかである。

幕末の政治思想家としては横井小楠が群を抜いていることは丸山も認めるところである。それに対して佐久間象山においては、価値判断の上では伝統に与しながら、認識の点で合理的実証的精神が生かされていることが注目される。象山は朱子学における「格物窮理」という考え方を、彼の時代の状況のなかで考えうるかぎり最大限に読みかえて、それを新しい状況の中に生かそうとしていた。彼の場合伝統的カテゴリーの活用が最も発揮されたのは外交や国際政治の領域であった。そこに見られるのは東洋との同一化から西洋への同一化という安易な転向ではなく、自分自身の眼鏡を眼鏡として意識し、これを対象化して検討するという態度である。観察し分析する主体に対して、東西の文化がいったん客体化されてこそ、普遍的真理そのものと混同されていた諸々の伝統的概念装置をひきはがし、そのなかの生かせるものと生かせないものをふるい分けるという操作が可能になる。これが丸山の強調する「自己剥離」「距離をおいた認識」ということである。

ちなみに象山は中国文明に関して、だめになっていったところを日本は学んでいるから知恵が啓けないのであるとし、であればこそ今後は西洋学から学ばなければならないのであると論じていた。これに関して丸山は、近代日本が欧米文明から汲々として学んでいるものが、だめになっているところであるとすれば、地下の象山ははたして何と言うであろうか、と反問している。しばしば近代主義者と評される丸山であるが、こうした端々にも彼が実は西洋近代からも何らかの距離をとっていたこと、その限りで近代主義という言い方は思想に対する丸山の基本的態度に適切でないことが示唆されるであろう。

この講演で丸山は象山の国際関係の認識に関連して、今日のわれわれの頭の中にある世界地図というものが本当に今日の状況に合っているかどうか、この際もう一度考えてみる必要があると言っている。われわれが「国家」とか国際関係を見る範疇は旧態依然としており、近世絶対主義以来の「主権国家」システムをただ世界的に拡大したものにすぎないのではないか。しかもパワー・ポリティックスがほとんど万能であった象山の時代においては、民族の独立ということは「国防」の充実でもあったであろうが、今日では世界にぬきんでた巨大な軍備を有するアメリカ等が、一体どれだけの安全感を享受しているか。そうして「国家とは何か、国家の独立とは何か、民族の自衛力とは何か、そういった世界像をめぐる根本的な問題というものを、既成のめがねを一度はずしてわれわれはもう一度再検討する時期にいまさしかかっているのではないでしょうか」と問われている（集九）。問題が国際関係の変容と安全保障のあり方の連関性に収斂しているのは、この講演があったのは「憲法第九条をめぐる若干の考察」がなされたのと同じ年であったことからも理解しうることである。

ところで開かれた社会の創出にとって自発的結社の設立は基本的な意味を持つものであった。であればこそ丸山も「開国」論文で明六社のような非政治的な目的をもった自主的結社に注目し、非政治的領域から発する政治的発言という近代市民の日常的なモラルが育っていくことに期待したのである。後にハーバーマスが市民的公共性を強調するように、丸山も政治団体が自主的集団を代表するところでは、国家から独立した社会の十分な発達は期待できないとしていたのである（集八）。しかし丸山も指摘するように、この明六社が誕生わずか一年余りで讒謗律、新聞紙条例といった維新政府の言論弾圧によって解散しなければならなかったということは、近代日本における開かれた社会の運命にとって象徴的な出来事だった。

だが明治についての丸山の評価には何らかの揺らぎがある。それは前近代的なものにも何らかの近代的な可能性を求め、逆に近代のなかにも前近代的なものが潜在することを注意するとともに、思想の現実的基盤とある程度の存在拘束性に留意する丸山の基本視座に関わっている。そうして幾分意外な感を与えるのは帝国憲法体制のもとで自由なき平等化、国家権力の前にひれ伏す臣民の造出という指摘がある一方で（「思想と政治」集七）敗戦後まもなくなされた講演等においては明治の思想にかなり肯定的な見方が示されていたことである。

「明治国家の思想」という講演で丸山は、明治維新の対外的危機を乗り切ることは「国権論」と「民権論」の二原理をよくバランスして発展させることであった、という見方をしている。だが国民的な「解放」が帝国主義的な「進出」と絡み合うという明治国家の歴史的宿命は日清戦争後、民権論と国権論との乖離として表面化する。丸山はこうした民権と国権の不均等的発展がついにファシズムのカタストロフィーに至ったとするのであるが、にもかかわらず伊藤博文のような藩閥の巨頭すら人民の生活力こそ国家の基礎であるということを認識していたということから、明治時代には後の時代にない「健康」さがあったとする。伊藤は同時に神権的な天皇制を導入し、近代日本を政治的、精神的に前近代化することにもなったのであり、明治の国家主義の帰結が大逆事件であり、その「開化」が内発的なものでなかったために明治末最大の知識人と呼んでもよかった夏目漱石をノイローゼにさせた時代が「健康」であったかどうかについては別異の解釈もありえたであろう。

国権が民権を圧倒した明治国家の評価にあって微妙な位置にあるのは自由民権運動への評価である。丸山は「自由民権運動史」という講演で、自由民権運動が順調な経過をたどらずに影を潜めてしまった第一の原因は政府の苛烈極まる弾圧であるとするが、自由民権運動にも思想的な脆弱性があったことを指摘する。すなわち大多数の民権論者においては、天賦人権論と国権拡張論が無媒介に並列し、しかもその自由は多分に快楽主義的な意味で捉えられているが、感覚的な自由そのものからは、国家原理としての民主主義は出てこないのである。そうして丸山は民権運動の内部的脆弱性の原因を日本資本主義の発展の特異性に求めている。自由民権運動は国家権力によって強行された原始的蓄積過程の下積みとなった国民層の反発であったが、本格的な資本主義的生産が開始したときは、日本のブルジョアジーは国家権力と切っても切れない関係に立っていたのである。ここに日本の「自由主義」の悲劇があると解される。だが経済という条件をあまりに重視するならば、思想運動の固有性は認めがたくなる。第一の市民革命の可能性もなかったわけではない自由民権運動に対して「駄民権」と蔑視した福沢に丸山が理解を示していることは、この場合は「存在拘束性」を強調して思想の能動性について弱い評価を与えたことになろう。

この問題に関して一九六〇年に発表された「忠誠と反逆」という論文は興味深い（集八）。これは百ページを越える大論文であるが、概念装置上の問題もないわけではない。それは「忠誠」と「反逆」という用語自体が封建社会に対応するものであって、それはすぐさま近代の思考の枠につながるものではないからである。忠誠とは典型的には武士のエートスであって、封建的上位者への私的、心情的忠誠であり、したがって反逆にも様々な私的情念が絡んでいる。その上位者との服従契約は近代における平等者間の社会契約の原理とは質を異にしている。したがって問題は封建的忠誠の前提が失われた場合、政治社会のエートスはどこにあるかという問題となろう。

丸山によれば、大逆事件への対応に示されるように、三宅雪嶺や徳富蘆花においてはなお政治的反動に対する内的自我からする抵抗の問題、ノン・コンフォーミズムの問題が意識されていたが、それを最後に「反逆」の問題圏は消失している。封建的忠誠のエートスが解体した後に浸透した近代においては、内面的心情は「個人主義」として現れ、行動価値の強調は他人指向型の行動様式としての「集団主義」となったのである。その後の日本では静態的な分限意識や恭順精神だけが臣民の道の中に継受される一方、抵抗の問題は体制の「革命」のイメージの中に一本化されていく。だが天皇への「忠誠」の集中がなされるかたわら、「反逆」も単純集中となって社会主義として結晶するものの、国民的基礎においては前者に匹敵すべくもなかったのである。

丸山はこうした推移に関して、日本帝国の上からの近代化は伝統的な階層や地方的集団の自立性を解体して底辺の共同体に直接させることになり、このため中間層は社会を代表して権力に距離を保持するよりも官僚的編成に系列化されることになった、という解釈を与えている。もともと日本においては中間勢力の自主性が弱かったのだが、絶対主義的集中は「国家」を「社会」に、「社会」を「国家」に陥没させる方向に進んだのである。ことに残念なのは日本のキリスト教においては自由民権的な抵抗権思想さえも姿を消したことである。西洋においては抵抗権はキリスト教を母体にして育まれたのであるが、内村などの忠君愛国的な忠誠に対する批判さえも、明確な抵抗権という基礎の上に築かれることはなかったのである。

こうした状況に対して丸山は忠誠意識一般が「被縛性」と「自発性」との弁証法的な緊張を失っていかなかったかどうかを問う。原理や人格への生き生きとした結びつきが前提になってはじめて、そこから自己を引き剥がす謀叛も自我の次元で問題となるとする。しかるに近代日本においては反逆は革命の「客観的」な歴史法則のうちに吸収され、

「のっぺり」した反逆にならざるをえない。「支配」と「革命」の双方の集中化傾向によって、「支配」の側も「革命」の側も自我の次元においては驚くほどの共通性を帯びるのである。そうしたところからは創造的な秩序形成のエネルギーを形成することはできず、イデオロギーとの情動的な一体化、思想的浮動性を免れないであろう。

丸山がこうした問題を出した理由がないわけではない。丸山の眼前には小林秀雄における「伝統」への屈従や大杉栄における不毛な「反逆」の美学があったはずである。とりわけ近代日本における抵抗を代表するようになった社会主義革命論に秩序形成の創造性が欠けていたという負の遺産があり、そうした抵抗は丸山には「のっぺり」した自我の「物理的」な爆発でしかないように見えたのであろう。それはデモクラシーを支える市民的なエートスとは言いがたいものであった。

問題は封建的忠誠や反逆の基盤が失われた時代にあって、デモクラシーを支える政治的エートスはどこにあるかということである。デモクラシーを永久革命と捉えた丸山はそのエートスを「抵抗」の精神と捉えていたはずであり、それはまた自立した主体の問題であろう。もっともその際丸山は封建的「反逆」の問題に拘束されて、近代の契約論の必然的な反面である日常的「抵抗」つまり市民の自律的精神をやや突き詰めすぎているところがないわけではない。それに関する丸山の議論が幾分アナクロニズム的なもののように見えるのは、彼がそこに武士道的なエートスを求めているようなところがあるからである。

いずれにしてもここには丸山がデモクラシーのエートスを「抵抗」の精神に見ていることが示されるとともに、なおかつ自立的な「抵抗」の精神を弱体化させる近代日本の社会的条件が関係している。だがそこには「被縛性」と「自発性」との弁証法的な緊張を求める丸山の精神も関わっているようにも見え、そこにあるいささか回顧的な要素は旧幕臣に節度を求めた福沢の「痩我慢」の説との共通面を窺わせることになるのである。

福沢の陥穽

近代日本精神の問題をある意味で象徴しているのは福沢諭吉である。しかし八十年後の丸山の福沢に対する尋常でない身の入れ方には何らかの気遣わしいところがないわけではない。

敗戦後まもなく丸山は福沢の哲学に関する二本の論文を書いている。まず「福沢に於ける「実学」の展開」（集三）では、儒教に代表されるこれまでの「虚学」に対して福沢が対置した実学の意味が闡明される。丸山によると福沢の実学における真の革命的展開は、学問の実用性の主張自体にあるのではなく、学問と生活とがいかに結びつけられたかという点にある。福沢は学問の中心的地位を倫理学から物理学に移したが、それは朱子学に代表される自然的な秩序への順応から脱却することであった。社会からの自然の独立は他面で社会からの個人の独立を意味する。丸山は福沢が独立自由の精神と数学物理学の形成とをヨーロッパ文明の核心と考えたということは、いかに彼が近代精神の構造に対する透徹した洞察を持っていたかを示している、と高く評価する。

もっとも「虚学」は自己に与えられた状況を「原則」に関係づけて処理するのでなく、そうした状況に自らを適合させていこうとする「機会主義」である、とするのは奇妙な言い方でもあろう。というのは客観的秩序への順応が一般的にもたらすのは福沢的な機会主義であり、虚学はむしろ融通の利かない原理主義であるからである。丸山の評価のヴェクトルは逆方向を向いている。

それはともあれ人間生活を科学的「合理性」によって律するということには難問があるはずであり、福沢も現実の非合理性に直面せざるをえない。そこで彼は漸進主義という現実的な態度をとることになったのであるが、丸山はこの現実的態度は単なる妥協ではなく、「原則」のなかに位置を占めているとする。非合理的「現実」の承認は、彼が科学的決定論の陰惨な泥沼に陥らなかった背景であると、丸山の福沢に対する見方はあくまでも肯定的である。

しかし福沢の漸進主義には、人間に関する学問の論理構造の解明というよりは実際的処理という性格があることを否定できず、そこには福沢の思想のより「核心」についての問題があるはずである。かくして丸山は「福沢諭吉の哲学」では福沢の思惟方法を究明している（集三）。そこで丸山が引き出しているのは福沢における価値判断の相対的、条件的性格である。一切の人間の認識は状況によって制約されているが、丸山によれば福沢における価値判断の「相対性」の強調は、人間精神の主体的「能動性」の尊重とコロラリーをなしている。それは科学主義を主体的行動的精神と再婚させようとしたプラグマティズムの精神と言える。

そうした福沢も宇宙における人間存在の矮小性に直面したのであるが、丸山の理解では彼はこの無力感を精神の主体性をより強化する契機にまで転化している。それは一面では人生を「戯れ」と見ることであるが、まじめな人生と戯れの人生が相互に相手を機能化するところにはじめて真の「独立自尊」の精神が生まれる。福沢は人生を「恰《あたか》も」という括弧につつみ、これを「フィクション」に見立てたことによって、自ら意識すると否とを問わず「ヒューマニズム」の論理をぎりぎりの限界にまで押しつめた、と丸山は理解している。しかし「自己剥離」によって特質づけられるこの擬制的な人間観は自己遊離によって空回りする可能性がないわけではないのである。

ともかく丸山のこうした福沢に対する肯定的な理解は、すべてを理解することはすべてを許すようなところがある。「官民調和」論も価値の分散を通じての国民精神の流動化という点で「独立自尊」の原則と内面的に結びついている、と理解される。さらに「一身独立して一国独立す」という有名な命題においては、一貫して国際的観点が国内的観点に優位し、民権は国権の前提条件であってそれに従属する位置にあるにもかかわらず、丸山は個人的自由と国民的独立は全く同じ原理で貫かれ、「見事なバランス」を保っている、と幾分強引な理解の仕方をなす。そうして福沢的な「民権」と「国権」の布置関係が破綻した際にも、「歴史はその展望を見事に覆すことによって、却って彼の発想の根本的な正当性を立証したのである」とやや無理な言い方までをして「民権」と「国権」を相関させる福沢を弁護しているのである（「『福沢諭吉選集』第四巻解題」集五）。

福沢に対する手放しの称賛的な論じ方は、丸山が退官後に私的読書会でなした講義『「文明論之概略」を読む』では極端な形で現れている（集十三・十四）。これはそもそも「経典の注釈書」の心構えで解説したという基本姿勢自体に示されている。それは丸山が心がけていた思想史的な考察というよりは教義の論賛のようなものとなり、場合によってはあばたもえくぼになる。

『文明論之概略』は丸山も言うように福沢思想の原理論のようなものであり、彼の思惟様式といわれるものが直接に示されているとも言える。だがまさしくその点において丸山は福沢に盲従しているところがある。この書は丸山も注意しているように、まず議論の「本位」を定めることから出発し、それは「西洋」の文明を目的とすることであると明言されている。この場合西洋の文明とは物質文明よりは精神文明であり、それに対して「日本」文明は「権力の偏重」に端的に示されるように、問題は自由な支配の欠如というすぐれて政治的な文明であった。だがこの書の最終章は「自国の独立を論ず」と題され、「国」がなければ「文明」と言うこともできず、この際は自国の独立を保つことが急務であり、国の独立は「目的」であり、文明はそのための「術」であると論じられている。

こうして福沢は最初の「本位」を棚上げにすることになっており、「本位」は「本位」として取り立てて言われていた意義を失っている。ここには原則が原則として成立せず、状況によって議論を転換していく、福沢の機会主義の論理が範型的に現れていると言ってよいであろう。しかし丸山はこれに対して、何ごとも絶対命題としない福沢の思考が現れており、総じて「成熟した政治的判断」が見えるとする。丸山はオポチュニズムを内包する福沢の思考様式上の問題に気づかず、没批判的に追随している。

もし哲学ということを言うとすれば、実学主義の知の道具的理性の性格、つまりある種の反規範主義である実証主義が思考そのものを排除していくという、その知の特性を捉えるべきであったであろう。第一章でも触れられたように福沢の啓蒙思想には専制の要因も伏在していたのであり、状況によっては啓蒙専制主義が析出するという構造になっている。それを作動させているのは内的対応による弁証法ではなく、外的状況による移行であり、そうした実学主義には啓蒙の弁証法が避けられない。もし丸山がマンハイム的知識社会学にとどまらず、フランクフルト学派のホルクハイマーなどを踏み台にして弁証法的理性の批判に向かっていたならば、福沢の実学が思惟を排除する道具的理性に立つものであり、現に存在するものに追随する実証主義の論理的性格は容易に見抜くことができたはずであろう。

したがって福沢の相対的流動的思考の反面における原則の貫徹、強靭な精神という丸山の肯定的な評価は、いずれもその反対の評価が可能なものである。すでに福沢は「日本ブルジョアジーの日常処世訓」（戸坂潤）と評されるようになっていたが、丸山の偏愛によって福沢は豹変している。確かに福沢は市民社会の近代化に貢献をしたが、その理性の没普遍性によって自国の独立のために諸国民の自由を弾圧することを甘受させた論者でもある。そうして『文明論之概略』における福沢の要領のいい論点ずらしによって精神革命という福沢の志業自体がはぐらかされたのであるが、しかもこうしたやり方は近代日本社会のあり方を規定し、やがて破綻する日本の近代化のあり方と相関的でもあったのである。

丸山は戦争中の麻生義輝の著書への書評では、福沢の結果本位的功利主義的思惟は、その独立自尊の真の内面化を妨げているという言い方をしていた。そうした哲学は国民精神を内部から規定し、転向する力をもたず、かくして国民の内的な思考は本質的な革新を経験しなかったとされる（集二）。無論こうした言い方は過度に否定的なところがあるが、より的確であったと言えるであろう。しかし戦後の丸山の福沢に対する没批判的な盲従は福沢の言う「惑溺」を思い起こさせるものである。「惑溺」とは丸山自身の示唆する言い方では形而上的な価値に対するけなし言葉であるが、要するに思考のフェティシズムを批判する言葉である。丸山の福沢に対する言わば「惑溺」は、近代思想の成熟を究明しようとしたミイラ取りがミイラになったとは言いすぎであるとしても、大きなパラドックスであることは間違いない。

丸山のような批判的な論者が福沢に対しては武装を解除されたことは、それ自体一つの思想史的な問題であろう。丸山は彼が経験した抑圧的な現実に圧倒されて、福沢の道具的知性の問題を見ることができずに、そうした抑圧への対抗者と見られた福沢に傾倒することになったと解するほかはない。とすれば丸山の福沢論の自己矛盾のようなものは、結局は日本の近代の矛盾であったと言わなければならない。つまり福沢がある程度において日本の近代化に資する点があり、その問題が丸山の時代にまで残存していた限りで、丸山の福沢への賛同には理由があったと言える。

他方で拘束のなかで自主性を求め、単純な革命よりは抵抗を重んじる丸山の精神は自由は不自由の際にあるとする福沢の精神に通じるものもあったであろう。だがさらに福沢の宗教をはじめとする内在的価値への軽侮は、形而上学を敬遠し、仏教にはさほどの関心を示さなかった丸山のある種の現世主義的プラグマティズムも関係していよう。そうしてそれはつまるところあえて超越的哲学を問わなかった丸山の哲学の問題となろう。それはともあれ専制を内在させていた明治の啓蒙と戦後の啓蒙は違った課題を持っていたはずであり、丸山がその課題にいわば圧倒されて、第二の近代化においても第一の近代化の典型である福沢の論理を採用したことは、やがて彼にしっぺ返しをすることになるのである。

丸山は一九六八年の大学紛争に巻き込まれ、東京大学の権威主義の象徴として予想外の批判を受けることになった。極左学生から糾弾されることになったのであるが、それは三十年前に極右勢力から糾弾された津田左右吉と立場を変えた相似性を感じさせるものである。無論丸山は権威主義とは正反対の人物であり、全共闘の論理は理不尽であるが、それは丸山の中にある福沢的なものが批判されたのであると見ることができる。つまり自他に「距離」を取り、物理的な力の乱舞を斥け、精神的貴族主義の要素も否定しない、あまりに「成熟した思考」が、成熟できない状況にある若者から糾弾されるに至ったのである。

このパターンは他在において自由であるというヘーゲルの「精神」が青年ヘーゲル派による反抗を招いて以来繰り

返されているものである。ヘーゲルにおいては「精神」の疎外態であった「自然」の復讐が生じたが、丸山においては直接的な「自然」から距離を取った「作為」が生の「自然」の反乱を招く。これは丸山の政治哲学の論理的な問題の噴出であるが、実質的に見ればこの事態は、デモクラシーとネイションとの連関性をやや強く捉えすぎた丸山が反体制的な若者の「のっぺり」した反逆を招いたということであろう。だが根本的には、ここで政治の世界を主体能動的にではあるけれども「作為」によって捉えようとした福沢的な「フィクション」の限界が露呈されたと言うべきであろう。いずれにしても維新一世紀後に生じた大学反乱は六十年の安保闘争とともに、近代日本における四度目の市民革命的な営みとそこにおける亀裂を表面化させるものであった。

日本という難題

もとより丸山自身日本の近代の単純でない性格に気づいており、それは近代だけにとどまらない日本の思想のあり方の問題に収斂する。丸山が一九六一年に出した『日本の思想』はそうした日本的な思惟あるいは無思惟のあり方を探求しようとしたものである。もっとも巻頭のタイトルを与えている論文はあまりまとまりのいいものではなく、また対象も近代に限定がなされている。

そこではまず日本には思想的座標軸がなく、外来思想は真の対決を受けることなく「雑居」し、無構造性が伝統となっていることが指摘される。ここでは無構造性自体何らかの構造を持っているという洞察はまだ見られない。そうして精神的機軸がないことは、近代になって「国体」という擬似宗教的なイデオロギーを導入することになったと解される。だがこの天皇制国家イデオロギーは近代国家の機軸として導入されるとともに、国家を精神の内面にも無制限に浸透させていくことになり、市民的法治国家以前の前近代性をもたらすものであった。この国体イデオロギーはやがて日本的な全体主義を生み出すことになるが、イデオロギー的な同質化という点では超近代的な全体主義の相貌を持つものであった。丸山は言っていないが、この国体イデオロギーは世界認識を合理的に整序せず、道を多元的に並存させる日本的「多神教」であり、それが西洋的一神教と少なくとも同様に全体主義に有利なところがあることが示唆されるであろう。

ともかく丸山が近代日本に見たものは、日本の近代化は制度的にもイデオロギー的にも前近代性の温存によって可能になっていることである。一方で中央を起動とする機能的合理化は、他方で家父長的、情実的人間関係の契機と複合している。後者の部落共同体は個人の析出を許さない情緒的結合体であり、権力と温情の即時的統一は「国体」の最終的な細胞をなしていた。日本の近代はモダンとプレ・モダンおよびポスト・モダンが重なり合っているだけでなく、「天皇制国家イデオロギー」は異端の排除作用の面でだけ強力に働く。かくしてそれは認識主体という意味でも、責任主体という意味でも、秩序形成主体という意味でも、人格的主体の確立にとって決定的な「桎梏」となったのである。そうした共同体的心情は近代都市の雑然さに対して叫ばれる日本的な「近代の超克」論の通奏低音をなすものでもある。

丸山はこうした近代日本において「制度の物神化」と「実感への密着」という二つの思考様式を観察している。彼はこの傾向はマルクス主義が導入されて以来さらに顕著になったと見る。つまり一方でマルクス主義は「理論」主義の傾向を帯び、他方でそれに対する反発として「実感」主義が出てくる。この論点は第二論文「近代日本の思想と文学」で展開されている。「理論」主義は戸坂潤に代表される科学主義という形で出てくるのであり、「実感」主義は小林秀雄に代表される美的文学主義という形のものとなる。丸山は両者を解説するだけでなく、「実感」に立てこもる思考様式は、ひとたび戦争のような巨大な政治的現実に囲繞されるときは、きわめてすなおにこれを絶対化するメカニズムを持っていることを鋭く指摘している。マルクス主義の完全「理論」主義を批判する小林は、絶対的な事実の前には一転して批判力を失い、ただ事実の前に頭を下げてファシズムに通じる決断主義に回収される。

「理論」主義と「実感」主義をめぐるひとつの問題は、丸山が社会科学は文学と違って本来、論理と抽象の世界であり、必ずしも自己の内面をくぐらずに操作しうるとしていることであろう。だが丸山も言うように、そのような社会科学においては対象化された理論と生まの人間の思考様式との分裂が現れやすい。まさしくそこに抽象的歴史に対する小林の実感主義的な反発が生まれるであろう。そうしてマルクスの理論自体そうした抽象的な論理の世界ではなかったはずであり、そもそも丸山の社会科学自体そうした抽象論理ではなかったのである。したがって丸山のこの近代日本思想論には舌足らずなところがあるが、ともかく「理論」主義と「実感」主義の二元性の止揚が課題であることは確かなことなのである。

同時にその課題の困難さも示唆されていると言ってよい。丸山の言うように日本における思想の「雑居」の伝統を雑種にまで高めることが課題であり、それがわれわれの「革命」でもあろう。そうした変革のエネルギーは認識としても実践としても、強靱な「自己制御力を具した主体」なしには生まれない。丸山はそうした主体を私たちが生み出すことが、とりもなおさず私たちの「革命」の課題であるとする。だがそれが思想的な伝統の革命であるとするならば、それが容易でない課題となることは直ちに予想されよう。天皇制国家の政治的、思想的な伝統への革命の主体はどこにあるのか。ここに問題は近代にとどまらない伝統的過去との対質となる。

こうして丸山は日本思想を相当程度に規定しているように見える深層構造を問題にするようになり、それを「古層」と呼ぶ。これは一九六三年の講義以来、始めの頃は「原型」（プロトタイプ）と称されていた。思考様式の原型とは思想の発展・継受の基盤をなし、そこに一定の鋳型を打ち出すものである。具体的には原型とは、社会結合様式および政治的行動様式の原初的形態、ならびに神話・古代説話に現れた思考様式および価値意識である。

そうしたうえで丸山は日本の原型的思考様式の特徴は「災厄」の観念と人間の責任としての「罪」の観念が長期にわたって重畳していることであると指摘する。そうした行動の価値基準としては「集団的功利主義」、「心情の純粋性」、

「活動・作用の神化」が挙げられる。活動作用そのものに重点を置く見方においては、世界像そのものが生成のオプティミズムで貫かれる。自然的生産力による生産と成育が生の本質であり、同時に価値の本源である。そこから生成・成育・生殖を促進する作用活動が一般的に「よい」もの、それを阻害する方向が「わるい」ものという価値判断が生まれる。そこには「永遠の規範」というものがなく、それは時の無限の移り変わりに従う感情的自然主義と連関する。

歴史の見方に関するならば、その時間像は「現在」の時間を同一線上に無限に延長したところに永遠を表象する。無窮の「生成発展」が永遠であるが、「無窮」は「現在」の時間と同じ次元にある。現世的「現在中心主義」であるが、しかし瞬間の中に永遠を見るのではなく、瞬間を瞬間として享受しながら、それに安らがずに、絶えず次の瞬間を迎え入れる。しかしそれは生の意味の肯定では必ずしもないから、仏教的無常観を受容することによって、あの世を次の瞬間として肯定する態度ともなり、生への執着性はそれほど強くない（講義録四）。

一九七二年の「歴史意識の「古層」」という論文は、この歴史についての発想様式を記紀神話から抽出しようとしたものである。そこでは世界の宇宙創成論は大別して「つくる」「うむ」「なる」という動詞に表現されるとし、日本においては「なる」の磁力が強いことが指摘される。記紀冒頭の叙述からは「つぎ」「つぎ」という言葉が目立ち、そうして「いきほひ」という発想が顕著であるとされる。その後の歴史的展開を通じて執拗な持続低音として響きつづけてきた思惟様式にはこの三つの原基的な範疇があり、それはひとまとめにすれば「つぎつぎになりゆくいきほひ」ということになろう。こうした歴史意識は歴史的「相対主義」、既成事実への随順をもたらし、また進歩史観とは摩擦を起こすものであるが、究極目標などというものはないという発想は「進化」という表象とは相性が合うことになる。

こうした歴史像の中核をなすのは過去でも未来でもなく、「いま」である。過去はそれ自体無限に遡及しうる生成であるから「いま」の立地からはじめて具体的に位置づけられ、未来は過去からのエネルギーを満載した「いま」の、「いま」からの「初発」である。日本の神々の非究極性と不特定性は、「いま」の立場から自由に祖霊を呼び出すことを容易にし、しかも新たな変革や適応を、こうして呼び出された「原初」の顕現として連続的に捉えることを可能にする。神道の非規範性は「初発」の混沌からの再出発というイメージによって外国文明をモデルとした変革にも連結する。これが系譜的連続における無窮性であり、そこに日本型の「永遠の今」が構成される。そうして「いまここなる」現実の重視は、近代化の過程においても「近代化」と「古層の露呈」という二重進行という形で現れる（集十）。

こうした歴史像と政治像とは相関的である。まずそこには西洋近代を特徴づけた主観的かつ理性的な「自然法」的思考の要素が乏しいという特徴がある。そこでは出来事は外に起こると観じられ、それへの敏感な適応がある。だがそうした政治的思考様式は受動的服従をもたらすだけでなく、出来事は「起こす」ものではなく「起こる」ものであるから「相対的保守主義」をもたらす。倫理的にはルース・ベネディクトの言う「状況的倫理」が生まれる。他面で普遍的な価値へのコミットの弱さは、政治行動における規範的な制約を弱め、政治的手段の制約を比較的自由にする。ここに普遍的価値を持たない原型の両面性がある。

受動的服従の側面と無目標な能動的実践という側面は、刻々の「いま」を中心として世界を捉える精神傾向によって結ばれている。さらに「つくる」契機が稀薄なところでは、最終的な権力がどこにあるかが明確にされない傾向が生まれる。君主制は多頭型に、民主制は寄合協議型になる。政治的決定過程における権威の源泉と権力の行使者との分業である。これは統治体の連続性を保持しつつ変化する状況に対する適応をスムーズに行わせるが、最終的な権力の位置づけをぼかし、決定の政治責任を曖昧にするものでもある（講義録六）。こうした日本人の思考様式の特徴はすでに和辻哲郎や九鬼周造や中村元などがそれぞれのやり方で論じていたことであるが、丸山はその評価を否定的に反転させている。

ところで歴史が生じる（geschehen）ものによって構成されるもの（Geschichite）である限り、歴史が「なる」という言葉によって特性づけられることは歴史の性格を捉えるものであるようにも見える。だが記紀における「なる」史観は、歴史を「生起」（Ereignis）するものとして、ハプニング的な見方を提出したハイデッガーのそれに近いものである。また歴史とは要するに体験する人に実感されるものであるとする小林秀雄的なものになるとすると、すべてが歴史主義化された世界認識は、かえって非歴史的な、現在のそのつどの盲目的絶対化を呼び起こすことになろう。「なりゆき」の「なる」という契機は「ある」と「する」を総合するようにも見えるであろうが、記紀における「なる」の契機は根本的には「ある」を原理とするものであって、要するに天皇制的政治観の精神構造を規定するものである。言うまでもなく天皇制とは何らかの能力という条件のもとに成立するものでなく、「ある」という生物学的存在それ自体に意味を認めようとする制度である。

とすると丸山が記紀の政治的思考に関して「古層」とか「原型」あるいは「持続低音」（バッソ・オスティナート）という表現を与えたことには厄介な問題があったであろう。なぜなら丸山が生涯の課題としたのはまさしく没主体的なりゆき任せの天皇制的体制を脱することにあったはずであり、しかもそうした体制を「古層」とか「原型」とすることはその課題を困難にすることでもあったからである。「古層」という言葉には何らかの原基的実体としてそのようなものがあることを含意するところがある。もしそこに固有思考のようなものが考えられるとすれば、それはラッキョウに芯を求めるようなものであろうし、それを変容させることは当然に困難であろう。

さらに自然の中にあるべきものを見ることになった宣長の例があるように、「原型」という言葉には範型性があり、「事実的なもの」に「規範力」を与えるという意味あいが伴う。「原型」にはそのようなものを「正統」化する契機があるからである。原型「である」ということには存在認定の含意があり、ここには「ある」ということのないがしろにしえない論理的な機能がある。いずれにしてもかつての「自然」と「作為」の概念対と同様、「ある」と「する」は実践的な全体構造をなすものであって、そうした弁証法を無視して使用されるべきではないのである。したがって丸山は簡単に「原型」というような言葉を使うのではなく、せいぜい日本における初期的位相とか傾向性と言うにとどめた方がよかったであろう。

もとより鋳型自身歴史的変化にさらされるものであり、原型は宿命的規定性を持つわけではない。また丸山の「古層」論は日本への回帰などではなく、対決すべき所与を明確にしようとする試みである。彼自身には日本の過去の思考様式の「構造」をトータルに解明すれば、まさにそれが執拗低音を突破するきっかけになるという認識論的動機があった。そこには時代の全貌が理解されるのはその終わりにおいてであるというヘーゲル主義的な期待もあったようである。それはともかくとして、丸山が期せずして日本思想の「古層」という言い方をしたことは、彼の課題がいわば伝統に対抗するという意味では、まさしく精神の「革命」を要するようなきわめて困難なものであることを暗に示すものであったと言える。

後に残されたもの

丸山が難問を抱えていることの一つの示唆は、彼が編集を担当していた「正統と異端」が未刊になったことであろう。これは近代日本の天皇制社会の精神構造を正統と異端のダイナミックスにおいて解明しようとして企画されたものである。未刊になったことに関しては正統と異端という概念構成自体の問題もあったであろう。

正統と異端に関する丸山の考え方を窺わせるものとしては『山崎闇斎学派』の解説として書かれた「闇斎学と闇斎学派」（集十二）がある。これは退官した丸山が思想史家としてのアイデンティティをかけて書いた鬼気迫るような力作であって、単なる解説の域を越えた晩年の丸山の代表作と言ってよい。ここで丸山の議論の軸となっているのは、ドグマとしての「正統」（オーソドキシー）と支配根拠としての「正統性」（レギティマシー）の関わりである。前者は学統とも言われ、それに対するものが異端である。後者は正当性と書かれることもあるが、福沢の言う「政統」である。「正統」と「正統性」は範疇を異にするが、両者は交錯する場合がある。

山崎闇斎学派において正統と異端の問題が生じるのは、それが朱子学派としての正系の問題と絡んでいたからである。日本の儒学は儒学的「徳治主義」と天皇制的な「血統主義」をどのように両立させるかという難問を抱えていたが、闇斎学派には儒学でありながら神道的な要素が含まれていたために、この問題は鋭く現れる。これは結局、天照大神の神勅によって皇統の正統性が永遠に決定されているという「神勅的正統性」に帰着するが、それが闇斎学派内の「正統」と絡むために、「正統」の問題と「正統性」の問題が表面化したわけである。

だが闇斎学派はどちらでもいいことである。問題は近代においてこうした「正統」と「正統性」の問題がどのようになっているかということである。丸山の見るところではドグマの「正統」と支配観としての「正統性」は明治の天皇制国家において再結合している。つまり神勅的な「正統性」が「正統」的なドグマになる。「血」と「聖徳」の二つは「帝国憲法」の万世一系の天皇支配と、それを倫理化する「教育勅語」の「国体の精華」において合流している。つまり明治憲法の天皇制的支配観は国体あるいは天皇教とでも言われるべき非宗教的宗教のドグマと結合する。やがて天皇制ファシズムに終わるそれがどのようなものであったかということは、敗戦以来丸山が論及してきたところである。

戦後の丸山の政治的、思想的、知的な営みは結局、こうした帝国憲法に表明される天皇制国家原理をデモクラシーに変換させることであったと言ってよい。それは「血統的正統性」を人民主権的正統性に転換することである。だがそれが必ずしも容易な課題でないことは丸山の仕事が語るところであって、「血統的正統性」すなわち「正統」であるが故に「正統性」を持つという観念、換言すれば支配の「正統性」を問うという問題自体が抑圧される血統的「正統」観念と戦わなければならなかったのである。それは「古層」的な契機、つまり一定の原理性を持たず、次々になりゆく勢いによって随順と適応を繰り返す原理との対立である。したがって丸山のプロジェクトは二重の意味で革命的なことであったであろう。つまりそもそも民主主義は多数が支配するという逆説であるところから永久革命を要するとともに、日本においては天皇制的支配観からの革命的な転換を要するものでもあったからである。

だがここには「正統」という概念の問題があったであろう。『教会法大全』が異端を「キリスト教徒の名を保持しながら、聖なる普遍的信仰によって信じられている一つあるいはそれ以上の真理をかたくなに拒否したり、疑ったりする受洗者」と規定しているように、異端がありうるためには普遍的信仰が前提されなければならない。異端が成立するためには正統が成立していなければならないが、しかもそれはドグマの領域について言いうることである。だが近代日本において正統的ドグマとはどのようなものであろうか。近代日本において普遍的信仰に似たものとしては国家神道と称される天皇制国家イデオロギーが挙げられるでもあろう。しかし「正統」と「異端」の問題は同一の体制イデオロギー内部に生じるものであって、天皇教それ自体が「正統」ということはありえない。いずれにしても近代日本において「正統」とか「異端」ということは比喩としてしか、あるいは擬似正統や擬似異端としてしか言いえないはずなのである。

したがって丸山の「正統」と「異端」という議論には当初からアポリアがあったことになるであろう。とすれば皇帝教皇主義（ケザロパピスムス）をもたらしかねず、天皇制国家原理につながる「正統」などという言葉を丸山はおいそれと使えなかったはずであり、むしろ言わなかったほうがよかったのである。したがってそうした問題構成を持つ「正統と異端」が彼本来の意向にそぐわないものとなることは避けがたいことであったであろう。「正統」といったドグマはもはや捨てるにしくはないのである。このように見るならば「正統と異端」が未刊になったことはある意味では必然的なことであったと言える。そうして「原型」的な発想は「正統」的な発想と連関するものであったから、その意味でも「古層」というような言い方は避けた方がよかったのである。もしそうした「古層」的ドグマを「正統」的ドグマであるとするようなことになれば、それは彼の生涯のプロジェクトにとって敗北的な意味を持ってしまうことになるであろう。

にもかかわらず丸山が「正統」の問題に拘泥せざるをえなかったということは理解しうることである。というのはデモクラシーに向けての精神の「革命」を探求していた丸山のプロジェクトは、それが近代日本において「正統」であるのか「異端」であるのかという含意を内包させるものであったからである。「正統」と「異端」という用語を使用する場合、彼の問題視座からするならば、デモクラシーこそが「正統」であるということであろうが、それが伝来の精神の「革命」を要するということは伝統に対する「異端」でもありうるからである。だがそれは「正統」と「異端」の真の問題ではなく、せいぜいのところ強いられた伝統への抵抗ということなのである。

しかしそうした「革命」に難問があったということは否めないことである。それは「革命」一般に通じることであるが、ここでは存続してきただけでなく、「ある」ということを支配原理とする「血統的正統性」の変革の問題である。丸山は「ある」に対する「する」、あるいは「自然」に対する「作為」を単なる二項対立としていたわけではないが、いずれにしてもその変革は単純には解きえないことなのである。それは「原型」に代わるべき歴史哲学や政治哲学の問題である。丸山はヘーゲルの歴史哲学やマルクスの史的唯物論を信奉しているのではないが、それは論理的には「自然」と「作為」の弁証法的全体化の問題となったはずであろう。だが二十世紀末において歴史哲学や政治哲学の可能性はそれ自体問題であり、伝統と革新、理論と実践、自己と他者、さらには事実と妥当性を思考に包摂しうるかという問題をはじめ、まさしく京都学派の帰結が示すように、そうした試みは始めから挫折が予想されるとも言える。すくなくとも丸山は例えばサルトルが『弁証法的理性批判』において実践と構造の相互的媒介によって社会と歴史の総体性の理論を構築しようとしたような試みはなしていない。その意味では丸山が「正統と異端」を未刊にしたことは、所与的政治観に代わるデモクラシーの原理が彼において未完になっていることを暗示するものとなろう。

もっともデモクラシーを支える政治文化やエートスという問題に限るならば、永久革命とは要するに自立した主体の日々の「抵抗」ということであり、われわれが丸山に確認できるのは、そうしたエートスの定着に向けての努力である。伝統的所与に対する丸山の飽くなき闘争は伝統への抵抗の伝統化として、戦後の日本において民主主義の「エートス」と新たな「習慣」の形成に少なからぬ寄与をしたことは確かなことである。マックス・ウェーバーも言うように政治とは固い板に穴をあけていくような緩慢で力強い働きであり、もし不可能のように見えることも試みられなければ可能なことも成し遂げられなかったであろう。丸山の場合その作業は直接的には知識人のそれであったが、日本において唯一の一般的読者を持った政治学者である丸山の奮闘は、一般市民層の精神形成に深く関わっていたことを否定できない。こうして知識人にすぎない丸山はそうした作業によって、日本におけるデモクラシーの精神の定着に少なからぬ寄与をしたと言ってよい。

自身二十世紀最大の知識人であったジャン・ポール・サルトルは一九六五年に来日した折「知識人の擁護」という一連の講演を行っている。彼は知識人を「実践的真理の探究者」と規定しているが、それは小著の対象である政治思想家と同じである。実践的知識の探求者である限り、知識人には普遍性への要求がある。しかし知識人には自分の特殊な立場や支配階級の要求に応じて特殊性に屈する可能性もある。したがって知識人とは厳密に言えば、普遍的真理と支配階級や伝統的価値との間の対立を自覚する人間である。したがってまた知識人とは「独自的普遍」の立場に立つということである。しかしサルトルによれば真の知識人はあくまでも普遍性の技術者である。だが出来合いの普遍性などなく、それは間断なく創っていくべきものである。それが可能であるのは、サルトルによれば、最も恵まれない階級の視点に立つことによってのみである。最も低い視点とは民衆的思考ということであり、最も低いが故に最もラディカルなのである。したがってラディカリズムと知識人とは同じである。

無論サルトルのこうした知識人論には、マルクス主義は乗り越えられていないという、マルクス主義的な問題構成が厳存している。その点では知識人の概念は似ているとはいえ、十歳ほど年下の丸山の方がより柔軟であったと言えるであろう。サルトル自身は六十八年の五月革命に際会して知識人と民衆の対置を斥け、知識人の自己否定を強調し、

「人民の友」ということを強調するようになる。状況を学習し、自らを変容していったことは、変化しなかった丸山より立派であるとも言える。だがその視点は丸山が本質的に最初から持っていた視点なのである。

知識人とは状況を規定し、そこに展望を与え、知によって同輩に奉仕するということであるとすれば、丸山は戦後日本が生んだ最大の知識人であった。サルトルの来日を機縁としてものされた「近代日本の知識人」という論文で丸山は、外来の「普遍主義」と「土着主義」の悪循環を絶つことが、日本の知識人の課題であるとしていたが、まさしく丸山はデモクラシーの理念と日本の状況との適合的な関係を追及するアンガージュする知識人、だがすぐれて行動する市民であった。その精神はヘーゲル的に言えば抽象的普遍主義と特殊主義を脱した具体的普遍の視点に立つということであり、現に丸山は知識人の第一の特性は他在において自己を認識するというようにヘーゲルふうの表現を与えていた。

サルトルと丸山は肌合いは異なるが、西洋の二十世紀を代表する思想家が最後の弁証法論者であり、日本の二十世紀を体現する思想家がやはりヘーゲル主義的であることは興味あるところである。ラディカルなデモクラットであった丸山は思考においても真にラディカルであるという意味でヘーゲル主義的であった。そうした精神は丸山がしばしば言っている言い方では自己を「隔離」するということであり、そこには精神的貴族主義への誘惑もなかったわけではない。しかしその「距離のパトス」はあくまでも民衆の願望を掬い取り、それを精錬することによって民衆に投げ返すことにあったのである。その際決定的な意味を持つのは両者を結ぶメディアのあり方であり、またジャーナリズムの機能である。

こうした知識人には単なる「アカデミズム」の人間でもなければ、単なる「ジャーナリズム」の人間でもありえない、境界に住まわなければならない宿命がある。丸山は自ら求めてジャーナリズム的な活動をしたことはなかったが、彼は「アカデミック・フール」（戸坂潤）の反対であった。そうした丸山が晩年に至って大学紛争を契機として、戸坂が日常性の世界であると規定したジャーナリズムから自らを閉ざし、少人数のサークルでしか語らなくなったことは、彼個人の不幸だけではないものを示唆している。丸山はマス・コミによって意向がゆがめられる経験から、そうしたあり方に対応するためには沈黙することにも意味を認めるようになったのであるが、ここには公共空間がマス・メディアを通してしか作動しえないだけでなく、マス・メディアの高度化と並行してディス・コミュニケーションが生じるという問題が表面化している。さらに平準化する情報システムのもとでそもそも、それと反対の特性を持つ知識人のようなものがありうるかという難問も生れよう。もし古典的公共性が構造転換しただけでなく、崩壊しているとすれば、丸山は最後の古典的知識人であったことになるであろう。

このことは丸山の死後の知的変化によって明らかになりつつあると言える。それを端的に示しているのは、かつて丸山のほか辻清明、福田歓一、石田雄、篠原一、坂本義和などを擁し、戦後デモクラシーのアカデミズムの側での一大拠点であった東京大学の政治学の思想史的変貌である。それは岡義達や京極純一の懐疑的シニシズムを経て、佐々木毅的な実用主義への道である。この現実主義は原理的思考を「惑溺」であるとして排する福沢諭吉の系譜につながるものであり、その意味では丸山の福沢論にも遠因がなくもない。ともあれデモクラシーを統治エリートの選出に縮減するこの目的合理主義のもとでは価値合理性への視点はあらかじめ排除されている。だがそこでは既存の支配体制の保全が無反省かつ素朴に前提されており、精神革命なくして日本のデモクラシーはありうるかという丸山の主題は見事に脱落している。もとより他の大学もこの変貌に無関係ではない。新京都派のポストモダニズムは現実主義を原理的にバック・アップするとともに、現実主義の没原理性は任意の思想的実質の動員を可能にする。こうして当事者がほとんど自覚することもなく、全体主義が進んでいくことになる。

かつて丸山は、歴史的相対主義の繁茂に有利な日本の土壌は「道理の感覚」が拘束力を喪失したときは泥沼になるかもしれないとするとともに、変化の持続という日本の歴史意識は世界の最先端に位置するかもしれないと予測していたのであるが、現にそうなったとも言える。サルトル的に言えばこれは「にせの知識人」の出現の問題であり、それは知識人のように「ノン」と言わず、「それは間違っているがしかし・・・」と言う人間である。それは知識人のラディカリズムに対して、「穏健」な改良主義を唱え、支配階級に異議を唱えるふりをして、その階級に仕えるしかないことを示そうとするものである（シチュアシオンⅧ）。いずれにしても日本のポストモダニズムは西洋におけるとは異なって、単なる現実随順となるか、あるいはナショナリズムのような原始的情念の繁茂の媒体となる。

言うまでもなくこの事態にはメディアの構造変化が深く関わっている。丸山に代表される対話的知識人はいわばアナログ的なコミュニケーションによって特質づけられるものであり、そこにおいてこそ公共空間も成り立っていた。だが情報通信技術の高度化に伴って思想や観念は急激に画一化されるとともに断片化され、言葉自体単なる記号に化するようになる。同時にそれを制御する主体も解体し、記号の組み合わせによる仮想あるいは虚構の世界が独立的に歩みだす。そこでは操作と混沌はあっても間主体的な古典的な公共圏はかえって成立しがたくなる。サルトル的な実践的真理の介入が不可能になり、操作された虚構の情報世界が支配するようになれば、それはまさしく衆愚あるいは独裁であろう。公共性がデモクラシーの条件である限り、言うまでもなくこうした状況はデモクラシーの危機を内包するものである。

そうしたなかで驚くべきことは、丸山は半世紀前にすでにこうした知的環境に対応した知のあり方を示唆していたことである。彼はすでに思想の真理性に安住することができないこと、「虚構」の環境の中にしか住めないことを見ていた。コミュニケーション・メカニズムが高度化すればするほど、周辺からの反対通信によるフィードバックを要することと、その際われわれはもはやイメージをモンタージュするようなあり方しかないこと、「虚構」の中の選択力を磨き上げることが問題だとしていたのである。丸山自身は自らに代表される古典的知識人を超える新たな知のあり方、より起爆力のある知的イマージネイションの可能性を自分自身で暗示していたのである。無論それもつまるところは自己制御力を備えた主体の問題にはなるであろう。

だが現実はそうした予想とは異なり、知的環境の変化は単なる国家主義化をもたらす方向にのみ作用しているように見える。この右傾化は国旗国歌法の成立、教科書や靖国神社参拝問題に示される通りであり、それを集約するのが丸山の生涯がかかっていた昭和憲法が危機に立たされるようになっていることであるのは言うまでもないことである。こうしてかつて明治の啓蒙主義が天皇制国家主義に帰着し、大正デモクラシーがファシズムに回収されたように、第二次大戦後のデモクラシーも諸条件の変転のうちに再び先例に従うかのようにも見える。

二十世紀とともに近代を特徴づけた時代は終焉し、知的潮流転換とともに近代日本の政治的プロジェクトも終わっている。それにとって代わるものはない。どんなに細々とした代わりも存在しない。近代日本精神史はひとまずここで閉じるべきであろう。

結語　来るべきデモクラシーと安全保障の原理

フーコーとともにサルトル以後つまり「近代」以後の世界の代表的思想家となったジャック・デリダは、デモクラシーというような普遍的原則は「不道徳的」でもあり、われわれは普遍性と特殊性の二律背反を耐え抜くほかないという言い方をしていた。彼によればこれが仮想的通信技術（テレ・コミュニケーション）的世界におけるわれわれの「位置」であり、したがってまた「反位置」でもある。何らかの原理の同一的固定を斥ける脱構築の思想家デリダによる「来るべきデモクラシー」は、このように逆説に満ちたものとなる。デリダが解体し構築しようとしたのは西洋的なデモクラシーの普遍性であったが、普遍的原則それ自体の伝統に乏しい日本においては、それが西洋における以上に困難なプロジェクトになるのは予想に難くない。

デリダの「来るべきデモクラシー」とは、デモクラシーとは常に「来るべき」という性格を持つこと、つまり永久革命としての把握である。それを彼はもはや政治的なものを越えるものであると黙示録的に表現していた。そのことはともかくとして、デリダが来るべき世界を国民国家の属性とされた主権国家原理を越えるところに見ていたことは確かである。それは「近代」を特色づけた国民国家間の国際性を越えて拡張される普遍的な同盟ないし連帯の到来であり、コスモポリタニズムつまり世界市民性をも越える「特異な存在者たち」がともに生きることを可能にする世界のあり方である。そうした新たな世界秩序が何らかの「平和」に関わるものである限り、世界秩序の脱構築は新たな安全保障のあり方の構築と連関的である。国民国家の枠の中でのみ考えられてきたデモクラシーの今日の課題は、グローバルなデモクラシーへの転換にあると言える。

来るべきデモクラシーの課題が国民国家の枠を越えるということは、とりわけ日本に関わるところが大である。ひるがえって近代日本においてデモクラシーは一貫して課題であったと言えるが、それは当初から対外関係に連関し、それによって規定されてきた。「国民的解放」の要求自体が「国家的独立」と連関していたのであり、また対外的な安全の要求はデモクラシーの貫徹を制約し、それとは対遮的な天皇制国家体制をもたらすことになったのである。明治憲法体制はそうした近代日本のあり方を表現するものであった。

このように見た場合、第二次大戦後の昭和憲法体制は明らかに大きな転換であった。そこではともかく国民主権原理が宣言され、デモクラシーは少なくとも体制原理となるに至った。他方でその平和原理は近代日本の対外的な安全コンプレックスを一新し、主権国家において自明視されていた戦争と戦力の放棄という大転換を宣言するものであった。もっとも一九二八年の不戦条約以来、戦争の不法化は国際法の流れであり、戦争の放棄はそれ自体としてはそれほど画期的なものではない。だが戦力の放棄の規定は、おそらくは世界史的な記録に載るはずのものであった。ともかくデモクラシーと平和原理の結合は近代日本の国家原理の根本的な転回であり、いわばその止揚であったと見られる。無論この二原理とも西洋的思想のサジェスチョンによるところがあったが、そこには西洋思想と日本思想の統合も予想されたのである。

だがこの昭和憲法体制の歩みは、すでに瞥見されたように多難なものであった。それは従来の体制に対する急進的な転換であったために反体制的反動を呼び起こして潰えたワイマール憲法体制に幾分か類似するものである。無論デモクラシーと平和主義によって彩られた昭和憲法は、ちょうど明治憲法がそうであったように、同時代人からの圧倒的な支持のもとに成立したものであるが、それが必ずしも自生的なものでなかったということは、憲法体制自体のネックを形作るものとなったのである。

革命的な内包を持ちながら革命抜きでもたらされた憲法体制の成立は、国民に事後の持続的な革命という課題を与えたと言える。そうした課題に向けての国民各層の活動は決して看過されるようなものではなく、とりわけ丸山真男をはじめとするイデオローグの知的介入はデモクラシーと平和原理の国民的定着に多大な寄与をしたと言える。しかし比較的早い段階から動揺を経験してきた昭和憲法体制は、二十一世紀に入って急速に危機的状況を強めることになった。デモクラシー原理もそうであるが、とりわけその平和原理が風前のものとなろうとしつつあるのである。二十一世紀という世界秩序が変容しつつあるときに、ある意味で新しい世界秩序の原理を指し示すかに見えた日本国憲法第九条が危うくなりつつあることは皮肉以上のものであろう。

憲法第九条の動揺の基本的な背景には、日本国憲法は個別軍事力による以外の安全保障のあり方を少なくとも示唆するものであったが、戦力の放棄という平和主義の原理以上の具体策が指示されていないことがあったであろう。また日本の国民にとって不幸であったことは第九条が単なる消極的平和主義の原則として受け取られ、それを積極的で具体的な政策の原理に展開しえなかったことである。第九条は国民の漠然とした厭戦感情や生活保守主義的な感情以上のものに支えられておらず、その限りで皮ひとつで首がつながっていたようなものであった。無論国民の平和主義的な感情は重要であり、そうした感情がなければ第九条自体維持できないであろう。しかし政治家や政党には政策が要求されていたと言わなければならない。

第九条を中心とする憲法論議を混迷させている一つの要因は、個別軍事力によらない安全保障についての理論的寄与も欠けていたためである。無論理論は理論であるにすぎないことによって直ちには現実につながるものではないが、現実を理論的に解体することによって現実を変容させる契機とはなりうるものである。そうしておよそ自国の安全と世界の平和を考える上で根本的な前提とならなければならないのは、世界の現実と、とりわけ「国家」と言われるものの現実の構造の把握である。世界における国家的秩序のあり方は、その安全保障のあり方と不可分の関係にあるからである。マックス・ウェーバーは国家を暴力装置の合法的な独占体であると規定したが、その意味では主権国家が軍事力を持つのは当然となろう。だがこの同じことは、いわゆる国家が主権的な絶対性を持たなくなるならば、いわゆる国家が武力を持つことは自明ではなくなることを意味するであろう。

その点で看過しえないことは、二十世紀以降この「国家」というもののあり方が根本的に変容してきていることである。主権的な国民国家という形態の近代国家は、その過程において大きく変容し、今では完全な主権国家は存在しておらず、民族の政治的単位の絶対性は失われ、国民国家原理の自明性は失われつつある。それはとりわけグローバリゼイションの名で言われる主権的国民国家の侵蝕において表面化している現象である。無論このことは直ちに主権的国民国家が存在しなくなるということではなく、その現実の多くは残存し、近い将来において全く消失するようなことはないであろう。だが憲法のような基本的な政治原理の考察にとって重要なのは長期的な方向性であり、その把握なのである。

主権的国家の絶対性が失われつつあるということは、そういったあり方に代わる何らかの秩序が求められているということにほかならない。それは直ちに国家の解消ではないとしても、少なくともそこには主権的な国民国家を補完ないし代替する機構が考えられなければならないであろう。そうして残念ながら人間社会が何らかの権力なしで統治しうる天使の世界でない限り、この事態はいわゆる国家に代えた世界的な政治組織が何らかの強制力を保有しなければならないことを予想させるものであろう。それは具体的には軍隊のような国家の暴力装置を世界の安全を保障するための機関に変換して集約していくことを意味するであろう。だがそうした強制力を許容するためには、それに正当性を与えるデモクラシー原理が不可欠である。グローバルな安全保障のためにはグローバルなデモクラシーが必要なのである。

こうした世界の国家的な構造の変化に対応するためには、合法的な暴力装置の独占体という国家規定からも示唆されるように、法的な次元での理解が関与しなければならない。いわゆる古典的な国際法は主権国家の絶対性を前提にしたものであって、そこでは内政不干渉が要請されるとともに、戦争は紛争の解決策として許容されている。それに対して国家主権の絶対性が失われつつあるということは、古典的国際法も変容し、また変換されなければならないということにほかならない。国連憲章を始めとする各種の国際法において観察されるように、国際法は国家が許容するだけでなく、国家を拘束するものであり、現に戦争は不法化されてきている。現代の代表的理論家ユルゲン・ハーバーマスは、国際法はもはや国家だけを主体とするものではなく、市民をも主体としつつあり、国際法の世界市民法への転化と国際法の立憲化を展望している。それは他面で各国憲法が国際法の変化に対応しなければならないことを意味するであろう。

要するに「近代」という時代はデモクラシーを実現するとともに国民国家を形成してきた時代であったが、否応なくグローバル化し、またさまざまな点で「近代」以後的になった二十一世紀においては国民国家の枠を越えることが課題とならざるをえず、それに応じた地球上の政治秩序のあり方、主権の脱構築、強制装置の転換が要請されるようになる時代である。それは主権的国民国家によって特色づけられる「近代」の国家的、国際的な形態の遡行的変換であると言える。だがその課題は近代の遺産であるデモクラシー原理は継承しなければならず、そこにデモクラシーの構造転換が要求されることになる。

こうした転換はすでに二世紀以上前にカントの永久平和論が提示していたことである。カントの永久平和論は単なる平和主義ではなく、平和を法的な状態の支配と把握する点に根本的な特徴を持つものである。カントは世界に法的な状態がありうるためには、世界が一つの国家のようなものとならなければならないとし、世界共和国を提唱していた。だが法の支配はそれを担保する何らかの権力を仮定せざるをえないであろうが、カントは慎重にそうした世界的な権力を斥けている。世界デモクラシーは世界における権力構築の問題でもある以上、そこに理論上の問題はあろう。

のみならず主権国家の絶対性は失われつつあるとはいえ、アメリカは唯一の超大国として厳存し、法の支配でなく、力による世界支配を志向しているようにも見える。

だがこの点で二十一世紀初頭に生じたイラク戦争は今後の世界秩序のあり方を占ううえで示唆的であろう。アメリカは概念上戦争を廃しようとする時代に逆行する「テロに対する戦争」というスローガンでイラク戦争を始めたのであるが、それはパンドラの箱を開くものであった。もともと国際的なテロ事件は政治的、経済的なグローバル化が進み、そこに潜在する問題が既存のシステムによって解消できず、国家的な枠をはみ出たところに噴出する紛争であり、軍事のみによっては解決されえないものである。論者が言うように政治権力の非対称化と脱中心化された世界社会の複雑性に由来するこの種の事件に対しては、文明間の相互理解は言うまでもなく、水平的に法制化された国際的な連合の活動に待つところが大であり、そうして何よりも法を無視した戦争行為は正当性を欠き、国際的な規範意識の支持を得られないものであって、長期的な活動原理としては説得力を持ちがたい。総じてテロというものは既存の世界秩序の不全のシグナルである。旧来の主権国家観とそれに伴う戦争観がもはや有効ではなくなっているにもかかわらず、旧来の秩序の覇者であるアメリカはまさしくその優越的な地位によって新しい秩序のあり方に対する想像力を欠かざるをえない位置にある。

ここで注目されるのはイラク戦争を唱導したアメリカの新保守主義者がホッブズ的な論理によっているとされることである。他方でイラク戦争に批判的であったヨーロッパの論者の多くがカント的な原理に従い、アメリカとヨーロッパの対立は世界秩序に対するホッブズ的な論理とカント的な論理との相違によるところがあるとされることもある。もとより問題はそれほど単純ではない。なぜなら新保守主義者のホッブズ主義は、世界を戦争状態と捉え、そこから力による安全を求めるものであるとされるが、それはホッブズの一面にすぎないからである。つまりホッブズは戦争状態と想定された自然状態から脱出すべく、自然状態において保有していた自己防衛権を共通の権力に譲渡し、そこに生じる主権的な権力によって各自の安全を確保しようとしていた。したがってホッブズの論理は実は、共通の法的秩序を確立することによって平和を達成しようとしたカントの『永久平和論』の構想につながるものである。

ホッブズの社会契約説は個人の自然権を国家的な主権に譲渡しようとするものであったが、カントの構想はそれとのアナロジーで個別の国家が主権的な権力を放棄することによって世界的な共和国を設立しようとするものである。だがそうした世界国家はカント自身が懸念していたように独裁国家になりかねないものであって、そこに主権を設定することは慎重にすべきことであり、少なくともそれは多元的な最高権力でなければならないであろう。のみならず国民的な要因がまだ無視しえない時代にあって、こうしたカントの構想が現実性を持つかどうかは問題であり、彼自身が次善の策としての国際連合構想に譲歩したわけである。それは主権的な態勢を伴わない平和のための単なる連合である。これに対しハーバーマスのような論者は自然状態から社会状態に移行した国民国家と、すでに何らかの秩序がある世界の秩序との間には違いがあり、多元的な世界秩序は次善のものではなく、現に望まれるものであるとしている。だが国民国家自体全くの自然状態から社会状態になったのではなく、すでに国民的な基盤があったはずである。他方で世界的公共性の基盤の成立についてはすでに二世紀前にカント自身が世界の一部で起こったことが自分達に関わっているという形で表現していたことである。したがって安全保障や飢餓や環境といった世界が抱える問題を考えただけでも国際的連合という多元性だけで不十分であることは明らかであり、何らかの国際的組織化は不可避的に求められていると言わなければならないであろう。そうして理論というものはハーバーマス自身が言うように何らかの程度において理想化の契機を持つものであり、彼の議論はあまりにも現実主義的で、やや慎重すぎるところがある。この問題を理論的に純化していくならば、それはかつて社会契約論がそうしたように、個別主権を世界的権威に譲渡するというフィクションつまりカントの世界共和国の原理に行き着かざるをえないはずである。

このように見るならば来るべき世界の安全保障の問題はつまるところ世界において何らかの公共的な秩序を構築し

ていくことと同じである。そうして世界にある程度の公的な権威が成立するためには、個別国家の強制力はそうした権威に譲渡して集約していくことが必要であろう。そうして世界が一つの法的体制としての形をとるということは、そこでは「戦争」はもはや概念的に破棄されなければならず、何らかの紛争に対して必要が予想される強制力はもはや軍隊ではなく、世界という社会の「警察」力とならなければならないであろう。軍事力を持つという意味での「普通の国」とは実は主権国家時代の常識であったのであって、ポスト主権国家の段階においてはむしろ過去のあり方なのである。もとよりこうした世界の法的秩序化による安全保障という考え方には、現実の前に架空的に見えるでもあろう。だがそれ以外の方向が未来への展望を開かないものである限りでは、これは現実的な理念でもある。世界の相互連関性だけでなく、人々の共通感覚がある程度は存在するようになっており、世界組織の現実性は何よりも構成員の実践次第なのである。したがって国際連合の現実と世界共和国の理念の関係は、かつて社会主義国において市民革命と社会主義革命との連続革命として捉えられたものに類似する関係にあるであろう。

こうして見た場合、日本の憲法第九条は個別国家はまずもって、もはや軍事力を保有せず、国際的な装置によって安全を求めるべきであるという、カント的な来るべき世界の秩序原理を指し示していたように見える。のみならず憲法前文における「恒久の平和」を念願し、平和を愛する諸国民の公正と信義によって安全を保証するという考え方は、カントの『永久平和論』における平和のための諸国民連合の考えと根本的に同じである。そうしてカントは永久平和のために常備軍は漸次的に廃止されるべきであるとしていたが、日本国憲法第九条第二項の戦力の放棄はカントの提言を現実に移し、それを発展させているのである。

それはともかくとして、昭和憲法の起草者には単なる平和主義的な志向や日本の武装解除しか頭になかったかもしれないが、第九条は起草者自身が懐いていなかったような歴史的意味とメッセージを持たされるようになっている。だから日本国民は憲法規定の墨守にとどまらず、それを具体化するための構想を示さなければならなかったのである。

非暴力主義は重要であるが、平和のための力能は単に軍事力というハード・パワーの問題ではなく、ソフト・パワーの問題でもある。この際ソフト・パワーとは単に能や茶の湯などに限られるものではなく、むしろ憲法自体が示唆しているような政治的ヴィジョン、そうして何よりも国際的な秩序原理の変容を見通した上での新たな安全保障についての構想のことである。それはハード・パワーを変容させるソフト・パワーの問題である。

こうして見ると今日俎上に上がっている改憲論とは笑止以外の何ものでもないことになろう。憲法に年数が経ったから変更するとか、現実に辻褄を合わせるとか、という低調な議論、将来的な展望も理念も何もなく、単に現状を糊塗するに過ぎない論議などは長期的な政治原理を提示しなければならないはずの憲法論議の次元に達していないということであろう。とりわけ戯画的なことは、自衛隊を合憲であるとしてきた政党が違憲状態を是正するために憲法改正を要すると論じていることであろう。しかしまたムードによって憲法論に流され、見識の乏しい政治家の改憲論を不安なまなざしで見ている国民は、およそ憲法制定権者には似つかわしくないあり様と言わざるをえない。

憲法とは政治社会の構成員としての市民同士および市民と政治的構成体の間の社会契約であるが、だがまた憲法は歴史的生成物であって、それ自体歴史を有するものである。他面で憲法はすぐれて未来に向けての課題を提示すべきものであり、本来的に「未完のプロジェクト」（ハーバーマス）という性格を帯びるものである。憲法は本来そうしたダイナミックな実践として考えられなければならない。

われわれはここで同じように論争の狭間に立たされていたワイマール憲法制定十一周年記念祝賀においてヘルマン・ヘラーがなした講演を思い出す。彼は憲法の正当性は歴史的な「回想」から導いてはならないとし、ワイマール憲法はそれが何をなしたかについて恥じる必要しつつも、憲法祝賀は現代的および将来的な意味以外においてなしうるものではないとしている。「われわれが良いと名づける今日的な憲法は、歴史的に必然的な形式を実現するものであり、それは歴史的に不可避的な闘争を文化形成的な形式にもたらし、創造的な力にはしかし、より美しい将来の形態化への自由を許容するものなのです」。

要するに憲法とは単なる作文ではなく、国民の政治的意志の表現であり、またそれが存在する限度においてしか存立しえないものである。それは多くの場合象徴的な政治的行為を待つものである。ともあれ政治的意志、政治的理念、政治的思想を欠いた憲法とは形容矛盾であり、憲法はいわばそうした意志の出口に過ぎない。こうした点から見るならば今日の政治家だけでなく、国民にはどのような政治思想を持っているのか、そもそもこの国民は成文憲法を持つ資格があるのか、という問いの前に立たされていると言えるであろう。

もともと日本の政治思想史を顧るならば、日本人は現実主義的な対応は得意としても、原理的な構想や政治的構想には必ずしも得手であったとは言えないところがある。日本人は自らの力量以上の憲法を持たされて、そこまで自己を高めるか、あるいは自らにふさわしい陳腐さに戻るか、その思想的、政治的能力がテストされているとも言える。しかしまた近代日本の政治思想的回顧から言えることは、状況主義的な素質にもかかわらず、デモクラシーの問題についても、平和の問題に関しても、常にそれに対抗してきた伝統の遺産があったということである。

当面する問題について言えば、半世紀前に坂本義和は自衛隊を縮小して国連の管理下に置くことを提唱していた。今日では国家理論的に徹底して、自衛隊を国連に譲渡し、国連警察のようなものの設立に向かう方策を考えるべきであろう。もしそうすることによって個別国家の軍事力を廃棄し、国際的な安全保障装置を設立するという、来るべき世界の原理を率先するということになれば、それこそが憲法に誓われている、世界において「名誉ある地位」を得るということにほかならないであろう。日本はカントの永久平和論的構想を世界に先駆けて実践するという名誉を得るチャンスを与えられているのである。ハーバーマスは国民的アイデンティティとしてナショナリズムはもはや維持しがたいものであり、来るべきデモクラシーにおいて、それを支えるエートスは民族ではなく、共通の法的、政治的な文化にしかありえないとし、それを「憲法愛国主義」(Verfassungspatriotisumus)と表現している。昭和の憲法は日本国民に来るべき世界的な使命を与えることによって「憲法愛国主義」の基盤を提供しているように見える。

しかしこうした大胆な政策を取りうるためには、実はその前提として主体的能動性を備えた国民の存在が条件となろう。ここで「平和」と「デモクラシー」という近代日本の課題連関が再度浮上することになる。来るべき世界平和の永久革命的な性格とデモクラシーの永久革命的な性格は、ここにおいて結節する。いずれにしても世界的な安全保障装置の創出の先駆という課題を担うためには国民におけるデモクラシーの徹底が不可欠である。この点でなお国民の統合の象徴として天皇を置いた憲法の不徹底なデモクラシーはポスト主権国家にはふさわしいかどうかという問いが生まれざるをえないであろう。平和原理と天皇制度のアンチノミーである。天皇という制度が日本人が自由な政治的主体となるために乗り越えがたい制限となり、またそれが日本に西洋的なデモクラシーがありうるかという問いを生じさせるものであることは否定できないことである。

顧るならば近代日本のデモクラシーは天皇の存在に制約されて、共和主義的な志向はありながら、共和制の主張にまで進むことは稀であった。もとより問題は共和主義的な政治の問題であり、制度としての天皇の存否それ自体は本質的なものではないとも言える。またデモクラシーは本来的に未完を運命づけられており、そこに吉野作造の言うような「有終の美」などはありえない。だが日本の「日延べされた民主主義」（デリダ）を考えた場合、天皇という制度の存否は未完の課題である日本の市民革命にとって少なくとも象徴的な意味を持つことにはなるであろう。主権の所在によって規定される国制から言えば、昭和憲法の日本は君主制国家ではない。しかし福沢諭吉が君主を戴くのは国民の智恵が低いからであると言っていたことに関連して言えば、日本国民はバジョットがイギリス人程度の国民には君主制が必要であるとした驥尾にしたがって、君主制的な残滓を維持するか、あるいは近代の出発点に戻り、第一章を削除して天皇を政治には全く無関係な無形文化財のようにするか、将来的な選択の前に立たされるであろう。すでにカントが「永久平和」のためには諸国家は「共和制」でなければならないとしていたのである。

いずれにしても日本の憲法問題は、カントの永久平和論とともに、来るべき世界において歴史的な意味を約束されている第九条ではなく、日本の近代化の矛盾を象徴している第一章なのである。

文献（本書が依拠したテキスト）

『福沢諭吉選集』全十四巻（岩波書店、一九八〇～八一年）
『植木枝盛集』全十巻（岩波書店、一九九〇～九一年）
『中江兆民全集』全十八巻（岩波書店、一九八三～八六年）
神島二郎編『徳富蘇峰集（近代日本思想体系）』（筑摩書房、一九七八年）
隅谷三喜男編『徳富蘇峰　山路愛山（日本の名著）』（中央公論社、一九七一年）
本山幸彦編『三宅雪嶺集（近代日本思想体系）』（筑摩書房、一九七五年）
鹿野政直編『陸羯南　三宅雪嶺（日本の名著）』（中央公論社、一九八四年）
松本三之助編『明治思想集Ⅰ～Ⅲ（近代日本思想体系）』（筑摩書房、一九七七～七八年）
松沢弘陽編『内村鑑三（日本の名著）』（中央公論社、一九八四年）
林茂他編『平民新聞論説集』（岩波文庫、一九六一年）
飛鳥雅道編『幸徳秋水集（近代日本思想体系）』（筑摩書房、一九七五年）
『漱石全集』全三十五巻（岩波書店、一九七八～八〇年）
『吉野作造集』全十五巻（岩波書店、一九九五～九七年）
『北一輝著作集』Ⅰ～Ⅱ（みすず書房、一九五九年）
『大山郁夫著作集』全七巻（岩波書店、一九八八年）
『河上肇全集』全三十六巻（岩波書店、一九八二年～八六年）
『河合栄治郎全集』全二十三巻（社会思想社、一九五二～六六年）
『長谷川如是閑集』全十巻（岩波書店、一九九〇年）
飛鳥井雅道編『大杉栄評論集』（岩波文庫、一九九六年）
『小林秀雄全作品』（新潮社、二〇〇一～二年）
『和辻哲郎全集』全二十七巻（岩波書店、一九六一～六三年）

『田辺元全集』全十五巻（筑摩書房、一九六四年）
『戸坂潤全集』全五巻（勁草書房、一九六六～六七年）
『丸山真男集』全十六巻（岩波書店、一九九六～九七年）〔本書では「集」と略し、巻数を記す〕
『丸山真男座談』全九巻（岩波書店、一九九八年）〔本書では「座談」と略し、巻数を記す〕
『丸山真男講義録』全七巻（東京大学出版会、一九九八～二〇〇〇年）〔本書では「講義録」と略し、巻数を記す〕

あとがき

彼らは魂の中に死を持っている……

……この二人の生ける死者は、われわれの自己投錨を条件づけ、消失したものでありながら、自分をわれわれの未来的な務めとして設定させる。

J・P・サルトル

著者は十五年程前に『日本精神史序説』という本を書いている。このタイトルは無論和辻哲郎の日本精神史研究のパロディである。この本は近代以前を対象としていたのであるが、「序説」とはいえ「本論」のようなものは全く想定しないものであった。それが本書のような続編を企図することになったのは、その後の日本の政治的、思想的な状況の変化という、多分に他律的な要因によっている。

一九五五年の保守合同によって自民党政権が誕生し、その長期政権に伴う腐敗から九三年には自民党政権が崩壊したのであるが、それを契機にいわゆる政治改革なるものが浮上した。それは腐敗の原因は選挙制度にあるという表面的な見方によるものであって、政策中心的な政権交代を実現するために小選挙区制を導入することに帰着するものであった。政策中心的な選挙制度は比例代表制しかないはずであるが、案の定この少数派が切り捨てられやすい選挙制度の結果は保守二党派体制の成立であった。保守二党派であるから、ここには本質的な政策対立はありえず、したがって政治は党略的に矮小化されるだけである。

こうして見れば政治改革とは結果的に自民党の延命策であり、世界的にも珍しい保守的な政治体制をもたらすことであったのであろう。だが事態はそれにとどまらず、何ら国民的議論をすることなく無雑作に戦前のシンボルを導入する国旗国歌法が制定され、それが事実上強制されることによって「強制的同質化」というファシズムまがいの状況が生まれるようになる。後ろ向きの教育基本法改正の動きによって、教育界では再び教育勅語化が予見される。こうした反動的潮流の行き着いたものが日本国憲法の見直しであることは言うまでもないことである。その意味では今日の日本の憲法状況は昭和一桁時代つまりワイマール共和国末期に酷似するようになっている。

本書の直接のきっかけとなっているのはこの憲法問題である。著者が言わんとしたことは「結語」にある通りであり、それは要するに、憲法とは作文ではなく、国民の政治的意志の結晶であるということである。問題になっている第九条に関して言えば、安全保障は国家と言われるものと、それによって構成される世界の構造と相関的であること、したがって国家理論的な洞察が不可欠であること、そこから明らかになるのは今や主権的国民国家の脱構築が求められていること、主権国家の絶対性が失われてきているということは、個別国家の軍事力の保持が自明ではなくなっていること、根本的には物理的強制力は国際機関に譲渡していくべきであること、第九条はそれを間接的に示唆しているということである。それを単純化して言えば、自衛隊を国連に譲渡する方策を考えることである。そうした来るべき政治社会を支えるエートスはもはや後ろ向きのナショナリズムではありえず、ならず者の愛好する盲目的愛国心は自国の規範への忠誠としての憲法愛国主義(ハーバーマス)に転換されなければならない。その理論的骨格自体は著者はすでに十年以上前に『西洋精神史序説』において表明していたことである。この原理はすでにカントが世界共和国論において提示していたことであるが、そこで彼が「永久平和」はそれを構成する諸国が共和制的なものでなければならないとしていたことは、安全保障の問題が国内政治のあり方と密接な関係にあることを示唆している。もとより制度はそれだけで意味を有するものではないが、日本も将来的には共和制の導入を考慮しなければならないであろう。

著者としてはこの「結語」の十ページだけでよかったわけである。だが折から首相の靖国神社参拝を契機として、日本は過去の清算、まさしく「歴史認識」ができていないことが露呈される。靖国神社の問題は著者にとっては問題の一断面にすぎないが、これはある意味では日本の近代を象徴している。その意味で靖国をどのように見るかということは、その人の近代日本についての「歴史認識」が露わになる場である。明治の支配層は国家の精神的「機軸」がなければならないと考え、日本は神に由来する天皇が万世一系に統治する国家であるという天皇制イデオロギーを編み出すことになった。天皇制国家主義のイデオロギー装置としてインテリ向けには、個が自己否定的に全体に殉じることが全体を実現することであるという京都学派の絶対弁証法というレトリックがあったが、大衆向けには俗信にも結びつくメンタリティの動員が必要となる。そうして靖国神社は天皇制国家の国家神道的な側面と軍国主義的な側面を一体化する存在であった。

この神社は明治維新期以来の政府軍の戦死者を祀るものであるが、その反面で反政府軍、歴史の敗者は闇に葬られている。そして国家と国民の一方的服従関係を表現しているこの神社は国民的国家を目ざしつつ、全体が個に優位する国家を作りあげた近代日本の国家のあり方とその行路を象徴している。それは教義的には民間信仰としての御霊信仰に根ざすものであったが、戦没軍人を神として顕彰するものでもあり、もはや雑然とした精神の姿を示すものでしかなくなっている。被造物崇拝を否定するキリスト教徒などを勝手に神化するというのは死者への冒涜というものであろうが、しかしこれは近代日本の宗教と精神のあり様を物語るものでもあるのである。

某首相は、かつて陸軍省と海軍省の管轄下にあり、国家つまり天皇のために死んだ軍人を顕彰し、日本軍国主義の守護神社でもあり、さらに太平洋戦争を解放と自衛のための戦争であると弁証し、しかも第二次世界大戦のA級戦犯を「昭和の殉難者」として顕彰しているこの神社に出向き、戦没軍人に今日の日本の発展を「感謝」し、「平和」を祈願したという由である。この首相の倒錯的行為は、まさしく近代日本の「歴史認識」の闇を示すものであろう。石橋湛山もすでに論じていたことであるが、もし過去の侵略戦争を否定するのであれば、第二次大戦後、旧軍隊とともに靖国神社は本来解体されるべきであったのであり、戦没者は愚かな戦争の犠牲者として、それを体現する靖国神社から救出されなければならないはずなのである。無論この問題に外国の意向は第一義的なものではなく、日本自身のあり方の問題である。

著者も第二次大戦中、二度目の応召で桂林近郊の泥中で疲労死した叔父を持っている。著者にとって戦争を鼓吹してきた靖国神社は彼の無惨な死に共同責任がある存在である。著者にとって彼は国家のために死んだ英雄などではなく、愚劣な国策によって死んだ犠牲者である。無謀な国策の犠牲者を英霊と称えたりするのは、主人の身代わりに自分の息子を殺してデカしたと叫ぶ江戸時代の歌舞伎的メンタリティと大差がないであろう。彼の死を無駄にしないためには、再びこうした愚かな国策を取らせないように微力を尽くすことしかありえない。問われているのは靖国神社の戦争責任なのである。「戦争において勝敗をえんとすればその国の主義を見れば事前において判明すると思います」（『きけ　わだつみのこえ』より）。死んだ人々は慨くこともできない以上、生きている人々は何を分かったらいい？　それが歴史を認識しようとすることだろう。

しかし侵略戦争を否定しつつ、靖国参拝を続け、その限りで戦争を肯定する結果になるという自己矛盾的な言動は単細胞的な一首相にとどまらない現象である。そもそも昭和天皇自身、自分の名でなされた戦争に何らの責任もとらず、本来であれば謝罪の旅に出るべきところを、慰霊のための「巡幸」に出るというように問題をごまかしている。かつて丸山真男が戦前の日本政治を特徴づけた無責任システムは戦後処理の際に最大限に作動している。またかつては選良と呼ばれた国会議員が徒党を組み、数を頼んで示威的に靖国参拝するという異様な風景がある。その当否は別にしても、本来個人の内心の行為である宗教的参拝を集団の多数に訴えてやるということは、宗教自体を集団主義的に扱うということであり、いかに彼らには個人の内面の独立性が欠けているかを物語るもの以外のものではない。そのようなところでは歴史は認識されず、過去を克服することもありえないであろう。一般庶民がこうした歴史のあり方を清算できないのは当然とも言える。

日本人が諸原則にけじめをつけず、むしろそれを生活原理としてきたことは、前近代の精神を援用することによってなされた日本の近代化のあり方に深く関わるとともに、それに応じる精神のあり方に関係している。それは近代に始まったことではなく、長く習性となってもいる。これは宗教的には諸原則を並存させる多神教的な態度、自然的な存在に霊威を認めるアニミズム的な精神とも言える。このような精神の習慣が、国家神道に密接な関係を持つ天皇という制度の基底にあることは言うまでもないことである。

こうした精神態度は民間の俗信としてあるだけでなく、識者にも観察される。多神教は戦争をもたらす一神教よりも優れているという素朴な議論も存在する。だがこれは事柄の一面であり、この雑多性は無原則ということでもある。戦争神社としての靖国神社はまさしく多神教（！）を体現するものであった。この精神傾向は丸山真男が日本思想の「古層」という言い方をしたものであるが、それは彼の言葉では生成活動を神化するものであり、そこでは心情の純粋性が重んじられる。だが反面においてそれは永遠の規範がないということであり、罪は災難としてしか受け取られず、政治は状況への適応を旨とするものとなり、政治集団の利益になるものが良いとされる集団的功利主義をもたらす。政治は状況への適応を旨とするものとなり、政治責任は曖昧にされる。そうしてこれはまた日本において自然法的な思考に由来する人権のようなものが根づかなかった背景をなすものでもある。

厄介なことは、近代日本は普遍性を斥けるこの特殊主義を営みの糧としてきたことである。であるが故に自分のアイデンティティを確保しようとし、暗部もある自らの複雑な過去に向き合おうとせずに、必死になって歴史を認識しないように努めるわけである。こうした甘えの構造があるが故に、歴史を認識しようとすることを自虐であるとするような自慰史観も生じるわけである。しかしサルトルも言うように「認識」とは自己が変わるということであるから、これは歴史を認識しないと言うに等しい。これは不都合なものを見たくないという精神機制であるが、デリダ的に言えば「自己免疫」つまり生のための知的自殺であり、ハーバーマス的に言えば「生きるための虚偽（Lebrnslüge）」であり、コールバーグの道徳意識発展段階論では、ポスト習慣的レベルの最終である普遍を志向する第六段階に対置される、プレ習慣的レベルの最初である自己中心的服従という第一段階に当たるものである。著者はこの将来性のない精神的退行現象に同情こそすれ非難するつもりはない。だが一国家内で何とかやっていくのではなく、政治的にもグローバル化を避けられない世界において、こうした自己中心主義は桎梏にならざるをえない。それは靖国参拝する首相の論理（?）が国際的には全く通用しなかったことが示すとおりである。ポスト国民国家時代において旧習を固執することは日本の道徳的威信の失墜につながるだけでなく、将来的な国益にも反するのである。

そうした間に次第に明らかになってきたことは、この種の問題は必ずと言ってよいほどすでに過去の先人が問題にしていたということである。事柄がそのようであれば、今日の問題に対応するためには近代日本の先人に対応しなければならないであろう。このようにして本書はもともとは憲法問題を論じようとして近代日本の精神史全体を再検討せざるをえなくなったものである。その経緯だけで言えば、それはかつて吉野作造が同時代の政治目的を達するために明治文化史を検討せざるをえなくなったのと同じである。もっとも明治政治思想史とは違って当面する対象は複雑多岐にわたるようになっており、そこに遺漏があることは避けられないであろう。なお本書で年号は理念型的に使用しており、西暦と併用している。だが今この作業を一段落させて著者はいささか暗澹たる気分を拭いえない。

かつて自由民権運動が弾圧され、明治憲法体制が成立して間もない時期に「教育勅語」に敬礼しなかったという理由で、「馬賊」同然の輩に第一高等学校から追放された内村鑑三の例がある。「教育勅語」を国旗国歌に改め、「馬賊」を都知事に改めれば構図は同じである。だがとりわけ大正デモクラシー挫折後の事態に「凄惨な恐怖感」に襲われたという大山郁夫、「議会はすでにファシズム化している」という戸坂潤の言葉、日本は元来「ファシズム国家」であるという長谷川如是閑の言説には今日的な現実感を否定できない。総じて近年の日本は吉野没後の昭和前期に似ていることが見えてくる。この時期は金融恐慌の拡大に始まり、銀行が再編成され、世界恐慌の襲来によって不況が深化し、デフレが生じるとともに、公債発行政策が取られ、体制政党だけでなく無産政党も労働運動も右傾化し、結局はファシズムの台頭を招く時代である。

特に丸山真男没後の十年間は、第二次大戦直前の近衛内閣時代に類似している。この時期は大陸政策の泥沼化、経済の長い不振、既成政党の腐敗によって「行き詰まり」観が蔓延し、強力な指導者による混迷の打開が待望されていた。ここに近衛「新体制」運動が生まれるわけであるが、そこにはいわゆる「革新官僚」や蝋山政道や三木清といった自由主義者やかつての革新的学者が加わっていた。彼らはこの運動を戦争路線にブレーキをかける国家改革の機会と捉え、近代的な社会体制、統治機構の合理化、教育行政の「改革」などを図ろうとしたのである。しかしこの革新的なインテリも神権的な天皇や国体さらには大東亜共栄圏といった観念を共有していたのであり、その運動が大政翼賛会に帰着し、ファシズムの実践に一役買ったという点で先見の明がなかったことは否定できない。大学では学問の弾圧には沈黙し、国家主義的な声が大きくなるとともに右傾化が進んでいく。社会的には一般的な「不安」の亢進の反面で「エロ・グロ・ナンセンス」の流行の前に国民の批判意識は眠り込まされる。

ひるがえってこの十年来の日本においてもさまざまな「行き詰まり」に対して「改革」という妖怪が飛び回っている。それはまず「政治改革」として始まったのであるが、これも既成体制政党としての自民党における汚職に始まっている。財界の関心を背景とし、少なからぬ学者を巻き込んだこの「改革」においては「マニフェスト」に象徴される政治の合理化が目指されていたが、表面上の「マニフェスト」によって統治機構の真の関心は開示されるというよりも、むしろ隠蔽されているとも言える。国民にとっては自民党が潰れようが無くなろうが一向に構わないのであるが、「政治改革」によって自民党が復権したということは、自民党政権の危機が保守体制そのものの危機と受け止められていたことを示すものである。こうして保守体制の危機に直面して「改革」が叫ばれ、それが全体主義的な体制をもたらしたという点で、いわゆる「政治改革」運動は大政翼賛会に帰着したかつての近衛「新体制」運動に酷似している。

無論今日の笑顔の全体主義は自信なく動揺した国民の後ろ向きの逃走、その結果としての平穏な隷従（トクヴィル）であり、かつてのファシズムと同じではない。動揺の根源はグローバル化された世界資本主義の危機と連関している。しかし憲法が蹂躙された日本だけでなく、イギリスやアメリカにおいても容疑者の取り扱い方、スパイ行為、治安維持法的な立法によって法治主義が動揺していることはその全体主義化を証示しよう。時代精神を体現するアメリカの無法収容所はナチの強制収容所と同質であり（アガンベン）、アメリカは自らの利害に反する国家を「ならず者国家」と決めつけたが、「第一のならず者国家はアメリカとその同盟者」（デリダ）であったわけである。

イタリアの評論家ジョルジョ・アガンベンは主権とはむき出しの生を直接支配するものであり、例外状態としての収容所はそれを規範化したものであるとしている。こうした見方は近代の政治の課題は生物学的所与それ自体に関わっているというフーコーに由来しており、この発想はボダン以来主権とは第一に立法権であるとされてきた見方をあべこべにして、主権を法を破棄する例外状態の規定者であるとするカール・シュミットに遡るが、だがこれは近代国家に関する基本的誤認である。しかしアガンベンが二十世紀の例外状態としての全体主義は生と政治の力学的同一性を基礎とするとしているのはその通りである（『ホモ・サケル』）。それは反面から見れば死の政治化であり、靖国神社に体現される全体主義はここから理解される。政治の全体主義化とともに国家への死を美化する神社への参拝に固執する政治家が出てくる理由である。

言うまでもなく今日の日本に観察される新全体主義の現象は、未来を指し示せない政治家だけでなく、いわゆる学者の短慮な善意と深く関わっている。それは事実的なものの解釈学に後退する政治学だけに当てはまるものではない。

国際的に悪名の高い警察の代用監獄は本質的に収容所的な性格を持つものである。こうした制度をなお容認し、さらに共謀罪の導入に安易な理解を与えるかのような日本の刑事法学にはナチス法学以来の権威主義的リーガリズムの残響がないとは言えないであろう。

かつてのファシズム期において戸坂潤は、アカデミズムは国粋的、ファシスト的反動の役割を果せられていると喝破していた。大学にはかつて粛学という嵐があったように、今日の大学にも改革という妖怪が徘徊している。しかし今日の大学は単なる一民営企業となり、よくも悪しくもかつての大学令のもとでの「国家思想」を涵養するという大仰な課題を与えられた存在ではなくなっている。大部分の大学は単なる教育機関となり、市場資本主義の条件のもとに、学術はごく一部の人々の公私の多大な犠牲のうえに細々と維持されているにすぎない。だが大学プロレタリアートとなった教師は虚偽意識を持つことによって企業に関わる瑣末なことには熱心になったとしても、それを越えるものには目を塞がれてしまっていることは否定しがたい。

より広く言えば、それは市民のあり方の問題である。精神の退行形成と社会の全体化が相関関係にあることはアドルノが指摘していたことだが、デジタル的あるいは漫画的思考しかできなくなり、自己同一性を確保できずに単純な右傾化潮流にさまよう若者の姿は、日本の文化産業のあり方と直結している。類似のことは大学紛争の担い手でもあったいわゆる団塊世代の私生活化にも見ることができよう。社会的な存在様式が自己のアイデンティティと必ずしも結びつかなくなっていることは根本的には江戸時代以来の町人（プチブル）のあり方であって、市民（シトワイアン）のあり方とは言い難いであろう。市民であるとはつまるところ日々の実践にほかならない。右傾化の風潮にぞっとしたり、蒼ざめたりするだけで、何ら有効な政治的行動を取れないわれわれは、日本の自由主義の弱点をそのまま引きついでいるように見える。

この点で決定的な意味を持っているのは、公共空間が問題を問題化しうるかどうかということである。かつての戸坂はジャーナリズムは「無定見性の可能性」を実現しているとしていたが、民間ジャーナリズムのことは言うまでもなく、今日の日本の公共圏のあり方を象徴しているのは、代表的な公共的メディアであるはずのNHKのあり方である。小著のテーマに関わる一例としては従軍慰安婦問題の番組改変問題が挙げられるであろう。その放送前日にNHKの総局長が番組を問題視していた代表的国家主義政治家、当時の安倍晋三内閣官房副長官に番組の説明に行き、NHKに帰って加わった試写会終了後大幅な改変が行われている。NHKは政府与党に対する番組内容の事前説明は「通常業務」であると釈明していたが、この驚くべき非常識に日本の公共圏の一端が露呈されたと言えよう。この件を一因としてNHKへの料金不払いが増大したのであるが、看過しえないことはそれに対してNHKは法的整備がないにもかかわらず「民事的手続き」によって料金を支払わせるという方針を出していたことである。NHKは異議申し立てに対しては国家権力と連携して抑圧しようとして、笑顔の権力性を露呈させたわけである。これは典型的な「公共圏の権力的歪曲」（ハーバーマス）であろう。政府与党への番組内容の事前説明をするという意味での御用放送への受信料支払いが義務化されるとすれば、戦前の言論弾圧とは形を変えた公共圏の全体主義化が完成するであろう。

言うまでもなく今日の日本の新全体主義的な潮流を集約しているのは昭和憲法の改正、教育基本法の改正さらに共謀罪の導入の動きである。かつての天皇制ファシズムが明治憲法、教育勅語、治安維持法の法的三点セットで用意されたことを顧みた場合、これは見事な対応関係であり、まさしく再戦前化の名にふさわしい動きである。

だが刮目すべきことは、例えば自民党の新憲法草案なるものには未来に対する何らの理念も構想も存在していないことであろう。こうした低調な憲法案から見えることは、反動というよりも政治と知性そのものの劣化であろう。そうして一方で保守二党派体制の自民党と民主党の間には戦前の体制政党である政友会と民政党程度の差違しかないから、国家主義化を競ったりする。他方で左翼と呼ばれる勢力は戦前の非合法的弾圧でこそないとしても、合法的抑圧のもとで選択肢を構築しえていない。この立ちすくんでいる政党の姿はしかし、宗教改革なしに政治改革を続けてきた近代日本の政治文化の行き着いた姿であり、そのツケを払わされていることでもあろう。

まさしくこのようにして日本の政治は急速にローカルなものになり、もはや知的関心の対象でもなくなりつつあるように見える。これが衰退期社会に特有の政治の全体主義化、精神の矮小化でなければ幸いなことである。こうした現実を前にして、かつて大学を追われ、後に東大学長として復活する矢内原忠雄が「理想を失った日本国を葬れ」と言ったことが想起される。しかしこの事態は融通無礙の便宜主義、悪く言えば没主体、無思想、無自覚を原理とするところのあった近代日本の行動原則それ自体の限界の表面化でもある。精神的に井の中の蛙となった哀れな日本の問題などには見切りをつけて、もっと普遍的な問題に向かうべき秋かもしれないであろう。

だが限界点の顕在化は精神的脱皮の機会でもあり、それは近代日本において当初からあったすぐれた伝統の意味が明らかになるということでもある。無論政治的グローバル化を避けがたい今日、再生とは逆説的な意味でしかありえない。日本は近代の国民国家の原理を脱するチャンスを与えられているかもしれないのである。そこにはデモクラシーや安全保障の問題に限らず国民国家の枠に拘束された近代の止揚というテーマが含まれている。もっとも世界共和国は目指されるべきものとしても、そのためにはその媒体となる中間的存在は不可欠であり、将来の日本は東アジア共同体において独自の構成員となる以外にはないであろう。その際、最大の国家が人民共和国の名にもかかわらず初歩的ナショナリズムの水準にとどまり、言論の自由は言うまでもなく、法治国家の原理も保障されない、デモクラシー以前的な状況にあるアジアにおいては、アジアにおいてデモクラシーを実現しようとし、再びアジア的な現実に回収されかかっている日本の困難な経験はその教訓とはなるかもしれないであろう。

＊

このようにしてこの作業は両義性を持つ近代日本の歩みに何らかの決算をしなければならなくなっている。だがそうであればこそ、その行路に抵抗し、批判し、場合によっては殉じた人々の仕事は歴史に記憶されなければならないであろう。無論デモクラシーは西洋生まれのものであり、普遍的絶対性を帯びるものではない。だがわれわれはその恩恵を十二分に受けているのであり、それはもはや世界の原理であるとも言える。われわれの課題は特殊性にありながら普遍的な個性を生むことであり、それぞれの国民はデモクラシーの原理に対してそれぞれの漸近線を描かなければならない。著者が念頭に置いているのは明治の植木枝盛、大正の吉野作造、昭和の丸山真男たちであり、彼らは時代の枠にあってそれぞれ見事な漸近線を引いている。近代日本は一定の貢献をした福沢諭吉のような現実主義者だけでなく、これらの誇り高い抵抗者なくしてはありえなかったであろう。小著は両義性を持つ近代日本において、もう一つのアイデンティティの伝統を体現するこれらの人々へのささやかなオマージュである。

分類的には小著は日本政治思想史に属するものであり、西洋思想研究に従事してきた著者にとっては不本意な脱線であるとともに、また門外漢からの苦言でもある。この分野の泰斗である丸山真男は日本政治思想史学の発展を喜んでいたのであるが、彼によって市民権を与えられるようになったこのディシプリンは、まさしく市民権を与えられることによって惰性化し、のみならず再び和辻哲郎的な日本精神史のようなものに先祖帰りし、元の木阿弥となりつつはないであろうか。あるいは任意の思想家なるものを任意に詮索するだけであれば、それは再び閑人の道楽にすぎなくなる。大学紛争の頃の言い方では、これは問題の重要性を考えられない「学者馬鹿」（アカデミック・フール）ということにほかならない。丸山以後、門外漢にも知的インパクトを与えるような仕事はほとんど出なくなっているが、それは普遍性を欠いた田舎的ディシプリンとなった以上当然のことであろう。日本思想史は世界思想の一環としてのみ生きてくる。

基本的な問題はかつて戸坂潤が「問題」と表現していたもの、あるいはアルチュセールが「問題構成」と言っていたものの意味合いが失われたということであろう。彼らが問題にしていたことは学問的な構成は任意的なものでなく、必然的なものであるということである。無論戸坂が前提していた教条的なマルクス主義が衰退したのは結構なことである。しかし日本においてはそれは論理的範疇と歴史的社会構成体とその発展方向を付き合わせるという努力の放棄をもたらせている。町人的自由と市民的自由の違いに盲目な江戸時代についての一面的な肯定的評価、明治憲法、京都学派、はては大東亜共栄圏の「再評価」というような近年のナイーヴな言説はこうした「問題」構成についての意識の乏しさと深く関わっているように見える。この種の歴史上の見直し論は政治上の再戦前化に貢献している。

ここにはまた理念型という意味での解釈者の関与が関わっているが、それは解釈者が暴露される場でもある。思想史と言っても時代への参画(アンガージュマン)の一つのあり方である。別の言い方をすれば過去を起こすのは未来であり、歴史は将来からやってくる。さらには「思想史というものはない」と言ったマルクスの言葉を想起してもよいであろう。思想と行動は弁証法的な関係にあり、それを無視した言説だけの歴史などないのである。古い言い方をすればそれは歴史哲学の問題であるが、いずれにしても真理は全体でしかない。

歴史修正主義そのものはこの国においてだけでなく、似たような近代史の歩みを見せたドイツにも生じたことである。ユルゲン・ハーバーマス教授は、その理論には必ずしも全面的に賛同しえないものの、二十年ほど前にそのゼミナールに出て以来、著者が絶えず触発されてきた人物である。彼は歴史修正主義を足元の大地が揺れだすにつれてますます執拗に何らかの一義的なものにしがみつこうとする精神的態度であると捉えている。それは伝統的なアイデンティティを国民の歴史を軸にして習得させようとするが、これまでの出来事を任意に再構成して都合の良い歴史像を選ぼうとする。御用歴史家たちの閉じた歴史像に対して、ハーバーマスは自分の方法意識を距離を置いて理解する多元主義と規定している。それは両義的な意味を持つ伝統と自律的に関わる余地を拡大しようとするものであり、アイデンティティ形成のための自らの伝統を、その「両義性」において明らかにする機会を開こうとするものである。だがアウシュヴィッツ以後彼らが国民的な自己意識を汲み出しうるのは、「批判的に獲得された歴史の良い伝統」からのみなのである（「歴史の公的使用について」）。

ドイツにおいてはハーバーマスのこうした知的奮闘もあって、歴史修正主義は一応は論破されたと言ってよい。それは例えば日本においては東京裁判への批判が根強く残っているのに対して、似たようなニュールンベルグ裁判の正当性への疑問がほとんど影を潜めたことに窺えよう。それは裁判それ自体の認識によって片付く問題ではなく、国際法は歴史的、かつ政治的に形成されるものであるという、まさしく歴史的認識の問題なのである。ハーバーマスは権利をもって「われわれは道徳的な破局がわれわれに与えたチャンスを全く無駄にしたわけではない」と言っているが、日本も同様のことを言いうるかということである。それは首都の真中にドイツの大規模な南京虐殺とも言うべきホロコースト大記念碑を設置したかの国と、日本のネオナチの拠点となりつつある神社を相変わらず首都の真中に温存しているこの国との恐るべき精神的落差から知ることができよう。無論これは著者の判断であって、小著はまさしく両義性を持つ日本の近代に自律的に関わるために、いわば地球の反対側くらいの距離を置いて認識しようとする試みにすぎない。

丸山真男が逝って十年、丸山自身が嫌っていたエピゴーネン現象が残る一方、保守的メンタリティからするデモクラシー化へのルサンチマンがあるだけでなく、戦前右翼の蓑田胸喜的糾弾も存在する。小著は幾分滑稽なものを含むようになった世に言う丸山真男論などとは何の関わりもないものである。著者はかつて不用意に丸山学派というような言い方をして、彼からそうしたムラ的な言葉を手ひどく叱られたことがある。その際著者が考えていたことは戦前の唯物論研究会と丸山およびそのシューレをつないで考えた場合、それは第二次大戦をはさんだフランクフルト・シューレの位置と機能に類似しており、ともに全体主義的な風土のなかで、批判的に獲得された貴重な歴史的遺産を形成しているということである。ここで著者としては神島二郎、石田雄、坂本義和、藤田省三、松下圭一、松沢弘陽、田口富久治といった諸先達の名を逸することはできない。だがいずれにしても学説の墨守とは自己矛盾であり、学派とは学説を乗り越えてのみ意味を持たされるべきものである。小著は学恩を受けた者のささやかな補足にすぎない。

丸山は十年前の八月十五日に亡くなったが、一般に知らされたのは近親者のみによる密葬が終わって後のことであった。ご子息が亡くなった時もそうであったが、彼は公的な場に私的なことは一切持ち込まず、公私の峻別を貫いた。丸山ほど日本の文化に貢献した人物は少ないが、大学等の学問的なもののほかは一切の世俗的栄誉を斥けていた。たまたま著者が丸山のゼミナールを受講していた年に彼は学部長に選出されたが、健康上の理由を挙げて辞退していた。丸山は片肺切除の状態であり、もとより健康は十全でなかったが、明らかに自分の仕事の質と大学行政職の質が両立しえないことを認識していた。丸山は戸坂潤の言うアカデミック・フールとは無縁であったが、アカデミズムが実はいかに困難なものであるかを身をもって教えていた。その丸山は著作を出版することには極度に慎重であり、ほとんどがやむをえず出されたものである。

著者はすでに丸山が単行の著作として出版したのと同じ数の著作を出してしまっている。ある高名な作家が絶筆宣言をした舌の根が乾かないうちにもう再開したことがあるように、出版には麻薬のようなところがある。無論ブログの時代に入り発信の仕方は多様になったとはいえ、書籍でしかなしえない発信もあろう。だが著者としては自戒すべき時である。ちなみにこの本は中央ではなく、著者の生地に近い地方の出版社の手を煩わせることになった。それは小著にとってどのような意味を持つのであろうか。

付言すれば小著はここで扱われた少なからぬ人々が埋葬されている墓地のすぐそばで執筆された。内村鑑三や美濃部達吉の墓、土蔵のような吉野作造の墓、南原繁や矢内原忠雄の小さな墓、戸坂潤の月並みな墓、丸山真男の屹立した墓、そしてまた徳富蘇峰の荒れた墓はすでに著者にとって親しいものとなった。小著に何らかの意味が生まれるとすれば、それは著者の技ではなく、それらの今は亡き霊のなせる技であろう。

ここ数年来著者は夏になるとまず八月九日に戸坂潤の墓を訪れる。近代日本の暗部を象徴する靖国神社などではなく、戸坂のように文字通り靖国的精神の犠牲になった人々の霊を慰めるためである。八月十五日には丸山先生の墓に詣でる。今著者の前には三十年前に先生から結婚記念に贈られたゴブラン織りのテーブル・クロスが色あせることなく置かれている。それを見るたびに著者は自分はやるべきことをしたのかと自問せざるをえない。もしやりうる限りのことをなしたと言えるとしたら、そして幾分抹香くさい引用が許されるとすれば、私も故人の愛聴したフォーレのレクイエムの終曲を捧げることにしよう。

天使たちの合唱があなたを迎え
かつて貧しかったラザロとともに
永遠の安息を得られますように

二〇〇六年　八月十五日

著　者

人 名 索 引

【ら】

【わ】

■著者紹介

南原　一博（なんばら　かずひろ）

1944年生まれ
1968年　東京大学法学部卒業
現　在　中央大学法学部教授
専　攻　政治思想史
著　書　『政治哲学の変換——ヘーゲルと西洋近代』（1988年、未来社）『日本精神史序説——構造と機制』（1990年、御茶の水書房）『西洋精神史序説——政治観の諸類型』（1994年、御茶の水書房）『ハイデッガーの迷宮——20世紀の政治思想Ⅰ』（2000年、中央大学出版部）『国家の終焉——20世紀の政治思想Ⅱ』（2001年、中央大学出版部）

ブログ　http://nambaraca.asablo.jp/blog

近代日本精神史

—福沢諭吉から丸山真男まで—

2006年 11月17日　初版第１刷発行

■著　　者——南原　一博
■発 行 者——佐藤　守
■発 行 所——株式会社大学教育出版
〒700-0953　岡山市西市855-4
電話（086）244-1268㈹　FAX（086）246-0294
■印刷製本——モリモト印刷㈱
■装　　丁——原　美穂

ISBN4－88730－711－X